行政事务处理培训教程

人力资源和社会保障部教材办公室　组织编写

中国劳动社会保障出版社

图书在版编目(CIP)数据

行政事务处理培训教程/人力资源和社会保障部教材办公室组织编写. -- 北京：中国劳动社会保障出版社，2021

ISBN 978-7-5167-2909-0

Ⅰ.①行… Ⅱ.①人… Ⅲ.①企业管理-行政管理-培训-教材 Ⅳ.①F272.9

中国版本图书馆 CIP 数据核字(2021)第 064116 号

中国劳动社会保障出版社出版发行

（北京市惠新东街 1 号 邮政编码：100029）

*

保定市中画美凯印刷有限公司印刷装订 新华书店经销

787 毫米×1092 毫米 16 开本 20.25 印张 332 千字

2021 年 5 月第 1 版 2021 年 5 月第 1 次印刷

定价：78.00 元

读者服务部电话：（010） 64929211/84209101/64921644

营销中心电话：（010） 64962347

出版社网址：http://www.class.com.cn

编委会名单

内容提要

本书是一本以实践应用为导向的行政事务处理实训教材，着重从行政事务人员的应用需求出发，旨在全面系统地提高行政事务人员的业务能力。

本书内容囊括了行政事务处理的主要工作事项，包括行政管理与组织设计、接待、会务管理、活动管理、公关传播管理、文件与公文管理、后勤管理、行政事务管理制度、办公和办公自动化管理九个模块的内容，完整地体现出行政事务处理的知识体系，便于读者学习。

本书可供公共管理部门、社会组织、企事业单位中从事行政业务、行政事务、行政管理的行政业务办理人员、行政事务处理人员、行政管理人员和其他办事人员使用，也可供行政管理相关专业本科及高职院校师生选用，同时也适用于其他步入职场的行政管理工作者学习和参考。

前　　言

如何将行政管理理论与行政实践有效结合？如何快速提高行政事务人员的工作技能？如何适应新技术条件下的行政办公需求？如何把日常繁杂的行政事务工作条理化、效率化？如何培养专业化的行政事务工作人员的行政事务处理能力？

这些正是许多党政机关、社会团体和企事业单位行政事务管理工作中正在面对且急需解决的问题。我们通过对行政事务相关问题的梳理，并按照模块化的方式，编写了这本《行政事务处理培训教程》。

本书以问题为驱动，以工作任务为模块，以应知、应会的现代行政管理理论与技能为重点，在讲述基本知识的基础上，突出各项行政事务处理技能的训练，注重对行政事务人员分析问题和解决问题能力的培养以及实操训练；按照国家职业素质和职业技能人才培养目标需要逐项讲解，通过流程、技巧、工具和方案来增强行政事务人员实操技能，强调实用性、可操作性和创新性。

本书共分为九大模块，以任务或者具体工作事项为导向，以实操、实务、实训为诉求，体系完整、条理清晰、注重实务。体现以核心技能培养为目标的时代要求，具有知识性、技能性和实操性的特点。

具体而言，本书具有如下三大特点。

1. 注重知识的系统性与全面性

本书根据行政事务管理工作的特点，从应用层面出发，囊括了行政事务管理的主要工作事项，包括行政管理与组织设计、接待、会务管理、活动管理、公关传播管理、文件与公文管理、后勤管理、行政事务管理制度、办公和办公自动化管理等九项内容，完整地体现出行政事务管理工作的知识体系与任务体系，便于读者学习。

2. 理论与实践相结合的创新

本书从行政事务人员的工作职责和范围出发，以行政事务为基准，逐项阐述行政事务管理工作中应用到的方法、技巧及所需工具，并提出有针对性的解决方案与方法，帮助读者加深对理论知识的理解，为其工作提供有效的指导。

3. 结构完整，便于评价

本书结构完整，书中内容除了有系统的知识点与技能要点讲述外，每章后附有思考与练习题，有助于本书的使用者理解课程知识和掌握课程的重点、难点，便于对学习效果进行评价和考核。

囿于作者水平，本书难免存在疏漏，恳请广大读者对本书提出宝贵意见。

目　　录

F G
Q J

第1模块

行政管理与组织设计

第 1 单元　行政管理概述

1.1　行政管理

行政管理是单位组织管理系统的一个重要组成部分，它以全面提高组织效能和提供必要的保障为目的，并对单位内部办公事务、后勤事务活动的构成要素及其流通过程作出规划、组织、监督、控制与协调。

行政管理部门作为各类单位必不可少的部门，在单位制度制定、文化建设、协调单位内外部关系等方面，都起着很重要的作用。可以说，行政管理的工作效率对单位整体运行效率具有直接的影响。单位必须从自身的发展实际出发，采取科学有效的措施，提高行政管理效率，促进单位长久发展，增加其竞争力。

1.2　行政事务

一个单位的行政事务包括的内容很广泛，诸如收发文档、办文办会、来宾接待、车辆、安全、福利、卫生、后勤补给及保障等方方面面的日常工作都属于行政事务的范畴。

在单位的行政事务管理工作中，行政事务部的具体职能主要体现在部门制度及工作标准建设、来宾接待、会务活动组织、文书管理、档案管理、监督管理等方面，具体内容如下。

（1）根据单位相关制度及工作要求，制定部门各项管理制度，做好部门管理工作。

（2）制定单位内部各项工作标准及目标，完善管理体系。

（3）根据单位客户的级别，确定行政接待等级和接待方式，管理接待场所，明确接待场地及人员接待要求，合理控制接待费用。

（4）协助组织会务活动，包括布置会场、安排会议流程、管理会场秩序等，确保会务活动的正常进行。

（5）拟定单位经营所用文稿，规范各类文书格式，管理各类文书的收发、分发工作，确保各种信息及政令在单位内部正常流转。

（6）做好单位档案的收集、整理、保管和借阅等工作，为档案建立编号、登记造册，为单位运行及决策提供资料支持。

第 2 单元　行政部门组织设计

2.1　组织结构设计

几乎所有单位的管理活动都是围绕“人”展开，单位的战略、愿景、规划、计划等，都必须通过“人”去实现。而这种实现应该是有序的，要实现这种有序，就应该建立适合单位自身发展需要的组织结构。对行政部门而言，亦是如此。

1. 组织结构的概念

组织结构是指为了实现组织的目标，经过组织设计形成的单位内部各个部门、各个层次之间固定的排列方式，即组织内部的构成方式。

2. 组织结构设计原则

单位在设计行政部门的组织结构时，需先了解组织结构设计的原则，其具体内容见表 1-1。

表 1-1　组织结构设计的原则

原则	内容说明
任务与目标原则	单位组织设计的根本目的是为实现单位的战略任务和经营目标服务的。当单位的任务、目标发生重大变化时，组织结构必须作相应的调整，以适应任务、目标变化的需要
专业分工和协作原则	现代行政及企事业单位的管理专业性强，需分别设置不同的专业部门，以利于提高管理工作的质量与效率。在合理分工的基础上，各专业部门只有加强协作与配合，才能保证各项专业管理工作的顺利开展，达到单位的整体目标
有效管理幅度原则	在进行组织设计时，领导人的管理幅度应控制在一定水平，以保证管理工作的有效性
责权对等原则	为了更好地完成任务，主管部门或人员需拥有一定的工作权限，同时必须承担相应的责任

单位可以根据自身的实际情况，依照上述原则，灵活选择合适的结构模式来设计行政部门的组织结构。参考范例如图 1-1 所示。

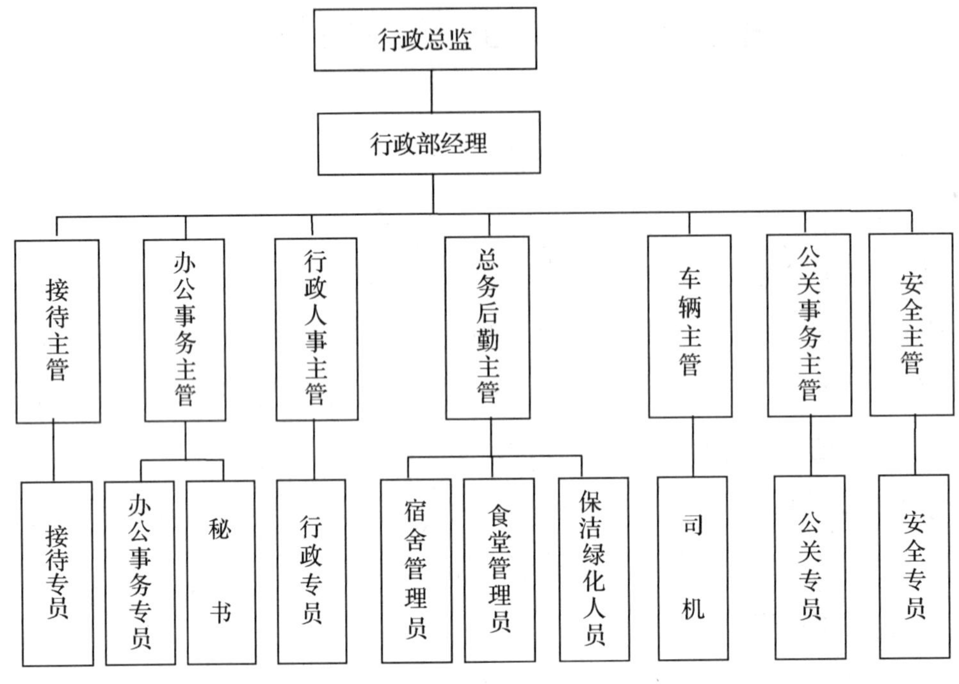

图 1-1　某单位行政部组织结构设计示例

2.2　岗位职责描述

岗位职责是指该岗位工作人员需要去完成的工作内容以及应当承担的责任范围。行政岗位职责设计是对行政事务岗位进行合理有效的分工，促使行政事务人员明确并认真履行自己的岗位职责，出色完成岗位任务。

下文描述了某单位行政部门部分岗位的岗位职责，仅供参考。

1. 行政总监岗位职责

行政总监行使对单位行政人事日常工作监督、管理的权力，统筹管理单位行政人事事务、安全保卫、内部服务与对外联络工作，其主要职责如下。

（1）组织制定、完善并监督执行单位的行政管理制度。

（2）负责单位行政方面重要会议、重大活动的组织筹备工作。

（3）接待单位重要来访客人，处理行政方面的重要函件。

（4）定期组织做好办公职能检查，及时发现问题、解决问题，同时督促做好纠正和预防措施工作。

（5）负责统筹、协调行政部门与单位其他部门的工作，确保相关部门内外的良好运作。

（6）代表单位与外界有关部门和机构联络并保持良好合作关系。

（7）做好行政管理的统筹安排，对部门内及单位各部门人力资源和行政工作的业务进行指导与管理。

（8）掌握行政系统工作情况和单位行政管理工作的运作情况，适时向单位总负责人汇报。

2. 行政部经理岗位职责

行政部经理负责全面规划和指导协调单位内的相关行政支持服务，其主要职责如下。

（1）负责单位行政制度、流程、工作计划的制定及执行。

（2）组织、协调单位的各种会议及大型活动。

（3）负责抓好单位重要文稿的起草工作，包括月、季、半年、年度工作计划和总结报告。

（4）审核和修改以单位名义签发的有关文件，抓好文书归档和用印管理工作。

（5）负责定期召集员工建议审议委员会成员对员工的合理化建议进行评审。

（6）负责监督、指导各种行政费用的审核和控制，拟定行政费用的预算并执行。

（7）合理调度公务用车，安排车辆的维修与保养。

（8）负责指导、管理、监督本部门人员的业务工作，改善工作质量和服务态度。

3. 接待主管岗位职责

接待主管在行政部经理的领导下，全面负责督导单位的各项接待工作，及时解决接待工作中出现的问题，提高单位运作效率，其主要职责如下。

（1）负责做好单位重要客人的接待工作及客户留言的落实情况。

（2）督导迎送工作，检查前台接待专员的仪表仪容、劳动纪律、礼仪及工作效率。

（3）妥善处理前台接待中各种突发事件。

（4）协助行政部经理做好单位内部联系与协调，单位外部公共关系处理等相关工作。

（5）负责前台接待专员的培训、考核等工作，不断提高前台接待专员的业务水平和服务质量。

4. 接待专员岗位职责

接待专员在接待主管的领导下，负责做好前台的日常接待、电话及函件的接转、员工考勤监督及汇总、报纸杂志的收发等具体工作，其主要职责如下。

（1）负责访客与来宾的登记接待工作。

（2）负责电话、邮件、信函的收转发，并做好相关信息记录、整理、建档等工作。

（3）维护前台区域内的环境卫生。

（4）负责单位员工出差机票、火车票、客房预订等，以及差旅人员行程及联络登记。

（5）接受、反馈、协助处理客户及公众对于单位的投诉，维护单位形象。

5. 办公事务主管岗位职责

办公事务主管负责单位日常行政事务的计划安排、组织实施、信息沟通、协调控制及检查总结等方面的工作。通过对办公事务进行有效管理，提高办公人员的工作效率，进而提高单位的综合竞争力，其主要职责如下。

（1）组织制定单位办公用品、固定资产、资料、档案等管理制度，并经上级领导审批后执行。

（2）组织做好办公用品的登记、采购、发放以及成本费用控制等工作。

（3）负责单位的各种公章证照、文书档案资料的登记、管理工作。

（4）按照单位经费预算，严格监督和控制办公费用支出，并确认费用分摊范围。

（5）组织做好单位往来信件、传真、邮件等相关资料的处理。

（6）负责向行政部经理提请对办公事务人员绩效考核的建议。

6. 办公事务专员岗位职责

办公事务专员为办公事务主管的主要助手，是日常办公事务的主要执行者，负责管理办公用品、办公设备、档案等工作，其主要职责如下。

（1）协助做好各项办公事务管理制度的草拟工作，并监督检查各项制度的执行。

（2）统一协调、购买单位办公用品，并负责对其进行登记、造册、盘点、维护和保养。

（3）协助办公事务主管严格控制办公费用支出，并确认费用分摊范围。

（4）协助做好单位重要会议筹备工作。

（5）监督检查其他部门的办公事务性工作，对不符合办公事务管理规定的行为提出改进建议。

（6）提出办公事务合理化建议，不断改进工作。

7. 行政办公秘书岗位职责

行政办公秘书的工作内容包括公文收发、来访接待、单位内外关系协调等工作，其主要职责如下。

（1）安排来宾的接待活动。

（2）负责电话、邮件等各种渠道的信息处理。

（3）组织和安排各类会议，撰写和整理会议纪要。

（4）负责组织内外各种来往文件的收发工作。

（5）负责有关文书资料的起草、打印、登记、存档等工作。

（6）协助上级领导与单位内部各部门间的联络、沟通与协调，做好上传下达工作。

（7）协助完成对外联络事宜，跟进各项事务进度及整理汇总。

8. 行政人事主管岗位职责

行政人事主管负责根据单位发展战略和年度经营计划，组织制订单位年度行政人事工作计划，为单位经营的正常有序进行提供良好的后勤保障服务，其主要职责如下。

（1）组织单位人事行政管理及规章的制定与修改。

（2）协助主管领导做好与外部单位之间的关系，并代表本单位出席相关会议。

（3）组织实施人员招聘、录用、晋升等事务。

（4）单位员工培训计划的制订与实施。

（5）制定单位的考核指标体系及相应的激励机制，并组织实施。

（6）组织、协调、安排单位的后勤保障工作，确保单位整体工作的正常有序进行。

（7）按照单位经费预算，严格监督和控制行政费用支出，并确认费用分摊范围。

（8）负责单位对外的形象宣传和单位组织文化建设。

9. 行政人事专员岗位职责

行政人事专员负责协助行政人事主管完成单位的日常行政人事事务工作，其主要职责如下。

（1）监督和协调单位各部门对各项行政人事制度的执行和管理工作。

（2）协助完成单位的人力资源管理与开发工作，包括人员的招聘、培训、员工关系、绩效等管理。

(3) 收集汇总员工对行政管理和人力资源工作的问题、意见和建议，并向相关部门反馈。

(4) 负责办公用品的盘点工作，对办公用品领用、发放、出入库做好登记。

(5) 协助上级领导完成公司行政人事工作和部门内部事务日常管理。

(6) 负责单位人事行政类相关档案及文件的归整和管理。

10. 安全主管岗位职责

安全主管全面负责单位的治安、消防、员工出入、信息保密、信息系统安全等工作，其主要职责如下。

(1) 拟定单位治安、消防等安全管理制度，经上级领导审批后组织实施。

(2) 负责单位治安、消防设施设备的定期检查、保养和维护。

(3) 负责对单位全体员工进行安全、消防知识的普及和指导工作。

(4) 处理各类治安、消防等安全事故，并根据事故的严重程度及时向有关领导汇报。

(5) 合理安排下属员工值班，保障单位的财物安全和良好的治安秩序。

2.3 行政工作计划

工作计划是行政活动中使用范围较广的一种公文。行政部门对一定时期的工作预先做出安排和打算时，都要制订工作计划。

有了工作计划，工作就有了明确的目标和具体的步骤，就可以协调员工的行动，增强工作的主动性，减少盲目性，使工作有条不紊地进行。

下文是一则范例（以××公司为例），仅供参考。

××公司行政部门____年度工作计划

根据公司本年度的实际经营情况和公司现有的组织架构管理体系，公司行政部门____年度工作计划是针对公司后勤、外联、安全保障、车辆管理等工作进行指导、协调、监督、管理，执行公司各项规程、工作指令而进行的系列安排部署。

一、总体目标

根据上年度工作情况与存在的不足，结合目前公司发展的状况和今后的发展趋势，行政部门从以下两个方面开展____年度的相关工作。

1. 行政部门制度机制建设工作方面

制度保障方面：行政部门在____年度将进一步完善之前年度起草的各项管理规章制度，以保证公司的运营在既有的管理体系中运行。

行政部门内外沟通机制建设与完善：行政部门将在____年完善本部门内部的横向、纵向沟通机制，调动本部门全体员工的主观能动性，建立和谐、融洽的内部关系。

2. 行政部门日常工作方面

____年行政部门将严格执行本部门的日常行政工作，完善和改进行政部门在上年度存在的不足，保证公司行政工作正常开展。

二、计划编制原则

1. 立足公司的经营现状与发展方向，突出提升管理的重点。

2. 集中管理，统筹安排，责任明确。

3. 充分利用资源，注重实效。

三、行政管理制度机制建设

（一）制度保障

1. 目标概述

公司迄今为止的制度体制严格来说是不完备的。而公司制度体制的建设决定着组织的发展方向。鉴于此，行政部门在____年首先应完成公司制度体制的完善。基于稳定、严格、合理、健全的原则，通过对公司未来管理体制发展态势的预测和分析，制定出一套科学的公司制度体制，保证公司的运营在既有的管理体制中运行良好、管理规范、不断发展。

2. 具体实施方案

（1）自____年____月____日起试行行政部门于____年基于公司原有制度进行修订并经公司办公会、总经理室讨论、审批后的公司制度。拟定试行期为____个月，在新制度试行之前原有公司制度仍继续执行。

（2）自____年____月____日起，至____年____月____日止，行政部门将征求公司各部门意见和建议，对现有制度内容在实际工作中出现的不可行、不切实际和妨碍正常工作的部分进行整理、修订，针对具体章节进行修改或废止。

（3）公司制度汇编中涵盖内容除公司通用制度外，还应包含公司各部门的内部制度。行政部门将对此部分内容进行汇总整理后，编入公司制度汇编中。

（二）行政部内外沟通机制建设与完善

1. 目标概述

建立行政部门横向、纵向沟通机制，保证公司各部门与行政部门的信息交流和行政部门内各层次员工的信息交流通畅。

2. 具体实施方案

（1）行政部门横向沟通机制建立：行政部门将公布本部门现行的工作流程、工作制度和各岗位人员名单，使公司其他各部门可以互相了解、熟悉行政部门的工作内容，方便公司各部门之间的配合与协作。

（2）行政部门纵向沟通机制完善：进一步完善行政部门各岗位员工应定时对本部门上级主管领导每日汇报的纵向沟通机制。进一步做好行政部晨、夕会议纪要及周例行培训会议纪要等相关文档文件的记录；进一步严格执行行政部门工作汇报流程制度等相关工作内容，保证公司行政部门内部的信息通畅。

四、行政部门日常管理工作

（一）考勤管理

1. 行政部门分管考勤管理工作的行政专员每日将公司员工出勤情况、请假情况、休息情况进行记录，严格遵守公司考勤管理制度。

2. 行政部门分管考勤管理工作的行政专员每月将对公司全体员工未打卡情况进行____次统计，并进行公示。

（二）车辆管理

1. 行政部门分管车辆管理工作的行政干事，将根据公司车辆管理制度和驾驶员管理制度等相关规定，每日对车辆油耗、车辆内外卫生、公司各车辆出车情况、公司车辆出车后使用情况、车辆油量情况、车辆维修情况和车辆保养情况进行统计，并上报至公司行政部门总监。

2. 车辆管理干事每月将对公司各车辆违章情况进行____次统计，并进行公示。

3. 车辆管理干事每月核实公司所属各车辆的年检和保险情况，对于车辆到检时间进行统计。

4. 车辆管理干事必须保证公司各部门正常的车辆使用。

（三）卫生管理

1. 行政部门分管卫生管理的行政干事将对公司保洁员每日的日常工作进行检查、指导和考核，随时发现卫生问题随时进行解决。

2. 行政部门分管卫生管理的行政干事将严格按照公司卫生管理制度、保洁员工作管理制度、客户休息区工作细则等相关规定对公司公共区域和公司各部门进行卫生和环境检查。

（四）档案管理

行政部门分管档案管理的行政专员将根据公司档案管理要求，对公司档案分别根据时间、类别和存档级别进行分类存放，保证公司存档档案安全。

（五）服装管理

1. 行政部门分管服装管理的行政干事将根据公司人员变动情况确定是否发放公司工装。

2. 分管专员每季度统计____次公司员工工装使用情况，做好公司员工工装的换季统计工作。

（六）办公用品管理

行政部门分管统计公司各部门每月办公用品需求的行政干事，将根据公司各部门每月所提交的物料申请单进行办公用品数量和金额的统计，并上报行政部门总监和总经理审批。每月____号之前交至公司工程采购部采购员。

（七）办公设备维修与保养

行政部门分管办公设备维修与保养的人员应做好办公设备维修与保养工作。

（八）公司相关证照办理

____年____月____日之前办理完毕公司营业执照、公司组织机构代码证和税务证。

（九）临时事宜办理

公司行政部门有办理公司领导交办的临时事务的职责，相关人员在接到领导的相关指示后必须第一时间予以办理。

五、计划执行注意事项

1. 行政工作是一项系统工程，不可急于求成。因此，行政部门在设计、制定年度目标时，按照循序渐进的原则进行。

2. 行政工作对于一个不断成长和发展的公司而言，是一项非常重要的基础工作，也是需要公司上下通力合作的工作，需要各个部门之间的配合，需要公司领导予以重视和支持。因此，行政部年度计划制定后，在完成过程中应恳请公司领导与各部门予以协助。

3. 此工作计划仅为行政部门____年全年工作的基本文件，而非具体工作方案。鉴于单位行政建设是一项长期工程，针对每项工作行政部都将制定与目标相配套的详细工作方案。但必须等此工作目标经公司领导研究通过后方付诸实施，如遇公司对本部门目标的调整，行政部门将按调整后的目标完成年度工作。同样，每个目标项目实施的具体方案、计划、制度、报表等，也将根据公司调整后的目标进行具体落实。

4. ____年度是公司发展的关键性一年，行政部门将会按照公司各项管理制度的要求做好本年度的一切相关工作，能够为公司在____年度的运营中各方面取得更好的成绩而努力。

思考与练习

一、术语解释

1. 组织结构

2. 岗位职责

二、选择题

1. 现代行政及企事业单位的管理专业性强，分别设置不同的专业部门，以利于提高管理工作的质量与效率。在合理分工的基础上，各专业部门只有加强协作与配合，才能保证各项专业管理工作的顺利开展，达到组织的整体目标。这体现了组织结构设计的（　　）原则。

A. 任务与目标　　B. 专业分工和协作

C. 有效管理幅度　　D. 责权对等

2. 行政事务部的具体职能主要体现在部门制度及工作标准建设、（　　）、监督管理等方面。

A. 来宾接待　　B. 会务活动组织　　C. 文书管理　　D. 档案管理

三、简答题

1. 哪些工作内容属于行政事务的范畴？

2. 概述行政事务部的具体职能。

参考答案

一、术语解释

1. 组织结构

组织结构是指为了实现组织的目标，经过组织设计而形成的组织内部各个部门、各个层次之间固定的排列方式，即组织内部的构成方式。

2. 岗位职责

岗位职责是指该岗位工作人员需要去完成的工作内容以及应当承担的责任范围。

二、选择题

1. B 2. ABCD

三、简答题（略）

第2模块

接待

第 1 单元　接待概述与接待礼仪

1.1　接待概述

接待是指单位接待人员针对来访对象所进行的迎接、接洽和招待活动。单位接待工作水平的高低一定程度上体现着单位工作水平和综合实力，代表着单位的形象。

1. 接待应遵循的原则

单位接待应遵循以下 5 项原则。

(1) 事前审批原则

所有接待事项，必须事先按规定的审批程序报批，未经批准的接待费用不得报销。

(2) 勤俭节约原则

禁止铺张浪费、讲排场、超标准，接待费用要严格按照单位预算执行。

(3) 认真负责原则

要安排好来访者的接送、住宿、会见等安排，对来访者的谈话要认真聆听和记录。

(4) 文明用语原则

接待过程中要用好敬语、谦语等礼貌用语，这样既能表现出单位对来访者的尊重，也能表现出单位接待人员（人员多由行政部决定，以下简称“接待人员”）的素质。

(5) 尊重习俗原则

对于不同民族的来访者或者外宾，接待人员的行为举止、颜色搭配等要符合其习俗，避免因出现习俗问题造成的差错。

2. 接待类型划分

接待工作根据不同的标准，可划分为不同的类型，下面只重点介绍两种类型。

(1) 按来访的人数、规模分类

1) 个人来访。单位接待人员在日常工作中经常会接待一两个人的来访。他们来访的目的一般比较单一、明确，不会涉及太多的人，也不会占用太多的时间。但是个人来访发生的频率很高，有时来访者是没有提前预约的，这就经常会打乱接待人员的接待计划。

2）团体来访。团体来访指的是以队、团的形式有组织而来的多人来访。团队来访的目的常常是会谈、考察、参观、调研、检查工作等。团队来访一般与团队的发展有重要关系，涉及的部门和人员会较多，对单位的相关业务会产生很大影响。所以，团队来访一般会制订详尽的接待计划（在后续的章节中会详细介绍）。

（2）按接待的准备程度划分

1）有约来访。有约来访是指事先约定好的来访。团体来访一般都是有约来访，个人来访一般也会提前预约。对于事先有约的来访者，接待人员应该做好接待准备，在客人到达后应立即向上级汇报，不可让客人等太久。

2）未约来访。未约来访是指未曾事先约定的临时来访。如果来访者没有提前预约，而接待人员又不能及时做好接待准备，他们访客就可能不会及时得到会见。因此接待人员应该提高自己的应变能力和解决问题能力，及时向上级汇报未约来访者的情况。

3. 接待标准确定

单位应根据来访客人的情况，选择合理的接待规格标准，以免因接待规格标准过高而影响单位领导的正常工作，或因接待规格过低而影响单位的对外关系。表 2-1 提供了××单位来访客人接待规格标准，供读者学习和参考。

表 2-1　××单位来访客人接待规格标准

级别	具体标准说明
一级接待标准	◆陪同人员：单位负责人、行政部门负责人、主管部门负责人 ◆迎接：单位负责人、行政部门负责人、主管部门负责人在高速路口、机场、车站迎接 ◆参观：单位负责人、主管部门负责人陪同，由行政部门负责人沿途介绍拟参观项目信息 ◆座谈：座谈环境达标，将座谈所需资料、纸笔及茶水杯、水果等摆放好，根据需要制作横幅、欢迎牌、指示牌，调好音响设备、摄像摄影设备 ◆就餐：____元/人 ◆住宿：每人____元/天
二级接待标准	◆陪同人员：主管副总、相关部门负责人 ◆迎接：由相关部门负责人到门口迎接、引导来宾 ◆参观：主管副总、相关部门负责人陪同，由行政部门负责人沿途介绍拟参观项目信息 ◆座谈：座谈环境达标，将座谈所需资料、纸笔及茶水杯、水果等摆放好 ◆就餐：____元/人 ◆住宿：每人____元/天

续表

级别	具体标准说明
三级接待标准	◆陪同人员：对口部门负责人、对口部门相关工作人员 ◆参观：对口部门负责人、对口部门相关工作人员陪同，由对口部门相关工作人员沿途介绍拟参观项目信息 ◆座谈：座谈环境达标，将座谈所需资料、纸笔及茶水杯、水果等摆放好 ◆就餐：____元/人

1.2 接待礼仪

礼仪是一种律己、敬人的行为规范，是对他人尊重和理解的过程与手段，它是人类社会为维系正常生活而共同遵循的最简单、最起码的道德行为规范。

在单位接待工作中，对于来宾的招待属于其中的重要环节。而要做好来宾招待，最重要的就是能够进行礼仪知识的合理运用，真正做到以礼待客。

1. 接待礼仪的标准

接待礼仪的标准主要有以下 5 个方面。

（1）主人到车站、机场去迎接客人应该提前到达，以恭候客人的到来，决不能让客人久等。

（2）接到客人后，应首先问候“一路辛苦了”“欢迎您来到我们这个美丽的城市”“欢迎您来到我们单位”。然后做自我介绍，如果有名片，可送与对方。

（3）迎接客人应提前为客人准备好交通工具，不要等客人到了才匆忙准备交通工具。

（4）应提前为客人安排好住宿并将客人带到住处，同时向客人介绍住处的服务、设施，将活动的计划、日程安排交给客人。

（5）客人到来时，如果我方负责人由于重要原因不能马上相见，则要向客人说明理由和等待时间。

2. 接待礼仪的类别及说明

接待礼仪对于接待人员而言至关重要。具体来说，接待人员应具有良好的语言礼仪、着装礼仪、仪态礼仪、电话礼仪等。

（1）语言礼仪

语言是双方信息沟通的桥梁，是双方思想感情交流的渠道，在做接待工作时，要有合理的谈吐规范。

1）使用敬语、谦语和雅语。

①敬语，常用的敬语代词如“阁下”“尊夫人”“贵方”等。另外，还有一些常用的词语，如初次见面称“久仰”，很久不见称“久违”，请人批示称“请教”，请人原谅称“包涵”，麻烦别人称“打扰”，托人办事称“拜托”，赞人见解称“高见”等。

②谦语，也称谦辞，它是与敬语相对，是向人表示谦恭和自谦的词语。如“家兄”“家嫂”等。

③雅语，是指比较文雅的词语。雅语能够体现出一个人的文化素养以及尊重他人的素质，如在接待工作中招待客人，端茶时可以说“请用茶”；先于别人用餐结束可以打招呼说“请大家慢用”等。

2）应答礼节。应答礼节主要是指与领导或来宾谈话时应对的礼节。一般出现以下情形时可以用相应的应答礼节。

①对来宾的话未听清时，可以说“对不起，请您再说一遍”。

②有事要打扰客人时，可以说“对不起，打扰您一下”。

③当来宾表示感谢时，可以说“不客气”“请别在意”等。

④听到来宾称赞时，可以说“谢谢您的夸奖，这是我应该做的”。

⑤当有问题回答不上来时，可以说“对不起，这事我不太清楚，待我问明白再告诉您”。

（2）着装礼仪

得体的服饰不仅可以增强接待人员的自信心，展示接待人员良好的文化修养，而且也对外传播着单位的形象，展示着单位良好的公关形象。相关接待人员的着装礼仪有以下要求。

1）着装要注意色彩搭配。不同的色彩在人的心理上会产生不同的联想，能表达一定的象征意义。

①对于女士而言，职业装的颜色不能是太鲜艳的颜色，可以是深蓝色、深灰色、浅灰色、咖啡色、驼色、酒红色、黑色或白色等，这些颜色能够给人成熟、能干、自信、沉着的感觉，不仅与办公室宁静的环境相协调，也比较容易搭配衬衣。职业装的颜色最好是纯色，其中细格、隐条和雅致的暗花也是能够接受的。职业装的上衣与裙子的颜色、面料等应该一致，当然也有上下颜色不一致的套裙，只要配色相互协调就可以。

②西服套装是西方传统的标准职业装。西装典雅大方、庄重潇洒、富有魅力，适合公务活动，逐渐成为国际通行的标准职业装。对于男士而言，西装颜色应该上下一致，以黑色、藏蓝色等深色为主，也可以有细隐条。与女士服装比起来，男士的选择范围相对较窄，这也省去了很多选择的麻烦。

2）质料的选择适宜。

①不同款式和质料的服装有不同的特点。质料的选择要与服装穿着用途相适应，与服装的格调品位相适应。如正式的礼仪服装宜选择高档的天然纤维面料；日常服装由于款式更新快，宜选择中低档纯棉面料和易洗易干的化学纤维面料等。

②面料的组配要精心，通常要考虑面料的厚薄、质地和加工精度。如西服，冬天要厚重些，春秋应中厚。面料的加工精度有粗糙、光滑、坚挺、柔软的不同，面料的组配应依据厚重与厚重、粗糙与粗糙、光滑与光滑的原则搭配。另外还要注意装束的配件，如帽子、围巾、手套、鞋袜质料的整体组配。

3）首饰的佩戴合适。对于女士而言，首饰佩戴的原则主要有以下两点。

①首饰的选择要与服装的风格相配。首饰的风格与服装的风格一样，有的朴实简洁，有的华丽高雅，有的时尚新潮，有的怀古守旧。首饰的选择首先要考虑与服装的风格保持一致，也就是与场合相适应。

②首饰的佩戴要符合自身特点。每个人的身材、肤色、年龄、身份、婚姻状况等是存在差异的，因此首饰的选择也要因人而异。例如戒指的佩戴，手指短而粗的人应避免戴圆形戒指，宜戴椭圆、菱形的戒指；手指过于纤细的人最好戴秀气、小巧的戒指。佩戴项链时，颈部修长的人不宜选择过长的项链，以免显得颈部过长；而对颈部短一些的人来说，长款的项链则有拉长颈部的视觉效果。

对于男士而言，男士可戴一枚戒指，也可戴贴身项链，首饰不宜多戴。在商务活动中不要戴耳环，可以佩戴精致的薄型手表。出入商界的男士不宜戴价格昂贵、华美的手表。

4）职业便装选择合理。

①女士的职业便装。职业便装是指介于职业正装和休闲装之间，款式比职业正装相对活泼，色彩稍微艳丽但不及休闲装随意的服装。女士在办公室的“非正式着装日”（有些国家每周周五为“非定式着装日”）可着职业便装，参加某些会议或单位组织的一些外出活动也可以穿职业便装。

职业便装的一般搭配是：衬衫配裙子或长裤，天凉时可以加一件夹克衫；略带休闲风格的套裙。在穿便装时可以穿平跟鞋，但不能穿旅游鞋。如果出席在旅游胜地举办的会议时，还需要准备一套运动服（鞋），以备参加羽毛球、网球或高尔夫球等运动。

②男士的职业便装。男士职业便装的穿着场合与女士相同。男士职业便装包括：T恤配长裤、毛衣配长裤、夹克衫配斜纹卡其布裤子。个别场合穿牛仔裤也可以，但是风格不能太前卫，如故意戳个破洞等。参加在旅游胜地举办的会议时，除了要带运动装以外，还要带一套深色西装，以备晚间活动时穿。

（3）仪态礼仪

仪态是人举止行为的统称，是内在气质的外在表现。基本的举止仪态包括站姿、坐姿、走姿等。

1）站姿。

①正确的站姿。正确的站姿应该头正、肩平，两肩放松，双臂自然下垂，双手放于大腿两侧或相握放于身前，要挺胸收腹。良好的站姿给人一种挺、直、高的感觉，站立时应该有精神、挺拔。站立时，男士的双腿可以分开，双脚间的距离最多与肩同宽；女士的双腿应并拢，脚尖稍稍外撇，也可以双脚前后相错半脚站好。

站立时身体的重心应该落在两脚正中，以保持身体平衡。当长时间站立时，可以暗暗调整身体重心，使双脚轮流承受身体重量。用一腿弯一腿直的方法调整重心不可取，因为这一方法会使人的形象大打折扣，给人形成懒散的印象。总之，正确的站姿应该是挺拔舒展、精神饱满和落落大方的。

②错误的站姿。工作中经常出现的错误站姿有：懒散地倚在墙上、桌子上或歪斜站立，将手插在裤袋内，双手交叉抱在胸前，驼背、挺腹、塌腰，或腿不停地抖动等。

2）坐姿。良好的坐姿能够传递自信、积极、友好的信息。在办公室中，坐姿一定要稳重、端正。

①正确的坐姿。入座时宜轻、宜稳，若女性穿裙装，坐下前应该用手理一下裙摆。坐定后，上身应该与站立时相近，不能驼背，腰要立起来。双肩平正放松，两臂自然弯曲，双手相叠并放于腿上，也可以一只手放在椅子或沙发的扶手上，掌心向下。

女士的双膝并拢，双腿正放或收于一侧，双脚并拢或交叠。男士可双手掌心向下，自然地放在膝上或椅背上，双膝可以分开一拳左右的距离，不能大于肩宽。一般在比较随意的场合，女士和男士跷二郎腿都是可以的，但架起的那条腿要注意往回收一点，脚尖往下压，不要将脚尖朝向某人或把腿伸出很远甚至抖动。

就座时最好只坐座位的三分之二，背部轻靠椅背。如果是与长者或上司谈话，为表示对对方的尊重，上身可以向对方倾斜一些而不靠椅背。

②错误的坐姿。经常出现的错误坐姿有：弯腰驼背，全身放松，懒散地瘫坐、歪坐或侧坐在椅子上；把腿架在椅子、沙发或茶几上；高跷二郎腿并把鞋挑在脚尖上；女士双腿分开，男士双腿分开过大；用脚敲打地面，不断地抖腿等。

3）行姿。行姿最能体现一个人的精神面貌，凡是健康的年轻人，步伐应该轻松敏捷，以体现朝气蓬勃、积极向上的精神状态。

①正确的行姿。正确的行姿是：行走时，头要正，微扬头，微收颌，目光平视前方；挺胸收腹，双肩平稳，双臂自然下垂，手掌心向内，身体重心随前行的节奏向前移。走路时不要多人横成一排或勾肩搭背。在狭窄的通道行走时，如果遇到领导、顾客或女士，应该站立在一旁让其先过。在上下楼梯时应该靠右边行走，如果遇到尊者，应该将楼梯的扶手一侧让给他们。

②错误的行姿。错误的行姿主要有：走路时，两肩左右晃动或不动或一肩高一肩低，双眼左顾右盼；弯腰弓背、步履不稳、横冲直撞、重心下坐、低头勾胸、摆胯扭腰、背手而行等。

（4）电话礼仪

在通信业十分发达的今天，电话可以说是人们经常用到的沟通工具，对接待人员来说更是如此。因此，接待人员掌握电话礼仪是十分必要的。

1）接电话的礼仪。接待人员在听到电话铃声时，应掌握以下 5 个方面基本的礼仪。

①迅速准确地接听。听到电话铃响，接待人员应准确迅速地拿起听筒，最好在 3 声之内接听，不要让铃声响过 5 声。电话铃声响一声大约 3 秒钟，若长时间无人接电话或让对方久等是很不礼貌的，对方在等待时心里会十分急躁，你的单位也会给他留下不好的印象。即便电话离自己很远，听到电话铃声后，如果附近没有其他人，也应该用最快的速度拿起听筒。如果电话铃响了 5 声才拿起话筒，应该先向对方道歉。

②要用喜悦的心情愉快地接听电话。拿起电话后，接待人员首先要以亲切、优美的声音自报家门，例如，“您好，这里是××单位”。询问对方时，应在适当的时候，根据对方的反应再委婉询问。一定不能用很生硬的口气说“他不在”“打错了”“没这人”“不知道”等语言。电话用语应文明、礼貌，态度应热情、谦和、诚恳，语调应平和，音量要适中。

③了解来电话的目的。上班时间打来的电话几乎都与工作有关，每个电话都十分重要，接待人员千万不可敷衍，如果对方要找的人不在，切忌只说“不在”就把电话挂了。接电话时，要尽可能做到问清事由，避免误事。首先应了解对方来电的目的，如自己无法处理，应该认真记录下来，然后找相关人员解决，这样就不会误事而且还会赢得对方的好感。

④认真清楚地记录。接待人员接电话时，要将重要电话的内容认真记录下来，因为这些内容在工作中都是十分重要的。电话记录应简洁完整，最好具备以下 6 点内容：何时、何人、何地、何事、为什么、如何进行。

⑤挂电话前应有的礼貌。电话交谈完毕后，接待人员应客气地向客户道别，说声“再见”后再挂电话，不可自己讲完就马上挂断电话。通话完毕后，应等对方放下话筒后再轻轻地放下电话，以示尊重。

2）打电话的礼仪。

①选择适当的时间。拨打电话时，如果双方事先有约定最好按约定时间拨打。非紧急电话，一般不选择在上班后半小时内、下班前半小时及午餐时间拨打。如果是海外电话，还要计算好时差。

②拟好通话要点。要拨打的电话内容比较复杂时，如果涉及较多的人名、时间和地点，或一个电话涉及多个事件，应事先把所要说事情的先后顺序和要点等记录在纸上，以免遗漏。

③自报家门。电话接通以后，作为拨打电话的人，应该清晰地报上自己的姓名和单位名称，即使熟人也应如此，以免让对方猜测来电话者到底是谁而浪费不必要的时间。

④以问候开始，以感谢结束。因为占用了对方的时间，所以要在通话结束前向对方表示感谢，可以说“占用了您的宝贵时间，对不起”“非常感谢您支持我们的工作”等。

第 2 单元　接待规划与接待流程

2.1　规划与计划

规划是指个人或单位制定的针对未来整体发展的比较全面、长远的计划。计划是指针对当前某一活动而制定的具体的行动方案。

顾名思义，接待规划是指单位为了规范接待人员的接待工作，根据单位战略发展目标与任务要求所制定的方向性的行事纲领。而接待计划则是接待人员为满足本次接待活动，根据接待规划对来宾接待工作所进行的具体规划与安排，包括信息确定、日程安排、车辆安排、食宿安排等内容。

2.2 接待工作与流程

来访接待主要是指单位接待人员针对来宾情况进行招待的过程，主要包括来宾的接送和宴请，接待过程中的沟通、安保等工作。来宾接待的具体程序如下。

1. 确认来宾信息

充分收集来宾资料是接待人员做好来宾接待工作的第一步。来宾到来前，接待人员需对来宾的信息有基本了解。

(1) 了解基本信息

在来宾到来前，接待人员应通过电话、网络、面谈等方式与来宾或来宾方工作人员进行沟通，收集来宾的基本信息，如来宾的姓名、性别、年龄、身份、职务、民族、生活习俗，来宾人数，来宾抵达的时间和地点、乘坐的交通工具等。

(2) 了解来访目的

了解掌握来宾来访的目的和意图，是接待人员确定接待规格的前提。接待人员需通过前期的沟通了解来宾的来访目的，是公务活动、参加会议、商务活动、参观、技术考察，还是其他。

2. 制定接待方案

接待方案即接待期间各项工作和活动的具体内容安排。接待方案一般由行政事务部门拟定，然后提交上级领导审批，经领导批准后，即成为接待工作的依据。其主要包括确定接待方针、确定接待规格、确定接待形式、明确日程安排、确定接待经费和明确工作人员等内容。

(1) 确定接待方针

接待方针即接待的总原则。从总体上来讲，要提倡互相尊重、礼待宾客等原则。

(2) 确定接待规格

即确定接待过程中的主陪人员、其他陪同者，确定住宿、用餐、用车等方面的规格。

（3）确定接待形式

即确定接待活动的形式，如迎送、宴请、会见、交谈、文艺招待、参观游览等仪式和活动。

（4）明确日程安排

即确定接待活动的具体时间表，包括来访的起止时间、每天的活动内容等。日程安排应当制定周全，包括日期、时间、活动内容、地点、陪同人员等内容。日程安排还应注意时间上的紧凑性，上一项活动和下一项活动之间既不能有冲突，又不能间隔太长。

（5）确定接待经费

接待方案应当对接待经费的来源和接待经费的列支项目做出具体的说明，从单位接待讲，接待费用一般由单位内部相关部门承担。

接待费用的列支项目主要有 8 类，具体见表 2–2。

表 2–2　　接待经费的列支项目

项目名称	主要内容
食宿费	来宾和接待人员的餐饮、宴请费用以及来宾的住宿费用
劳务费	接待人员的加班费、专家的讲课或演讲费等
工作经费	租借场所、办公用品、各种资料的准备费用等
交通费	访问期间的交通费用
纪念品费用	接待人员为来宾购买的纪念品费用
宣传和公关费用	活动费用（包括制作费、摄影费）、人工费用、日常费用（差旅费、住宿费、编辑费）、印刷费、捐款等
参观考察费用	访问期间来宾和接待人员进行参观考察时产生的费用
其他费用	访问期间除了以上费用外产生的其他费用

接待人员可根据接待费用情况编制接待费用预算表，并将预算表呈报相关人员和部门审批。预算表的制作可参考表 2–3。

表 2–3　　接待费用预算表

预算项目	金额	预算项目	金额
住宿费预算	住宿费标准×____人	会议费预算	____元
餐费预算	餐费标准×____人	劳务费预算	____元

续表

预算项目	金额	预算项目	金额
纪念品费用预算	纪念品费用标准×____人	宣传公关费用预算	____元
其他费用预算	____元		
预算合计	____元		
备注：			

（6）明确工作人员

接待人员的时间和精力是有限的，无法一个人承担所有的接待工作，所以应根据接待规格和接待活动的内容来确定接待工作人员的构成和数量。其中，这些工作人员应做好来访前的准备工作、来访期间的沟通和协调工作。

在接待计划中，应确定各个接待环节的工作人员，并向各位工作人员明确相应的接待责任，让所有的工作人员都能准确地知道自己在接待活动中的任务，使大家对自己的工作心中有数，以保证接待工作的顺利进行。在制订接待工作计划时，可制定工作人员安排表，并印发到各工作人员手中，见表2-4。

表2-4　　工作人员安排表

时间	地点	事项	主要陪同人员	主要工作人员	备注

3. 布置接待环境

来宾到来前，接待人员应对洽谈或接待场所的环境进行布置，以使接待室整洁、雅致，给来宾舒适、温馨的感觉。接待环境的布置包括以下内容。

（1）电源及照明设施

接待人员要仔细检查接待室和接待地点的电源是否接通、照明设施是否齐全完好、电源插座是否可安全使用，以及照明效果是否良好等，如有问题应及时安排维修。

（2）空调

如需使用空调，接待人员应检查空调是否完好、电源是否接通、遥控器是否可用，要提前对空调进行试用并调试到最佳状态。

（3）音响和视频设备

如在接待中需使用音响、视频设备，接待人员应提前接通电源，将音响和投影设备调试到最佳位置，准备好话筒、投影仪、电脑、屏幕等设备。

（4）桌椅

接待人员应针对所接待的来宾人数，结合陪同人员数量，计划桌椅数量，保证人人都有座位。同时要检查桌椅的质量，如有坏的桌椅应及时更换。

（5）座签

接待中需安排座次时，接待人员应根据需要，提前将人员名字制作成座签，摆放到相应位置。座签通常应打印并用制式座签夹固定，放置于座位正前方的桌面上。

（6）清洁卫生

接待人员应及时安排打扫接待室，做到每次接待前半小时完成各项清洁工作，确保接待室干净整洁。

4. 准备接待用品

接待用品是指接待工作必不可少的饮品或文件资料等，接待人员应在接待前准备好接待用品。通常，需准备的接待用品包括茶、水、饮料，水果、水果刀，文件资料、报纸杂志等，具体准备见表 2–5。

表 2–5　　接待用品准备说明

准备项目	主要内容
茶、水、饮料	◆茶杯应整齐摆放于每个座位右前侧适当的位置，茶叶应使用茶叶盒并摆放于固定的位置 ◆如使用饮水机，接待人员应提前半小时将饮水机打开；如使用暖瓶，接待人员应在接待前半小时灌足开水并整齐摆放 ◆接待中需放置饮料的，接待人员应将饮料整齐摆放于每个座位右前侧的桌面上
水果、水果刀	◆需准备水果接待的，接待人员应提前把水果洗干净并摆放整齐，放置于桌面中央不影响翻阅文件和记录的位置 ◆如果是长方形桌子，接待人员应将各类水果混合摆放，分盘放置；如果是茶几等分散桌子，接待人员则应将水果分为小盘，每桌放置 ◆水果盘内应放置水果刀，刀把对向座位
文件资料	◆接待中如需准备相关文件资料，接待人员应提前备好，最好是装袋，放置于座位正前方、座签外侧的桌面上，文件封面向上，文件下部对向座位

续表

准备项目	主要内容
报纸杂志	◆接待人员应在接待室内准备一些报纸杂志或介绍本单位历史、宗旨及服务范围方面的资料，供来宾等待时阅读 ◆报纸杂志最好是最近出版的，不要摆放破旧且过时的报刊

5. 接待来宾来访

来宾到达后，接待人员应立刻通知被访问者；在引导来宾时，应注意以下方法。

（1）在楼梯的引导方法

接待人员在引导客人上楼时，应让来宾走在前面，自己走在后面；在引导客人下楼时，应自己走在前面，让来宾走在后面。在上下楼梯时，接待人员应注意来宾的安全。

（2）在电梯的引导方法

接待人员在引导访客乘坐电梯时，接待人员应先进电梯，待访客进入后将电梯门关闭；当到达目的地时，接待人员应按“开”的按钮，让访客先走出电梯。

（3）在客厅的引导方法

当访客走入客厅时，接待人员应通过手势指引，请访客坐下；当访客做好后，接待人员方能行点头礼后离开。

6. 送别来宾来访

（1）来宾送别程序

“出迎三步，身送七步”是迎送宾客最基本的礼仪，接待人员做好来宾送别工作可为接待工作画上圆满的句号。通常，来宾的来访活动结束后，接待人员要安排送行，做到善始善终。来宾送别主要有以下程序。

1）明确来宾离开的具体时间。

2）明确来宾离开的机场、车站或码头信息。

3）与来宾或来宾方工作人员进行充分沟通，确定送别事宜。

4）对参加重要会议或友好访问的来宾，应在单位门口列队欢送。

5）接待人员到机场、车站或码头送别来宾。

6）与来宾握手道别。

（2）来宾送别注意事项

来宾送别是来宾接待工作的最后一步，如果来宾对送别工作不满意，则可能会导致整个接待工作前功尽弃。所以，接待人员需明确来宾送别的注意事项，妥善安排送别工作。来宾送别的注意事项如下。

1）来宾提出告辞时，接待人员要等来宾起身后再站起来相送，切忌没等来宾起身，自己先于来宾起立相送，这是很不礼貌的。

2）若来宾提出告辞，接待人员仍端坐办公桌前，嘴里说再见，而手中却还忙着自己的事，甚至连眼神也没有转到来宾身上，这更是不礼貌的行为。

3）通常当来宾起身告辞时，接待人员应马上站起来，主动为来宾取下衣帽帮他穿戴好，并与来宾握手告别，同时选择最合适的言辞送别，如“希望下次再来”等礼貌用语。

4）若来宾带有较多或较重的物品，接待人员送客时应帮来宾代提重物。

5）与来宾在门口、电梯口或汽车旁告别时，接待人员要与来宾握手，目送来宾上车或离开；要以恭敬真诚的态度，笑容可掬地送客，不要急于返回；应挥手或鞠躬致意，待来宾移出视线后，才结束告别仪式。

6）送别来宾时，接待人员应目视来宾，不要东张西望，眼看别处。

7）接待人员要根据接待规格和以往惯例确定送客人员。

8）如果是远方的来宾，接待人员应为来宾预定好返程车票或机票，并安排好交通工具，陪同前往车站或机场。

9）要注意乘车时的座次。乘小轿车送来宾时通常后座右位为首位，左位次之，中间位再次之，前座右位最后，因此，接待人员应请来宾坐在轿车后排的位置。

第 3 单元　团体与涉外接待

3.1　团体接待

1. 团体见面礼节常识

在机场或车站迎接来访团体时，主人一方应先进行自我介绍，一般由主陪人或主人方的接待人员来为客人介绍自己方面的人，并从主人方身份最高者开始依次介绍，然后客人一方的行政事务人员或主宾再把自己一方的人介绍给主人。

主人一方见到客人后，应该主动伸手握手，向客人表示欢迎。主人一方的司机或接待人员应该立刻接过客人的行李放在车上（一般而言，客人随身携带的皮包除外）。客人初到时一般比较拘谨，主人一方宜主动与客人寒暄。

2. 用车的基本礼节常识

接待人员应该根据来访者的人数和接待规格来确定用车标准，接待规格高且人数较少的用小轿车，而人数较多的团体可以使用大轿车，也可以大小轿车都用，都用时应注意小轿车接主宾，其他人乘坐大轿车。

此处着重介绍乘坐小轿车的礼节。在乘坐小轿车时首先应明确驾驶者的身份，驾驶者的身份不同决定了车上座位的高低，然后再根据乘车者的身份安排小轿车上的座次。

（1）驾驶者是主人

当驾驶者是主人时，双排五座轿车的最上座应该是副驾驶座，其他依次为后排右座、后排左座和后排中座。其中，主宾应该与主人并排而坐，坐在副驾驶座上，如图 2-1a 所示。

当驾驶者是主人时，三排七座轿车上的其余六个座位中最上座是副驾驶座，其他依次为后排右座、后排左座、后排中座、中排右座和中排左座，如图 2-1b 所示。

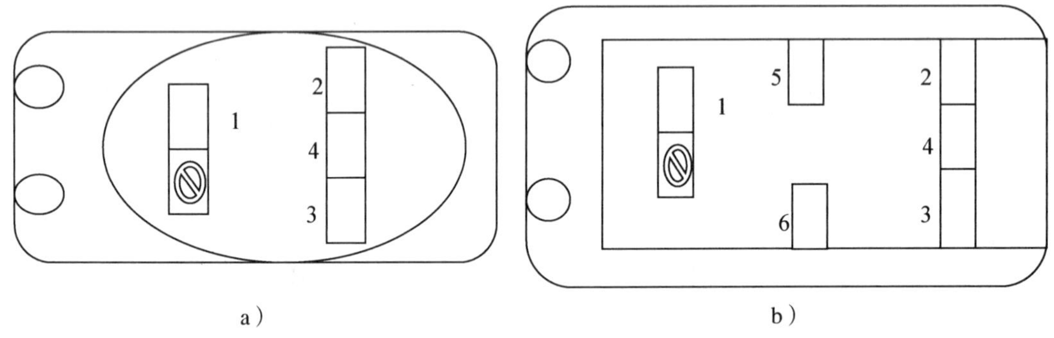

图 2-1　主人驾驶时轿车的座次安排

a）双排五座轿车座次　b）三排七座轿车座次

（2）驾驶者是专职司机

接待工作中，当驾驶者是专职司机时，最上座就不属于副驾驶座了，在这种情境中，副驾驶座一般由接待人员、翻译、警卫等人员座，该座又称为随员座。

当双排五座小轿车的驾驶者是专职司机时，座次依次为：后排右座、后排左座、后排中座，和前排副驾驶座，如图 2-2a 所示。

当三排七座轿车的驾驶者是专职司机时，座次依次为：后排右座、后排左座、后排中座、中排右座、中排左座，和前排副驾驶座，如图 2-2b 所示。

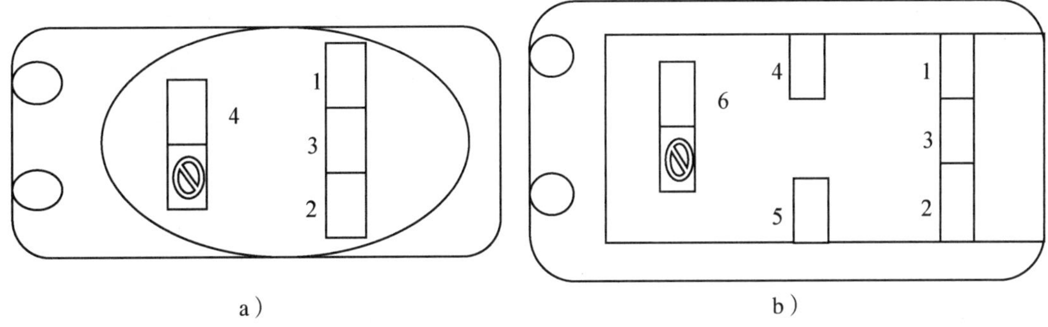

图 2-2　司机驾驶时轿车座次安排

a）双排五座轿车座次　b）三排七座轿车座次

3. 迎接来访团体的方法

如果接待人与来访者从未谋面，在接待来访者前就需要事先制作一面牌子，写明来访者的单位名称或姓名等，牌子上的字迹要工整大方，让来访者在远处就能看清楚。

一般而言，迎接来访团体的安排有两种方法。

（1）主陪人员在宾馆或工作地点等候，派副职或办公室人员等到机场或车站迎接来访团体，这样不仅可以为主陪人员节省一些等候时间，也不会传达出不恭敬的意思。

（2）主陪人员亲自到机场或车站迎接来访团体，这表达了对来访团体的高度重视。

4. 送别来访团体的方法

（1）如果来访团体在上午离开，那么在前一天晚上，主人一方的陪同人员应到来访者下榻的酒店去话别，话别时间一般控制在半个小时之内。如果来访团体在下午或晚上离开，主人一方的陪同人员应在当天的上午去话别。

（2）有礼物要送给来访者时，应在话别时将礼物送出，这样来访者可以有时间将其放在行李里面。如果在临上机场或车站时将礼物赠予来访者时，来访者就只能将其提在手中，这样会很不方便。

（3）在话别时，应告诉来访者送行的人员、车辆及时间等方面的安排，让客人心中有数。如果主陪人员工作繁忙时，可以请副职代替自己到机场或车站送别来访者。

5. 迎送工作中的其他技巧

迎送工作中还应该掌握以下 4 项技巧。

（1）迎送身份高的客人时，要事先在机场或车站安排贵宾休息室，并准备饮料。

（2）安排汽车，预定住房。如有条件，在来访者到达之前将住房和乘车号码通知客人；如果做不到，可印好住房、乘车表，或打好卡片，在来访者刚到达时及时发到每个人手中，或通过对方联络接待人员转达。这样既可避免混乱，又可以使来访者心中有数，方便迎送工作的开展。

（3）指派专人协助办理登机（车、船）手续及机票（车票、船票）和行李提取或托运手续等事宜。重要来访团体的人数众多，行李也多，因此应将主要客人的行李先取出。其间最好请对方派人配合，及时送往住地，以便来访者更衣。

（4）来访者抵达住处后，一般不宜马上安排活动，应稍作休息，至少要给对方留下更衣的时间。

3.2 涉外接待

与国际接轨是目前众多单位经营的一个重要方向。为了开拓海外相关业务，提高本单位的国际知名度，行政部门应做好涉外接待管理。

1. 涉外礼仪

（1）总体要求

热情友好、求同存异、不卑不亢、谦虚谨慎、落落大方。

（2）乘车礼宾次序

在迎接外宾安排座次时，应以“突出重要人士，方便重要人士”和“以座位的舒适和上下车的方便”为原则，根据宾客的意愿灵活安排。乘车的礼宾次序除了体现在座位上，还应注意上下车顺序。表 2-6 为乘车上下顺序礼仪的说明。

表 2-6　乘车上下顺序礼仪

车辆类型	顺序说明
轿车	地位较高者先上后下，地位较低者后上先下
公共汽车、火车或地铁	地位较高者后上后下

（3）外事座谈座次安排

外事招待涉及会见、谈判、签字仪式、合影等环节时，行政接待人员应按照惯例做好现场座次的安排，使座谈能有序并高效地开展。表2-7为各类外事座谈座次的安排。

表2-7　　各类外事座谈座次的安排

座谈类型	布置方式	具体说明
会见	相对式	宾主双方会见时面对面而坐，面对正门的一方为上座，应请来宾就座；背对正门的一方为东道主
	并列式	双方会见时面对正门并排而坐，主人在左，主宾在右。宾主双方的其他人员按照具体身份的高低，依次在主人、主宾的一侧排开
	自由式	在多边会见时，宾主双方自由就座
谈判	相对式（谈判桌横放）	①谈判桌就座的一面面对正门，客方面对正门而坐，主方背对正门而坐 ②主要谈判者居中而坐，其他人员遵循右高左低的惯例，分别就座于主谈者的两侧，各方的翻译人员应就座于主谈者右侧相邻的位置
	相对式（谈判桌竖放）	①谈判桌两头面对门口，进门右侧请客方就座，进门左侧请主方就座 ②主要谈判者居中而坐，其他人员遵循右高左低的惯例，分别就座于主谈者的两侧，各方的翻译人员应就座于主谈者右侧相邻的位置
签字仪式	——	东道主签字人座位位于签字桌的左侧，客方签字人的座位位于签字桌的右侧，双方助签人员分别站立于各方签字人的外侧
合影	——	以右为尊，一般主人居中间位置，主宾居于主人右侧，其他双方人员按“主左宾右”依次排开

2. 馈赠礼品

馈赠礼品的原则有以下3项。

（1）注重纪念性。向外宾馈赠礼品，应注重礼品的纪念性，不要过分突出礼品的货币价值。

（2）突出对象性。在涉外接待活动中选择礼品时，应根据具体受礼对象的不同而有所区别。这就要求接待人员在选择礼品时，必须注意因人而异，因事而异。

（3）考虑便携性。为外宾尤其是远道而来的宾客选择礼品时，还需考虑礼品是否便于携带等问题。一般而言，不应赠送容易损坏或可能为对方增加不必要麻烦的礼品。

3. 涉外招待

（1）明确礼宾次序的要求

在涉外招待的具体实践中，礼宾次序有以下 5 种常见的排列方法。

1）按照来宾的具体身份与职务的高低来排列其次序。

2）依照来宾抵达现场的具体时间早晚来排列其先后次序。

3）依照来宾告知东道主自己到访时间的先后来排列次序。

4）依照来宾所在国或地区的名称的阿拉伯字母的先后顺序来排列其次序。

5）不排序，即不分先后。所谓不排序其实也是一种特殊的排列方法，当上述几种方法都难以应用时，便可以采用不排序的方法。

（2）涉外会见、会谈的要求

安排会见和会谈时，要求接待人员做到以下 3 点。

1）充分了解双方的情况。如双方会见、会谈的事项，会见和会谈的时间、地点、规格、目的等情况。

2）准备工作落实到位。准备工作主要是了解外宾的背景资料，以及会见会谈的地点选择、布置与检查等。

3）会见会谈时要做好记录，对客人提出的或领导许诺的问题，会后应负责落实，以做好后续工作。

（3）涉外宴请的基本要求

宴请是国际交往中最常见的交际活动之一。在涉外宴请中，需遵守国际惯例和一定的礼节，其基本的要求如下。

1）宴请环境十分重要，应该选择雅致、安静、整洁、卫生的环境。

2）点菜时要考虑外宾饮食习惯的差异。

3）菜肴要有地方特色，可以精致丰盛，但不必豪华奢侈。

思考与练习

一、术语解释

1. 来访接待

2. 团体来访

二、选择题

1.（　　）是指单位接待人员针对来访对象所进行的迎接、接洽和招待活动。

A. 接待　　B. 信访　　C. 调研　　D. 服务

2. 仪态是人举止行为的统称，是内在气质的外在表现。基本的举止仪态包括（　　）、坐姿、走姿等。

A. 站姿　　B. 语言　　C. 着装　　D. 言行

3. 双方会见时面对正门并排而坐，主人在左，主宾在右。宾主双方的其他人员按照具体身份的高低，依次在主人、主宾的一侧排开。这属于（　　）的布置方式。

A. 相对式　　B. 并列式　　C. 自由式　　D. 圆桌式

4.（　　）是接待人员做好来宾接待工作的第一步。

A. 确定接待规格　　B. 制定接待计划

C. 确定接待日程　　D. 收集来宾资料

5.（　　）即确定接待活动的具体时间表，包括来访的起止时间、每天的活动内容等。

A. 明确日程安排　　B. 确定接待规格　　C. 明确接待形式　　D. 接待要求

6. 单位接待除应遵循事前审批的原则外，还需遵循（　　）。

A. 勤俭节约原则　　B. 认真负责原则

C. 文明用语原则　　D. 尊重习俗原则

7. 依据来访的人数、规模分类，接待可分为（　　）。

A. 个人来访　　B. 预约来访　　C. 团体来访　　D. 未约来访

8. 依据接待的准备程度划分，可分为（　　）。

A. 商务来访　　B. 消费接待　　C. 有约来访　　D. 未约来访

9. 涉外礼仪的要求包括（　　）。

A. 热情友好　　B. 求同存异　　C. 不卑不亢　　D. 落落大方

10. 在涉外接待工作中，馈赠礼品的原则包括（　　）。

A. 注重纪念性　　B. 突出对象性　　C. 考虑便携性　　D. 精美新颖

三、简答题

1. 简述来宾接待的程序。

2. 谈谈在涉外招待的具体实践中，礼宾次序的排列方法。

四、案例分析题

小王是某单位的一名办公室工作人员，平时偏爱名牌服饰。有一次，某上级部门领导来访，单位领导带着小王一起去接待。那天，小王专门穿上精心挑选的名牌西服，结果见面时被误认为是领导，并与其进行了交谈，这使得小王的领导很是尴尬和恼火。

请结合接待人员接待礼仪中着装的相关知识，回答下列问题。

1. 分析小王在上述案例中所犯的错误。

2. 请对小王提出着装建议。

参考答案

一、术语解释

1. 来访接待

来访接待主要是指单位接待人员针对来宾情况进行招待的过程，主要包括来宾的接送和宴请，接待过程中的沟通、安保等工作。

2. 团体来访

团体来访指的是以队、团的形式有组织而来的多人来访。

二、选择题

1. A　2. A　3. B　4. D　5. A

6. ABCD　7. AC　8. CD　9. ABCD　10. ABC

三、简答题（略）

四、案例分析题（略）

第3模块

会务管理

第 1 单元　会 前 管 理

1.1　会议概述

会议是单位开展活动的一种重要形式，单位的讨论、决策、谈判等活动都是通过会议的形式进行的。

会议的类型多种多样，只有确定了会议的类型，才能确定会议的规模、时间、会期、会址等具体问题。表 3-1 为常见会议类型的划分标准和具体内容。

表 3-1　　会议类型

划分标准	分类	说明
常规会议	上级政策宣传会议	1. 在本单位宣讲上级新政策的相关会议，一般要全员参加 2. 行政部门通常在会前一星期就要将会议通知发给参会人员
	单位负责人办公会	1. 由单位负责人主持召开，因特殊原因不能出席时，委托单位相关副职领导负责 2. 参会人员包括单位负责人、主管副职、办公室主任、项目主管、总工程师、总会计师等，必要时可请其他人员参加 3. 研究解决单位近期重要的全局性问题
	高层管理人员会议	1. 集合单位高管人员召开；集合单位直属部门主管召开；集合下级机构负责人召开 2. 由单位负责人主持召开，或由负责人委托相关副职领导召开 3. 传达贯彻上级和单位负责人办公会的部署和决策，讨论业务上的具体问题
	员工大会或员工代表大会	1. 一年或半年召开一次，定期召开 2. 由单位负责人主持召开 3. 向员工报告一段时期的经营状况 4. 传达上级的重要决策 5. 表彰先进员工 6. 听取员工意见、建议和要求

续表

划分标准	分类	说明
常规会议	单位年会	1. 各部门总结一年来的工作，表彰先进个人，确定来年工作计划 2. 一般在年终举行 3. 可举办一系列庆祝活动
	部门员工例会	1. 各部门定期召开的由本部门全体员工参加的会议 2. 用于通报近期情况、交流信息、解决问题
特种会议	见面会	1. 在正式会议开始之前，双方约见，相互介绍认识 2. 商定正式会议的具体内容
	谈判会	主、客双方围绕议题进行谈判讨论，解决实质性问题
	洽谈会	1. 非正式协商会议 2. 议题可根据情况进行变动 3. 双方协商处理，不能解决的问题可暂时搁置 4. 可决定临时进行休会
	庆典类会议	庆祝和纪念活动类的会议，如开业典礼、店庆纪念、传统节日等庆典活动，通过开会提高本单位和产品、服务的知名度
	会展类会议	利用会议的形式，进行服务或产品展览、展销，洽谈项目，招商引资，技术合作等
	客户咨询会	邀请单位的客户代表、合作单位代表共同听取客户对本单位经营管理方面的意见和建议，并就客户提出的问题进行解答
	新闻发布会	向社会就本单位某项决定或某一新业务做宣传和介绍
专业会议	单位内部为解决经营、生产、管理等过程中实际问题的会议，如安全工作会议、保卫工作会议、财务分析会议等，会议无固定模式，时间和人数需要根据实际情况临时确定	

1.2 会议的准备

会议准备工作通常需要经历以下 8 个步骤（见图 3-1）。

1. 拟定会议议题、名称和规模

(1) 拟定会议议题

会议议题就是会议研究讨论的问题和决策的对象。它主要明确了会议的范围、目的、内容、主题和任务，是保证会议质量的重要因素之一。

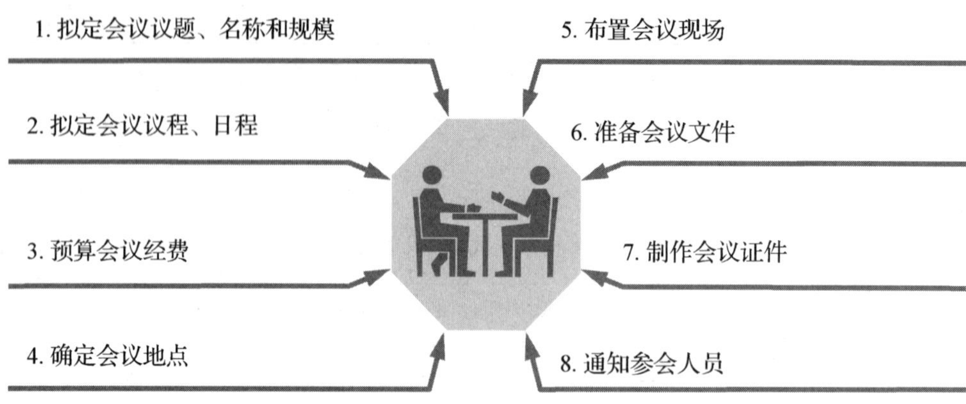

图 3-1　会议准备的工作步骤

1）确定会议议题。确定会议议题主要有以下 3 种方式。

①领导确定议题。大中型会议的议题都由会议领导机关和领导者确定，相关会议事务人员（由行政部统一委派，以下统称会务人员）应收集和准备有关会议的各方面资料，用以辅助领导决定会议议题。

②会务人员在向有关部门征询研究问题的基础上，要对各问题加以整理，并形成初步的会议议题，报请领导确定。

③按照单位有关规定，会议议题经过必要的程序性步骤，该步骤由会议确定。

2）安排会议议题。会务人员应根据具体情况和要求，分轻重缓急，筛选收集到的议题，并加以修改、讨论和充实。报请有关领导审查后，按周、月或季度统筹安排。会务人员在安排会议议题时应注意以下事项。

①下一级会议可以解决的或领导职权可审批解决的问题，一般不安排上级会议讨论。

②不同性质的会议所要讨论的议题应有所区别。

③由于需要会议研究讨论的问题很多，会务人员尽可能地将同类性质的议题一次提交会议讨论。

④对于提交会议讨论的议题，会务人员一般要备有简要的文字材料，并在开会前几天经领导审批后，发给有关同志阅读，准备意见。

⑤为了保证会议质量，会务人员对临时提出的一般议题要经过谨慎的考虑后再做安排，切忌仓促安排。

⑥会议议题不能安排过多或过少，会务人员要测算每个议题大致所需的时间，合

理分配。

⑦会务人员应准备些后备议题，以便在会议进展顺利、时间充裕的情况下提供会议讨论。

⑧会务人员不能自行决定会议议题，应在拟定议题后报请上级有关领导审议确定。

（2）确定会议名称

会议名称也就是会议的题目。会务人员要用精炼的文字高度概括出会议的主题，主题应基于会议的主要内容、范围和性质来确定，既要名副其实，又要一目了然。会议的名称一般由主办会议的单位名称、会议的主题与内容及会议的性质 3 个部分组成，其中根据会议的性质可分为现场会、启动会、工作会、座谈会和研讨会等。

（3）确定会议规模

会务人员确定会议规模时，应以会议的内容和议题为依据。根据与会人员的人数，会议规模可分为大型会议、中型会议和小型会议 3 种。

1）大型会议。与会人员的人数达千人乃至数千人的会议，如庆祝大会、纪念大会等。

2）中型会议。与会人员的人数达百人至数百人参加的会议，如报告会、经验交流会等。

3）小型会议。与会人员的人数在几人至几十人参加的会议，如座谈会、办公会等。

2. 拟定会议议程、日程

（1）拟定会议议程

拟定会议议程，即对会议的议题讨论做出具体的安排。一般来说，会务人员应该从以下几个方面拟定会议议程。

1）会议主席的开场白。会议开始后首先是会议主席的开场白，开场白的内容范围由会议召集者负责把握，但具体内容应由主席本人来控制。会议主席的开场白主要包括以下内容。

①必要的与会人员介绍。

②会议的背景、目标及会议所要解决的问题。

③主席或召集者的态度等各方面的内容。

2）介绍基本情况。会务人员应设计由几位与会人员介绍他们对主席开场白中提出的问题所掌握的情况，这样可以令其他与会人员对这个问题有一个初步的概念，并且以这些基本的情况为出发点进行思考，为之后的讨论做铺垫。

3）自由发言，讨论问题。虽然是自由发言，但实际上会务人员仍应提前拟订一个大致的顺序。可以让一些思维反应较快、性格外向的与会人员首先发言，再让一些思考时间较长、思考较深入的与会人员发言。这样可以使整个讨论逐步深入，把大家的思维充分调动起来。当会议的讨论进入更激烈的阶段时，与会人员可能容易分为几派，并且有些与会人员彼此间可能针锋相对，这时正是问题讨论最为深入的时候，可以令所有的矛盾都自行充分暴露出来，为后面的决议做铺垫。

4）整合意见，得出结论。在充分的讨论之后，就需要逐步地进行意见整合并找到共同点，在分歧上相互妥协，达成一致，最后以一定的形式表述出来，提交上级或传达下级。

5）会议结束。会议达成决议后，会议主席或召集者一般都需要对会后的工作做简单的安排，或明确地向与会人员布置任务。

（2）拟定会议日程

1）会议日程的内容。会议日程是指对会议议题时间顺序的安排，不仅包括围绕会议议题的全部活动，还包括会议过程中的其他辅助性活动。会议日程以天为单位，是会议全程各项活动和与会者安排个人时间的依据，会务人员应在会前将会议日程的内容发给与会者。

2）会议日程的编制程序。会议日程的编制一般按照以下程序进行。

程序1：明确安排。制定日程表前，应明确会议活动的人员、日期、时间、地点和有关的餐饮安排。

程序2：注意相关事项。制定日程表时，应注意议题所涉各种事物的习惯性顺序，及本单位制度是否对会议议程顺序有明确的规定。

程序3：议程介绍。宣布议程，并说明一些有关此次会议事务性的内容和之后再安排讨论的问题。

程序4：议题安排。将同类性质的议题集中安排在一起，以方便讨论及有关列席人员的到会和退席，其中保密性强的议题一般放在后面。

3）设计会议日程的注意事项。

①日程表的内容必须与议程表吻合。

②在时间、地点和人员等问题上，如遇到变化，可做适当调整。

③同议程表一样，会务人员在制出日程表后，必须经主管部门领导审核后才能

实施。

3. 预算会议经费

在会议召开之前，会务人员应该对与会议相关的经费进行预算。通常而言，会议经费预算包括以下 7 个方面。

（1）交通费用

交通费用的项目主要包括以下 3 个部分。

1）出发地至会务地的交通费用。此部分费用通常包括航班、铁路、公路、客轮等交通费用，以及从目的地车站、机场、码头到住宿地的交通费用。

2）会议期间交通费用。此部分费用通常包括住宿地到会所、会所到餐饮地点、会所到商务交际场地，商务考察，以及其他与会人员可能使用的预定交通费用。

3）欢送交通及返程交通费用。此部分费用通常包括航班、铁路、公路、客轮等交通费用，以及住宿地至机场、车站、港口的交通费用。

（2）会议室费用

会议室费用主要涉及会议场地租金、会议设施租赁费用、会场布置费用及其他支持费用。

1）会议场地租金。此部分费用通常包括会议场地及使用的某些常规会议设施的费用，如音响系统、桌椅、主席台、白板和笔等，但使用一些非常规设施费用并不涵盖在内，比如投影设备、临时性的装饰物、展架等，需要加装非主席台发言线路时也可能需要另外的预算。

2）会议设施租赁费用。此部分费用主要包含租赁一些特殊设备，如投影仪、笔记本电脑、移动式同声翻译系统、会场展示系统、多媒体系统、摄录设备等通常需要支付的使用保证金，包括设备的技术支持与维护费用。

3）会场布置费用。此部分费用通常包含在会场租赁费用中，但如果有特殊要求，可以与专业的会议服务商进行协商。

4）其他支持费用。此部分费用通常包括广告及印刷、礼仪、行政事务服务、运输与仓储、娱乐保健、媒介和公共关系等会议支持费用。基于这些支持均为临时性质，如果会议主办方分别寻找这些行业支持的话，其成本费用可能比市场行价要高；如果请专业会议服务商代理，将获得价格相对比较低廉并且专业的服务支持。

（3）餐饮费用

餐饮费用主要包括以下项目。

1）早餐。早餐一般是自助餐，也可以采取围桌式就餐，费用按人数计算即可。

2）午餐。午餐基本属于正餐。若是自助餐形式，可以采取人数预算；若是围桌式形式，可以按桌预算。

3）会场茶点。此项费用基本上按人数预算，预算时可提出不同时段茶点的食物、饮料组合。

（4）住宿费用

此部分费用除与酒店星级标准、房型等因素有关外，还与客房内开放的服务项目有关，比如客房内的长途通讯、酒水饮料、一次性衣物、互联网和提供水果等服务。对于会议而言，住宿费可能是主要的开支之一，所以会议主办方应明确酒店应明确酒店关闭或者开放的服务项目及范围，最好找专业的会展服务商，这样能获得较好的折扣。

（5）视听设备费用

视听设备的预算比较复杂，此部分费用主要包括两大部分。

1）设备本身的租赁费用，通常按天计算。

2）设备的运输、安装调试及控制技术人员的支持费用，可让会展服务商代理。

（6）演员及节目费用

此部分费用通常可以选定节目后按场次计算，预算金额通常与节目表演难度及参与人数成正比。

（7）其他费用

其他费用是指会展过程中因为一些临时性安排而产生的费用，包括打印、临时运输及装卸、纪念品、模特与礼仪服务、临时道具、传真及其他通讯、快递服务、临时保健、翻译与向导、临时商务用车等费用。

4. 确定会议地点

（1）明确会议地点选择的要求

在对会议场所进行选择之前，会务人员应明确的会议地点的选择要求有以下 6 点。

1）交通便利。会议地点应选择在主办方和与会者方便前往的地方，最好离工作地点较近，以减少用于会议的人力、物力和财力。

2）会场空间适当。会议空间应考虑与会者的数量、会议时间的长短、会议举行的方式等多种因素，既要保证会议现场能在有效控制范围之内，又要为与会者留出足够的活动空间，确保会议效果最佳，同时成本最低。

3）设施设备齐全。配备齐全会议所需要的一般设施和设备，如照明设备、音响设备、通信设备、通风设备、放映设备、音像设备、打印设备、空调设备、卫生设施、安全设施、桌椅家具等，并配有专业的调试、维修人员。

4）会场环境适宜。会场环境包括会场内温度、湿度、空气、噪声、照明、绿化、装饰等。室内温度不宜过高或过低，应符合人身体的正常需要；空气要保持清新、流通；采取措施防止会场内外各种噪声的干扰，使会议能够在安静的环境中顺利进行。

5）良好的接待功能。会议的接待功能包括场地、住宿、餐饮、娱乐等的安排与协调，要考虑到会场与餐厅、娱乐场所的距离，以及交通是否方便。

6）成本合理

在满足会议需要的条件下，考虑经费的开支，做到开支在预算范围之内。

（2）列出会议场所清单

会务人员需结合地点选择的要求制作可供选择的会议地点清单表，并在清单表上注明会议要求的所有重要条件。如果清单设计得合理，将有利于各个会议地点的比较和选择。

（3）选择会议场所

针对不同的会议类型，会务人员应选择与之相适应的会议地点（见表 3-2）。

表 3-2　　会议场所选择

会议类型	最佳的会议场所
培训会议	能提供专门工作人员和专门设施的成人教育场所（单位的专业培训中心或旅游胜地的培训点）
研究和开发会议	有利于沉思默想、灵感涌现的环境（培训中心或其他宁静场所最为适合）
学会年会	一般根据会员的意见来定（一般选在当前最受欢迎的城市，能提供会议服务的酒店）
重大的奖励、表彰型会议	会议的目的是对人员杰出表现予以奖励，所以会议地点一定要选在有档次、引人入胜的地方
交易会和新产品展示会	有展厅的场所，到达会场所在城市的交通必须便利

（4）考察会议场所

1）在准备去考察会场之前，会务人员应检查一下报价方是否已具备了以下前提条件。

①报价方（酒店）接受和同意会议明细表中各项事宜。

②报价方（酒店）应是候选名单中较好的一个。

③对报价方（酒店）拟订的合同条款基本接受。

2）另外，会务人员亲临会场考察时应注意以下3点。

①会见能做决策的人，因为会见能做决策的人有利于解决可能出现的交易问题。

②尽可能在酒店建议的日期去参观。

③最好不要在酒店客满时去参观，因为这会使酒店产生直接费用。

（5）预订会议地点

会务人员考察会议地点后，接着就是选定一家会场并提前预订，会务人员预订会议地点的具体做法如下。

1）会务人员预订会场时，要打出一定的提前量，在确定准确的会期之后，应尽早预订。

2）会务人员预订会议地点时，应尽量使会场的大小、格局和设备的配备与会议的人数、性质和类型相匹配。

3）会务人员正式预订会场之后，在使用会场的前一天，一定要再次落实。

4）会务人员在预订会场之前，应查看会议议程，了解会议的主持者和演讲者是否需要音像辅助设备，如果需要的话，会务人员在预订会场时，应吩咐酒店准备并事先将各种设备调整到最佳状态。

5. 布置会议现场

（1）选择会场布置形式

在对会议现场进行布置时，会务人员应该针对不同的会议性质和规模，采取相应的会场布置形式。

1）单位内部会议。单位内部会议一般都在单位的会议室进行，所以会务人员需要对会议室进行与内部会议特点相对应的布置，并且在布置完毕之后需要长期保持。单位会议室布置应满足如下条件。

①会议室应该选择宽敞、明亮且有一定隔音效果的独立房间。

②会议室正中应当摆放一张圆形或椭圆形的会议桌，并有若干张座椅围绕在会议桌周围。

③会议主席的座位应当在椭圆弧形的两极位置，主席的背后应避免有门窗。

④在会议主席背后的墙上贴挂一些单位经营宗旨的语句或单位高层重要人物的题

词。如果有投影仪，投影幕也应当放置在会议主席的背后。

⑤一般在主席对面的墙上挂一只挂钟，这样可以让会议主席随时掌握时间，控制会议的节奏。

⑥会议主席两侧的墙上可以有一些关于单位内容的照片或语录，如果希望在会议上营造一种比轻松的气氛，也可以用一些优美的大张图画来代替。

⑦会议桌上可以不放物品，如果确实觉得太空旷，可以放一两盆人造花或盆栽植物。

⑧可以根据具体情况放置所需的其他物品，如饮水设施、视听设备、展示单位荣誉的橱柜等。

2）单位间谈判会议。单位间谈判的会场布置与普通会议室大致相同，但布置时会务人员应注意以下事项：

①如果是两方会谈，最好使用长方形或椭圆形的桌子，这样可以将谈判双方明显地分为相对的两边，从而增加谈判的严肃性。

②如果是多方会谈，最好使用圆桌，以示平等。

③如果需要投影幕，一定不能放在某方的背后而应放在双方的一侧。

④会议桌上应尽量不放置其他物品，以防干扰双方的视线。

3）大型会议。由于大型会议需要营造出庄严肃穆的气氛，所以其会场布置较其他会议要复杂一些，具体要求如下。

①会议主席台上的会议桌和座椅一般放置在台上正中偏外一些的位置，一般需要铺上台布，台上放置话筒、座签、茶杯、鲜花等必备物品。

②在主席台的上方或背后悬挂写有会议名称的横幅，一般使用红底白字。

③如果有发言席，可以将其设置在主席台座席左侧位置并安置话筒。

④如果需要投影展示，应当在发言席后放置投影仪，注意不要让发言席挡住投影幕布。

⑤会议座位应有明显的区分，如媒体席、VIP 贵宾席等，或按照参会人员的不同单位而分别有所区分。

⑥如果需要进行录像，可以在会场的中央偏前处放置摄像机。

⑦大型会议的会场门口处应有接待处或签到处，并在会场的两边设有工作台，提供材料或饮水。

⑧应特别注意保持安全出口的畅通，卫生间位置要有清晰的提示。

（2）排列座次

排列座次是指按照一定的规律和比较科学的原则给参会人员安排座位。

1）座次排列原则。座次排列通常可按照以下 4 项原则进行。

①按照姓氏汉语拼音字母字头为序排列先后。

②按照姓氏笔画为序排列座次。

③按照在单位内的任职级别排列座次，级别一样的，以姓氏笔画为序排列。

④凡要正式公布名单的，按照名单先后顺序排列座次。

2）座次排列方法。座次排列方法可以是横排，竖排或者左右排列，具体说明如下。

①横排法。即按照公布名单或以姓氏笔画为序从左向右依次排列座次。

②竖排法。即按照各代表团成员的既定次序或姓氏笔画沿一条直线从前至后依次排列座次。每个代表团的排列次序按固有顺序从左至右排列，或以会场中心座位为基点，向两边交错扩展。

③左右排列法。即按照公布名单或以姓氏笔画为序，以会场或主席台中心为基点，向左右两边交错扩展排列座次。

6. 准备会议文件

会议文件是指会议所需的主要文件。会务人员在会前做好有关文件的准备工作，可以使会议议题比较集中，从而保证会议的基本目标得以实现。

（1）会议文件的种类

会议文件主要包括以下 7 类。

1）提案文件。包括提案等。

2）参考文件。包括调查报告、典型材料等。

3）指导性文件。包括领导讲话稿、上级或上司指示、会议起因文件等。

4）会议管理文件。包括会场座位分区表、主席台及会场座次表、会议登记表、会议签到表、会议通知等。

5）主题内容文件。包括开幕词、主题报告、专题报告、大会正式决议、闭幕词、会议须知和有关活动的注意事项等。

6）进程文件。包括会议程序表、日程安排表、会议记录、会议简报、选举或表决程序表、讨论分组名单和讨论分组地点安排表等。

7）会议成果文件。包括会议工作报告、选举结果、会议纪要、新闻公报、传达文件、执行计划等。

（2）准备会议文件的程序

会务人员在会前数日应将会议所需的文件材料，分送给参会人员审阅，让他们有时间准备意见，特别是在研究工作方案、审议工作计划的会议中，这一环非常重要，会直接影响到会议的效率。

7. 制作会议证件

会议证件是表明与会议直接有关人员身份及权利和义务的证据，其主要目的在于做好会议的组织管理，保证会议和参会人员的安全，以及会议的顺利召开。

（1）会议证件的种类

会务人员要制作的会议证件主要包括以下 4 大类。

1）证卡类。如出席证、列席证、工作证、记者证、签到证等。

2）证书类。代表证、通知书等。

3）佩条类。主席团成员佩条，文秘长、副文秘长佩条，来宾佩条等。

4）其他类。如座位名签、车辆通行证等。

（2）制作会议证件的要求

1）设计的基本要求。会务人员在设计会议证件时，应从会议组织管理的需要来安排，要兼顾会议安全和方便工作两个方面。既不能只图简单，影响会议的组织管理；又不能搞得太烦琐，给参会人员和会议工作人员带来不便。

2）证件样式与内容要求。在证件设计和色彩运用上，会务人员既要做到易于区别各种不同证件，又要体现会议庄严、隆重、热烈的特点。证件内容设计要包括：会议的名称、参会人员姓名、称呼（先生、女士、小姐等）、身份（职务、职称等）、单位或单位的名称、证件号码、发证日期等。重要的大型会议要在证件上贴上参会人员的相片，并加盖钢印，以防伪造。

3）证件设计使用与管理。在主席台等必要的地方应放置台签式姓名卡片，姓名卡片可按照不同颜色加以区分。会议证件的管理、发放必须有严格的规则，在会议的接待区要有专人负责向参会人员发放证件。

8. 通知参会人员

（1）与会人员确定

会务人员在掌握了会议的基本情况以后，应当及时发布会议通知。发布会议通知之前，必须准确地确定与会人员。会务人员可以参照表 3-3 中的方法提出与会人员名单，并快速通知与会人员。

表 3-3　　确定与会人员的方法

内容	方法及注意事项
了解会议性质	如是日常工作会议，要邀请与会议议题密切相关的部门领导列席
	征求意见的会议，应请各方面的领导和代表参加
	专业性质的会议，应请相关方面的主管领导、专家和有工作经验的工作人员参加
	纪念、庆祝性的会议，应请有名望、有社会影响力的各界人士参加
准确拟定与会人员名单	从有利于会议工作的角度出发，要在不漏提和错提的基础上，宽严适度
	从保密的角度出发，要做到提名合情合理、不宽不严，不漏提、不错提
提请领导审核	以领导的审核作为与会人员名单的最终结果

（2）会议通知的种类

1）按通知的形式可分为口头通知和书面通知。口头通知如当面通知、电话通知等。小型会议或单位内部事务性例会适用于口头通知，其优点是方便、快捷。书面通知如传真通知、电子邮件通知、邮递通知、招贴通知等。参加人数较多或比较重要的会议适用于书面通知，其优点是严肃、庄重，且具有备忘的作用。

2）按通知的性质可分为正式通知和非正式通知。除了非正式会议和每日例会之外的所有会议，均应打印正式会议通知，再通过书面形式或电子邮件传递给有关人员，以示正规和郑重。非正式会议可采用非正式通知，如先发电子邮件，再通过电话或回复电子邮件确认。

（3）会议通知的内容

会议通知是以召开某次会议的有关事项为内容的文字信息。其内容一般包括会议名称、主办单位、会议内容、起止时间、参加人员、会议议题、会议地点、联络信息、报到事宜及有关要求等。会议通知要事项周全、明确具体，层次分明、条例清晰，语言简洁、流畅。

除以上内容外，还应包括以下内容。

1）会议相关材料。如果有预备议程、事先需准备的材料或其他需让与会者事先了解的情况，应随会议通知寄发一份。

2）回复时需要的信封、邮票等。需要回复的会议通知或预备通知还可夹入一张明信片、信封、邮票等，上面应注明本单位地址、邮编、电话、发信人姓名，以便对方有时间考虑并能及时回复。

3）有关票证。会议通知中可将会议使用的有关票证，如入场券、代表证、汽车通行证、座次号、编组名单、就餐证和乘车证等，与会议通知一并发出。

4）会议地点、交通工具、线路等。如果某些与会者对会议地址不熟悉，应附加一份说明或回执单，要求与会者告知具体的到达和返程日期，并标明到达会址的汽车、火车等交通工具和线路。

1.3 会议的安排

1. 明确接待日程

（1）明确接待日程相关内容

接待日程即接待期间各项工作和活动的时间安排。会务人员应通过电话、微信、QQ、网络、面谈等方式与来宾、来宾方工作人员、接待方相关工作人员充分沟通，并根据来宾的时间安排编制接待日程。通常，接待日程应包括以下内容。

1）接待的具体内容。

2）接待的具体时间。

3）陪同人员的各项工作安排。

4）各项接待工作的实施地点。

（2）来宾接待日程表

会务人员可根据来宾接待日程涉及的相关内容要求，编写来宾接待日程表，以便接待工作按接待日程顺利实施。表 3-4 为来宾接待日程表示例，供读者参考。

表 3-4　　来宾接待日程表

序号	日期	接待事项	地点	接待人员	活动安排	备注

2. 合理安排食宿

会务人员需根据国家接待规格和本单位的相关规定来确定餐饮和住宿标准，不能擅自提高或降低接待标准。当来访者提出特别要求时，如果该要求在单位的规定范围内，就应尽量满足；如果该要求超出了本单位的规定范围，会务人员就应向上级领导汇报，并由上级领导作出决定；要求超过国家规定的，一律予以拒绝。

会务人员在预订房间前应优先在内部宾馆、招待所安排；没有内部宾馆、招待所的，可在当地规定的接待费用开支标准之内的外部宾馆安排食宿。

在选择外部宾馆作为来访人员的住宿地点时，会务人员可以同时选择几家各具特色的宾馆，让上级领导决定应该预订哪一家宾馆。

在预订宾馆时首先应选择签约宾馆，这是因为对其服务质量有相当的了解，而且作为老客户还可以享受一些优惠。

第 2 单元　会 中 管 理

2.1　会议签到与文件分发

1. 会议签到与入场

(1) 签到

参加会议人员在进入会场时一般要签到，其目的是及时、准确地统计到会人数，为以后的考查提供历史凭证。而且有些会议只有达到一定人数才能召开，否则会议通过的决议无效。因此，会务人员应做好会议签到工作，以保证会议各项工作顺利地进行。

会议签到一般有以下 5 种方法（见表 3–5）。

表 3–5　　会议签到方法一览表

签到方法	说明
簿式签到	一般会议签到采用签到簿登记的方式
证卡签到	与会人员出示证卡签到的方式
会务人员代为签到	多用于单位内部会议，与会人数较少，并且会务人员对参加会议的人员比较熟悉，可由会务人员代为签到
座次表签到法	与会人员按规定座位在签到表上签到
电脑签到	与会人数较多，采用电脑签到的方式，即参加会议的人员进入会场时，把特制卡片放到签到机内，将参会人员的姓名、号码传到中心，签到效率较高

（2）入场

为方便与会者尽快就座和保持会场的秩序，一般会议都需要相关会务人员以适当的方式引导座次。无论是采取对号入座还是随便入座或是划分区域入座，都可设立指示坐标或由会务人员直接引导入座。

2. 文件材料分发

会议中所需要的文件材料，会务人员应及时、准确地分发到每位参会者手中。分发会议文件和材料的形式包括会前分发和会中分发。

（1）会前分发的文件材料，可以在参会者进入会场时由会务人员在会场入口处分发给每位参会者，也可以在开会之前按要求在每位参会者的座位上摆放一份。

（2）会中分发的文件材料，可以把会务人员分派到各组，负责每组文件材料的分发和收回。需要收回的文件材料，一般应在文件的右上角写明收文人和收文时间，收文时要登记，以免漏收。

2.2 会议记录、信息收集

1. 做好会议记录

会议记录是对会议基本情况、发言内容和进程进行记载的原始性文字材料。会议记录是会议情况的真实反映，也是了解会议决定事项执行情况的依据。完成一份完整、简洁、条理清楚的会议记录是会务人员在会议期间工作的重要内容。

（1）会议记录的重要性

1）有利于会议组织者对决策事项的落实。如会议要求落实一项决议或布置一项任务时，可以在相应的任务后标记出落实或完成任务的负责人、规定完成的时间等信息，在下次会议时可以通过记录来检查工作落实情况。如果是非常重要的会议，要求每个与会者在会议记录上签名，证明其已经到会并接受了会议的主要精神，以便于日后查阅。

2）有利于会议主持人主持会议。会议记录是对会议全过程的记载，在主持会议过程中，如果主持人同与会者意见不一致，可以以会议记录为依据。

3）有利于会务人员对会议工作的把握。会务人员不需要将会议的全部情况特别是一些细节记在脑子里，可以利用会议记录去完成，以减轻工作负担，并且信息更准确。

（2）会议记录的方法

会议记录有详细记录法、摘要记录法、速记法和速录法 4 种。

1）详细记录法。要求有言必录，对会议的全过程、所有发言人的发言都要原原本本地记录下来，不得随意增减和取舍。一般来说，重要会议要详细记录。为完整准确地做好记录，如有必要可安排两个以上的人员或使用录音机同时做记录，会后再核对整理。

2）摘要记录法。只摘取发言者的发言重点、要点，对会议主持人的讲话要点做记录。采取摘要记录法记录时，要求记录人员充分把握讨论的内容，掌握议题的轻重缓急程度和发言人的发言宗旨、意图以及发言内容的价值。

摘要记录必须掌握以下原则：第一是要精确，不能由于省略而删改和歪曲发言人的意愿；第二是不能遗漏讲话者的主要观点；第三是语句通顺，前言后语正确连接。

采用详细记录法还是摘要记录法应根据具体情况而定。决定重大原则问题的会议需要采用详细记录法，一般事务性会议采用摘要记录法。有些临时性的碰头会、有讲话稿的群众性集会，没有必要做会议记录。此外，详细记录法还是摘要记录法做记录也是相对而言的，有时两种方法可交叉使用，但记录人应明确哪些应做详细记录，哪些可做摘要记录。

3）速记法。速记法是运用各种速记符号对语言进行记录。这种记录方法的效率比通常的文字记录高出四五倍，是相关会务人员应当掌握的一种技能。

需要注意的是，用录音机记录并不能代替速记，因为录音机只能记录声音，而不能变成文字符号。有些场合不适合或不允许录音，只能采用速记。由此可见，速记作为使口头语言书面化的一种手写形式，是录音机所不能替代的。

采用速记进行记录的，要在事后用标准文字整理出来，不允许用速记文字代替正式会议记录。

4）速录法。这种方法通常采用专门速录机，使用专门的速录软件，经过专业培训后，每分钟的打字速度可以达到 150～250 字，几乎可以将每个人的发言完整地记录下来，既快又准。

（3）会议记录的要求

1）真实。会议记录要尊重会议过程的真实情况，不添加不遗漏，准确无误。

2）完整。会议记录需要体现会议的整个过程，特别是不得遗漏关于会议主要情况、主要意见的发言。

3）规范。会议记录是立卷归档的书面材料，一定要按照规范的体式书写。

4）速度。快速是对会议记录的基本要求，记录时要精神集中，反应迅速，判断准确，提高记录的质量和效率。

（4）会议记录的内容

1）会议概况。会议概况主要包括以下内容。

①会议名称，要求写出全称。

②会议开始时间，具体到时和分。如果有休会，应予以注明。

③会议地点，尽可能详细到会场名称或会议室名称。

④会议主持人，写明主持人姓名、职务，如果是联席会议、多边性会议应注明主持人的所在单位、职务。

⑤会议出席人，写明出席人姓名或范围。

⑥会议列席人，写明列席人姓名或范围。

⑦会议缺席人，写明缺席人姓名，既可以统计缺席情况，又可以为日后考查做基础。

⑧会议记录人，写明记录人姓名、职务、所在单位。

2）会议内容。主要包括以下内容。

①会议议题，如果有多个议题，可以在议题前加序号。

②会议议程，清楚地记录议程的顺序。

③发言人的发言内容，凡需详细记录的要有言必录，摘要记录的记要点。

④会议决定、决议，要分条列出。

⑤表决情况，包括表决事项的名称、表决方式和表决结果。

3）会场的其他情况。会场的其他情况是指在会议进行期间会场内所发生的与会议进程有关的并具有记录价值的情况，包括与会者的鼓掌声、笑声，与会者迟到、早退、中途退场以示不满等情况。记录会场情况可以全面反映会场的气氛和与会者的情绪、态度。

2. 收集会议信息

会议信息是会议活动的客观反映，是会议各方面情况的集中体现，做好会议信息的收集工作，对保证会议的顺利进行，完成会议的各项议程有重要作用。

（1）收集会议信息的要求

在会议活动中，信息无时不在、无处不有。要做好信息收集工作，为利用信息打下基础。收集会议信息的质量高低、数量多少，直接影响和决定整个会议信息工作的效益。

1）全面。为使会议信息能够全面反映会议的情况，提高信息利用的价值，必须对有保存价值的会议信息进行全面收集。

2）及时。任何会议都具有时效性，如果信息收集不及时，就会给收集工作带来很大的难度，从而降低或失去会议信息的使用价值。

3）准确。在收集会议信息过程中，要坚持实事求是的原则，收集的信息要真实、准确，能客观地反映会议的真实面貌。

4）高效。为保证信息收集的数量和质量，要有针对性地收集信息，采取有效措施，保证会议信息的收集达到良好效果。这些措施包括责任到人、履行登记、严格保密、明确范围、有针对性地收集等。

（2）信息收集的步骤

会议信息的收集可按以下步骤进行。

1）确定会议信息的收集范围。凡是在会议活动中形成和使用的有备考价值的文字、图像、声音以及其他各种形式的信息记录，会前、会中、会后产生的所有文件和材料等，均应列入会议信息的收集范围。具体来讲，要收集的会议信息有如下 8 种。

①有关会议立项方面的文件，关于召开会议的请示和批复。

②有关会议筹备工作的文件、会议预案、会议策划书、会议通知。

③有关会议内容的文件、议程、讨论提纲，各种报告和发言材料，会议记录、议案、决定、决议。

④有关会议宣传报道的文件、会议宣传提纲，新闻发布会上的介绍材料、新闻发布会稿件，会议简报。

⑤有关会议管理与服务方面的文件，各种名单、票证、报告、簿册，会议总结，不同载体的信息材料。

⑥有关会议活动的照片、录音和录像带。

⑦记载会议信息的计算机软盘、磁盘和光盘。

⑧各种形式的文件材料，会议文件的定稿，会议通过的正式文件及其附件，会议所有正式语言书写或翻译的文本，重要文件的草稿、讨论稿、送审稿、草案、修正案等。

2）选择会议信息的收集渠道。会议活动中大量的会议信息分散在与会者、会议组织者和会议工作人员手中，因此，收集会议信息的渠道主要有以下几种。

①向与会者收集，包括会前和会议进行中发放的各种文件、材料。

②向会议的领导人、组织者或发言人收集，如会议立项性文件、会议筹备性文件、会议的主体文件、会议的宣传和管理性文件等。

③向有关工作人员收集，如会议记录，重要文件草稿、讨论稿、草案、修正案等。

3）确定会议信息的收集方法。根据会议的特点和形式，收集会议信息可采用不同的方法。

①会议形式，将能够提供信息的人员组织起来，在会上提供会议信息。

②书面形式，将会议信息分门别类地用文字的形式记载下来，有助于他人了解情况。

③按清退目录收集。会前向与会者发放文件资料的清退目录，会议结束时，整理好要清退的文件，统一交给行政部门，也可由会务人员按清退目录一一收集。

④限时交、退。规定交、退的时间，按目录在限定的时间内交、退文件资料。

⑤个别约见。通过个别约见有关人员，当面向他们搜集信息。

⑥会议结束时及时收集。可要求与会者将需要收集的文件当场留下，由会务人员统一收集，也可由会务人员在会场门口随时收集。

⑦个别催退。对个别领取会议文件后未到会或提前离会的人员，及时采取个别催退的方法。

2.3 会议宣传与报道

1. 会议宣传

会议宣传是指单位借助各种信息传播渠道对即将召开的会议的相关信息进行广泛传播，是单位宣布重大信息、开展经营业务的重要形式。其中最主要的方法是组织信息发布会。

为了成功举办信息发布会，会务人员不仅要做好会前的筹划工作、会中的组织工作，而且还要做好会后的信息反馈工作。会务人员在组织信息发布会时，一般要遵循以下程序。

（1）明确信息发布会的主题

会务人员应就单位的重大问题发布信息，或者就某件目前正在进行的事件做出解释。如单位领导更换、新产品的开发和重大新技术的转让等。

（2）选择发布会的最佳地点和时机

为了能给来宾创造较为方便的条件，会务人员在选择发布会的地点时，应考虑会场周围环境、交通条件、会场设施等因素。会务人员在选择发布会的最佳时机时，应与希望发布的事件日期相配合，促进自身对外宣传，挖掘新闻点、制造新闻效应，尽量避开其他重要事件。

（3）选定合适的主持人和发言人

主持人和发言人必须熟悉情况、精通业务、思维敏捷，具有较高的地位，回答问题具有权威性，并且对已确定的新闻发布会的主题有充分的准备，能够胜任所承担的职责。

（4）布置发布会会场

会务人员要组织专业人员设计背板，布置会场，充分考虑每个细节，如音响和放映设备的效果，领导发言稿，新闻通稿的发放，现场的音乐选择，会议间隙时间的安排等。

（5）准备好宣传辅助材料

会务人员需要撰写的宣传辅助材料，有信息发布稿，说明书、照片等与发布会有关的信息资料。在撰写宣传辅助材料时，要求行政事务人员能够把握发布会主题，内容翔实准确，能打动人。同时要保证来宾人手一份，以增强发言人的讲话效果。

（6）邀请来宾

邀请的来宾覆盖面要广。邀请信应在一周前寄出，临近发布会举行时还要提前联系。落实来宾的姓名、人数。

（7）会前检查

正式发布会前几个小时，会务人员要检查一切准备工作是否就绪，要将发布会议程精确到分钟，并制定意外情况的补救措施。

（8）现场管理

会务人员要随时监控媒体发布情况，整理发布会音像资料、收集会议剪报，制作发布会成果资料集，其中包括来宾名单、联系方式，发布会各媒体报道资料集，发布会总结报告等。

（9）处理紧急事件

发布会的时间一般在一小时左右，会议主持人和发言人一定要围绕主题发布消息和回答问题。在会议进行时，若有突发性事件发生，会务人员能够既坚持原则又灵活处理，保证发布会顺利进行。

（10）整理会后资料

发布会结束后，会务人员要及时整理记录材料并立卷归档，搜集各媒体的报道资料，追踪媒体和公众的反应，对偏差和不良反应应及时纠正。

（11）评测发布会效果

会务人员要收集并综合分析各媒体的反馈信息，看是否达到了预期目的。

2. 会议新闻报道

会议新闻报道是指对会议进行过程中所发生的或与会议相关的各种事件进行报道。要想使会议达到理想的传播效果，应从报道内容和形式两方面着手，致力于会议主题的挖掘和报道形式之间的有机融合。

（1）会议新闻报道的步骤

1）选择会议的重点，深入挖掘会议主题。例如，大型重要会议的内容往往较多，应纵深报道会议的主要内容。选择会议的某一个方面或问题单独报道，可以使会议主题更加鲜明和突出，更具说服力。

2）在会议报道中，应根据报道的内容，编入相应的资料画面，丰富会议报道的内容，突出会议报道的主题。

3）要学会运用会议新闻价值分析法对会议内容进行取舍，解说词中不要形成会议纪要、公报式的模式报道，而要突出有较大新闻价值并与百姓生活密切相关的实质性信息。

4）对有明显工作日程的重大会议，可以采用“系列报道”的形式，化大为小，化长为短。

5）要善于选取与会议相关的会场外新闻，进行多侧面报道。

6）要注意结合会场内外的场面和气氛。由于场外画面更能烘托气氛，增强动态效果，增强亲切感和完整性，所以有些可以延伸到场外的会议报道，不应局限在场内拍摄会议横幅、主席台、发言人及参加会议者等。

7）要综合运用电视多种传播符号和表现手法（见图 3-2）。

（2）会议新闻报道的注意事项

1）标题要准确，符合会议的规格。另外，标题需简明扼要，概括新闻的主要内容。

2）对于出席的领导，需要写清领导的姓名、职称，且注意领导的排序问题。

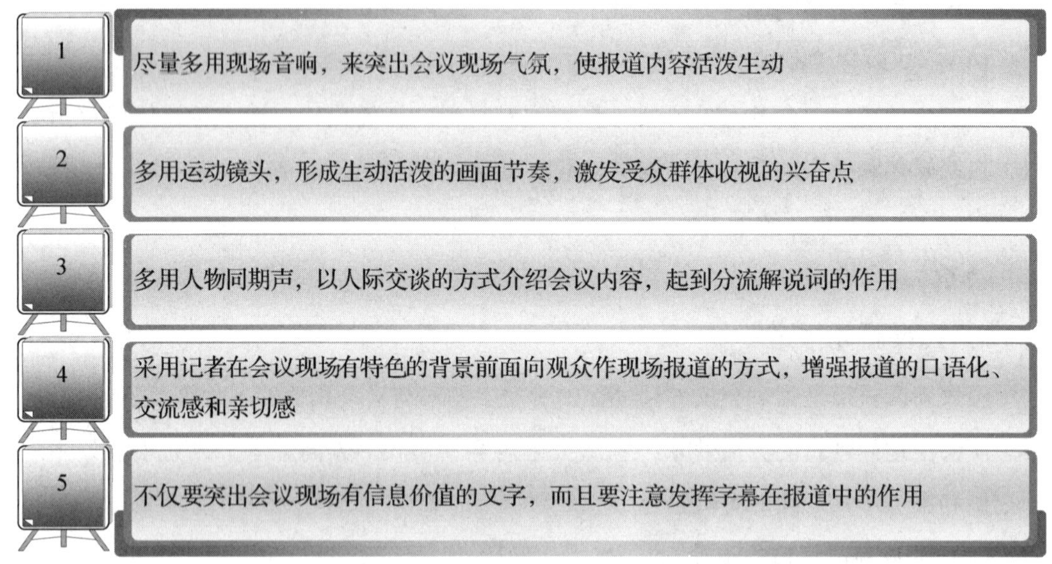

图 3-2　综合运用电视多种传播符号和表现手法的 5 个要点

3）领导讲话的内容，要进行提炼，用词简练，体现出层次感。

4）介绍会议的程序分清主次，重点介绍与会议主题联系紧密的程序。

5）新闻报道结尾需简要概括举办会议的意义。

2.4　会议议程的控制

在会议进行的过程中，存在着许多延迟或阻碍会议进展的因素。确定了会议的计划，并不意味着会议就一定能按计划如期进行。因此，会务人员不仅要注意议程设计上的细节，而且要控制会议进程。为了保证会议顺利地进行，会务人员可按照以下操作步骤，控制会议的进程。

1. 了解会议内容

会议召开前，会务人员须认真研读与会议议题相关的文件材料，了解当次的主题和议程。

2. 设计固定议程模式

（1）设计固定的议程模式，让每个参会人员了解自己在会议中的角色。

（2）会务人员需要对常规议事会议的内容和参加人员非常熟悉，并根据实际情况变化的需要及时进行修改。

（3）会务人员应尽量使与会人员把握会议的议题和明确各自的分工，并帮助会议严格按照议程进行。

3. 提前和参会人员沟通

（1）将议程提前通知参会人员可使参会人员及早了解议程安排，并在会议进行时遵守议程。会议议程表应当条理清晰、形式一致，这样才能使会务人员更容易控制会议进程。

（2）掌握参会人员的构成情况及基本意见倾向。

4. 明确会议进程

会务人员向参会人员明确会议开始和结束的时间，并准时安排开会和散会。

5. 采用合适的讨论模式

（1）在参与组织讨论时，会务人员应建议规定讨论与不讨论的界限，要客观公正，不要偏向一边，给每位参会人员以平等的发言机会和权利。

（2）讨论每个议程时，会务人员要时刻引导参会人员着眼于解决实际问题，不要因会场上有矛盾而疏忽了开会的真正目的。

（3）可事先通过对座位、座次的安排来影响或避免矛盾冲突。

（4）当时机成熟时，会务人员应建议适时终止讨论或辩论。

（5）多议题会议的议题安排次序应科学合理，一般情况下，需要大家开动脑筋、集中献计献策的议题应建议放在会议前半部分进行。

6. 控制会议时间

控制会议时间主要体现在以下 4 个方面。

（1）坚持在预定的时间结束会议，不要拖延。

（2）在开会时，会务人员要有时间观念，提高开会的效率。

（3）每个议题都应该有时间限制，只要这些时间限制不被执行得太死板，就会被参与人员接受。会务人员应控制会议的节奏，确保会议紧凑、松散相宜。

（4）会议较长时，应建议安排短暂的休息并掌握好时机，不要安排在发言高潮或是某一问题的讨论尚未结束时。

7. 制定突发性事件应对方案

即使有设计周密的议程，会议中仍然充满了事先不能确定的因素。所以会务人员应当对会议中有可能突然发生的情况提前做出准备，并在议程中也有所记录。

（1）可以预见的情况，会务人员应事先在议程中有所准备。对于任何可能出现的状况，都要制定相应措施，不至于到时候出现失控或混乱局面。

(2) 不可预见的情况，会务人员不可能在每个会议之前都面面俱到地设计应对方案。但是，可以针对各种类型的突发事件有一个解决的大体范围或是解决步骤。会务人员应根据会议的情况，先稳定会场局势，再尽量使事情拖到会后解决，或是在会上最大限度地将参会人员的注意力引导到别的问题上等。

第3单元　会后管理

3.1　会议现场检查与清理

通常情况下，会议结束后，会务人员要及时安排人员整理会场或会议室。如果使用的是内部会议室，要使会议室恢复到备用状态；如果是租用的外部会议室或会场，要办理好退租手续。会议室整理的内容一般有以下5项。

1. 清点

清点与会人员借用的物品，检查有无遗漏物品和文件。检查主客双方有无遗忘物品，如有遗忘，应及时同有关部门联系，尽快物归原主。检查有无遗漏文件，清理并取走所有剩余的与会议有关的文件资料。

2. 收拾

收拾临时放置在会议室的茶杯、桌椅、烟灰缸和其他用品。会议一结束，要及时通知负责承办会务的人员回收会议室的茶具等，使会议室恢复原貌。

3. 清还

有条理地检查、清还各种视听设备及用品。会议结束后，要将为布置会场特意租用或借用、安装的有关视听设备和器材及时还给租用或借用的单位，及时办理归还手续或放回原处，以避免丢失或归还不及时而带来的不必要麻烦。

为了安全起见，在归还前将设备放置专门的储物柜，并安排专人保管这些设备。如丢失设备或器材，应及时向领导汇报丢失情况并协商处理。

4. 整理

揭去会场、会议室标示物，将会议室设备整理恢复到备用状态。

5. 收尾

锁好会议室门窗。向会场、会议室管理部门作出使用完毕的报告，并办理付费的有关事宜。

3.2 会议纪要写作与印发

1. 撰写会议纪要

(1) 会议纪要标题

会议纪要标题的编制方法有 4 种。

1) 会议名称与文种组合。

2) 召集会议部门名称、会议内容与文种三者相互组合。

3) 有固定形式的会议。

4) 将会议决议的问题简括成一句话作为正标题，将会议全称加“纪要”二字作副标题。

(2) 会议纪要的内容

会议纪要的内容可以分为两部分：第一部分是会议的情况简述，是指用精练的语言介绍会议的时间、地点，参加会议的人员，开会的根据和目的，会议讨论的问题以及会议结果；第二部分是会议主要精神，具体阐述会议讨论的问题、基本结论、会议所作出的正式决定等，这部分是会议纪要的主体。

会议纪要可以编制成会议纪要表来进行管理（见表 3-6）。

表 3-6 会议纪要表

编号：使用日期： 年 月 日

××××会议纪要			
会议主席		会议主持	
列席人员名单			
出席人员名单			
会议决议内容			

续表

决议事项	决议提出人	负责人	完成时间	其他说明
记录人： 日期：			核准人： 日期：	

2. 印发会议纪要

为了完整准确地传达贯彻会议精神，使会议决定的事项得到认真落实，日常工作会议之后，一般都应印发会议纪要。组织印发会议纪要有 2 种方式。

（1）将会议纪要全文印发给参会人员和有关单位。

（2）只摘录有关部分印发给参会人员和有关部门。

会议纪要的印发范围应根据纪要内容确定：绝密级的会议纪要只印发与会领导；一般会议纪要可印发参加会议人员，并视情况决定涉及的部门，并加发会议纪要；有些保密性强，可以不印发会议纪要全文，只摘录有关部分印发给参会人员和有关单位，以防泄密。会议纪要应标明密级，并进行编号。

3.3 会议文件资料整理与归档

会议文件资料的整理工作包括会议文件资料的收集和立卷归档。

1. 会议文件资料的收集

（1）收集的范围

1）会前分发的文件资料，包括指导性文件、审议表决性文件、宣传交流性文件、参考说明性文件、会务管理性文件、会议程序性文件和计划方案性文件。

2）会中产生的文件资料，包括决议、决定、决策、提案、会议记录、会议简报、发言稿等。

3）会后产生的文件资料，包括会议纪要、传达提纲、会议新闻报道等。

（2）收集要求

1）确定会议文件资料的收集范围。会前分发的保密文件按清退目录和发文登记簿逐人、逐件、逐项检查核对。

2）及时收集会议文件资料，确保文件资料收集齐全。

3）运用不同方法，选择收集渠道。

4）严格履行登记手续，认真检查文件是否有缺件、缺页、缺损，及时补救毁损文件。

5）收集整理过程中要注意保密。

2. 会议文件资料的立卷归档

（1）立卷归档的范围

会议文件资料的立卷归档首先应当明确归档范围，以确保有保存价值的会议文件资料能完整地立卷保存，做到不重不漏、井井有条。

属于立卷归档范围的会议文件包括会议的正式文件，如决议、决定、通知、纪要、报告等，会议的参考文件，会议的各种发言稿，会议文件的各种修改稿，会议上的各种速记稿、记录稿、选举材料，会议发放的各种证件，会议的记事表，还有其他有关资料。除此之外，会议的照片、录音录像等其他形式的重要文件资料也要收集齐全。

不属于立卷归档的会议文件资料主要有以下 4 类。

1）重份文件。

2）无查考利用价值的事务性、临时性文件资料。

3）未成文的草稿和一般性文件的历次修改稿。

4）内容被其他文件包括的文件资料。

（2）会议文件资料立卷的程序

程序 1：收集资料。按照收集范围收集所要立卷的文件资料。

程序 2：整理资料。检查文件资料的齐全完整性，去除不需要立卷归档的文件资料。

程序 3：分类归卷。按照会议文件资料的类别进行分类，分为若干层次和类别，使会议文件资料构成一套有机的体系。采用的方法可以有问题分类法、实物分类法等。

程序 4：立卷。

1）绝密文件资料单独立卷，与绝密文件资料有联系的少数普通文件，也可随同绝密文件资料立卷。

2）不同年度的文件资料一般不得放在一起立卷。

3）跨年度的会议文件资料归档在会议的开始年立卷，其他文件资料的立卷按照有关规定执行。

4）在归档的文件资料中，应将每份文件资料的正件与附件、印件与定稿、转发文件与原件、多种文字形成的同一文件，分别立在一起，不得分开，立卷时应文电合一。

程序5：编制案卷封面。编制案卷封面时，秘书人员应逐项按规定打印或用毛笔或钢笔书写，字体要工整、清晰。案卷封面可采用案卷外封面和案卷内封面两种形式。外封面印制在卷皮的正表面。内封面排列在卷内目录之前。

程序6：案卷排列。

1）同一会议内归档文件资料的排列，按文件资料形成时间的先后顺序或按文件资料的重要程度排列。

2）不同会议间归档文件资料的排列，一般选择下列3种方法。

①按不同会议形成时间的先后顺序排列。

②按会议的重要程度排列。

③按会议具有的共同属性分别集中排列。

程序7：编写案卷目录。

案卷目录的结构包括封面和扉页、目次、序言或说明、简称表、案卷目录及备考表。

3. 会议文件资料整理的注意事项

（1）会议文件资料责任要落实到人。

（2）收集会议文件资料应严格履行登记手续，并认真检查会议文件资料是否有缺件、缺页、缺损的情况。如果出现此类情况，应尽快及时采取补救措施。

（3）会议文件资料收集整理过程中要注意保密。

（4）会议文件资料立卷归档工作要严格遵守档案制度。

（5）会议上形成的领导讲话、工作报告和以红头文件颁发的文件都应该归档。尽管他们基本内容相同，但仍有区别，不能视为重复文件而剔除。

（6）领导讲话与其他会议材料之间存在着必然的联系，立卷时应作为将一个会议的材料组为一卷或几卷，保持其有机联系。

3.4 会议总结与效果评估

1. 会议总结

会议结束后，行政部应对整个会议的组织与服务工作进行全面总结，从而积累经验、找出不足，以便为今后做好同类会议的组织与服务工作提供借鉴。

（1）会议总结的基本要求

1）事实为据，准确可靠。会务人员做会议总结时，必须把过去一段时间内所做工作的材料全面地收集起来，包括面上的材料与点上的材料、正面的材料与反面的材料、事件材料与数字材料，以及背景资料等，事件材料必须真实可信，数字要准确可靠。

2）分析事实，找出规律。经验与教训是一篇会议总结的重点。会务人员要从自己掌握的事实与材料中提炼出规律性的理论认识，这样的会议总结才有意义。

3）点面结合，重点突出。会务人员应当认真总结会议工作特点，抓精华、找典型，这样的会议总结才不会千篇一律，才具有指导意义。

（2）会议总结的方式

会议总结可以由会议领导人员或者会务人员组织有关人员进行总结。

（3）会议总结的撰写内容

相关行政事务人员撰写会议总结时，应包括以下内容（见表 3-7）。

表 3-7　会议总结的撰写内容

序号	相关内容	具体说明
1	会议简介	包括会议名称、召开地点、主办单位、参加人员、会议议题、会程安排、召开的背景、会议预期效果等
2	会议工作要点	◎会务组成员名单，会议工作安排，本次会议主要抓的工作 ◎本次会议关键要素（要针对本次会议的特点进行分析和安排） ◎本次会议与其他会议工作的不同之处，本人负责部分工作总结
3	会议满意度调查情况	包括会务组织满意度调查反馈情况、各要素得分统计、评价最好与最差的问题集中点等
4	问题分析	参考会务满意度调查结果对整个会议过程进行分析，归纳出本次会议存在的问题、会务组工作的不足之处、从此次会议中得到的教训、相关改进意见等
5	经验总结	◎本次会议工作的成功之处 ◎可以推广或可供他人借鉴的地方

(4) 会议总结的注意事项

会务人员在进行会议总结时，应注意以下事项。

1) 组织不当。会议组织不周密，对会议目标失去控制，会议被几个能言善辩的人控制了进程。

2) 程序安排不当。未能对会议议事日程做出合理的计划安排，议题太多太杂，难以控制。

3) 理解不透。误认为全体参会人员已经理解并事先准备了会议的有关资料，同时误认为会议上的信息已被全体参会人员接受。

4) 会议记录有误。会议记录不准确，未能真正体现会议的实际成果。

2. 会议效果评估

为了提高会议的质量，会务人员不仅要做好会前筹备和会中管理工作，而且要做好会后的效果评估工作。在会议结束后，会务人员可以通过定性和定量评估两种方法，评估会议的质量，消除降低会议质量的不利因素。

(1) 定性评估

定性评估是对会议活动效果进行质的评价。会务人员可以从以下 4 个方面进行评估。

1) 会议来宾的发言、提问、讨论、留言的主要观点和倾向。

2) 参会人员的知名度和代表性，会场气氛，新闻媒介报告的侧重面。

3) 会议进行期间有否出现预想不到的问题或没做好的工作等情况。

4) 会议决议落实的情况。

(2) 定量评估

定量评估是通过客观量化的因素评估会议的效果，从而不断地总结经验。通常，会务人员应按以下程序进行评估。

1) 明确会议评估对象。会议定量评估主要是对会议整体管理工作、对会议主持人以及对会议工作人员的评估。

2) 确定会议评估因素。会议评估因素主要包括 3 个方面 (见表 3-8)。

3) 设计评估表格。设计评估表格时应注意以下 4 点。

①表格长度要适度。表格过长很难完成，表格过短可能无法提供充足的数据。

②问题难易要适当。填写难易程度要适当，简单的表格会增加完成的可能性。

表 3-8 会议评估因素

序号	评估因素	具体说明
1	对会议管理工作的评估因素	◎会议管理工作评估因素应该覆盖会议工作的各个方面，包括会议方案、会场、时间、参会人员范围、接待安排、会议经费和各项其他活动内容 ◎一般根据会议的性质决定所调查、评估的内容
2	主持人的评估因素	◎主要侧重于对主持人能力、修养、业务水平、工作作风、会议进程的控制能力和引导会议决议形成能力的评估 ◎可请与会人员和观察员记录填写
3	会议工作人员的评估因素	主要侧重于对工作人员的行为表现、工作态度、业务水平和工作效果的评估

③问题内容要相关。问题内容要与设计表格的目的相关，在提问之前应去除无关问题。

④提问方式要合理。提问方式根据会议评估目的和形式确定，会务人员可以使用开放式或封闭式问题。

（3）收集和分析数据，得出结论

会务人员应该根据会议的类型和分析的目的，来收集和分析数据并得出结论，且应以适当的格式整理、展示会议评估图表所获得的数据，以便进一步分析，如柱形图、饼形图、散点图等，这样数据更容易显现，并能被用于会议的最终报告中。如果会议上有许多代表，可使用计算机分析数据，封闭问题更适合于计算机分析。

（4）总结汇报

编制会议总结报告时，会务人员应将分析内容总结到报告中，并将统计数据和分析的结果作为附录附加在后面。所有反馈数据的分析报告形成后，会务人员应递交给上级领导。经上级领导审核后，会务人员可以总结为非正式会议上的口头汇报或备忘录。

3.5 会议经费管理

1. 收费的时机

根据会议的规定，主办方需要向与会者收取必要的费用，如资料费、培训费、住宿费和餐费等。会务人员应掌握收费的时机，一般情况下，会务人员应提前通知与会者，或在预订表格中详细注明收费时间。

2. 收费的方法

（1）在会议通知或预订表格中，会务人员应详细写明写清收费的标准和方法，并注明与会者可采用的支付方式，如现金、支票或信用卡等。

（2）如果有与会者用信用卡支付，会务人员应问清与会者的姓名、卡号、有效期等。

（3）开具发票时，会务人员要事先与财务部门确定正确的收费开票程序，不能出现任何差错。

（4）对于无法开具正式发票的项目，会务人员要和与会者协商，开具收据或证明。

3. 付费的方法

由于会议所用的各种设备和享受的服务有不同的付费方式，因此会务人员应掌握不同的付费方法。

（1）租用会场与购买食品饮料的费用。会务人员应事先商定费用，在预订时交付订金。会议结束后，会务人员根据发票，以支票的方式结账。

（2）会务人员事先与演讲者商定费用，在会议结束后将费用支付给演讲者。

（3）购买文具和打印资料的费用。在会议筹备时，会务人员要向有关部门申请费用支出，批准后用零用现金支付。

（4）音响辅助设备的费用。会务人员应事先确定租用音响辅助设备的费用，会后为租用费用开具发票和结账。

（5）其他费用。会务人员应事先确定费用，会议结束后，开具账单，领导批准后以支票方式付款。

4. 会议经费结算的程序

会议经费的结算是会后的一项十分重要的工作，要严格按照有关程序进行，确保经费的开支明确、账目清楚、使用合理。

程序 1：通知与会者结算的时间和地点，使需要结算的与会者提前做好准备。

程序 2：汇总费用支出发票，会议一结束，就应及时将各种支出发票进行汇总，避免遗漏。

程序 3：清点费用支出发票，对照会前经费预算，对账目逐笔核对清点。

程序 4：核实发票。

程序 5：按报销要求逐项填写好报销单据，并将发票进行分类、整理、粘贴。

程序 6：所有报销单据要经领导签字。

程序 7：财务部门核实无误后予以报销。

3.6 返程服务管理

会议结束后会务人员应根据会议的长短、外部参会人数多少等情况，及早安排好参会人员返程事宜。会务人员安排参会人员返程工作的具体做法有以下几项。

1. 会务人员应根据会期长短、外地参会人数多少等实际情况，及早安排好外地参会人员的返程事宜。

2. 在返程前，会务人员提醒与会人员及时归还向主办方或会议驻地单位借用的各种物品；及时与会务组结清各种账目，并开具发票收据；帮助与会人员检查、清退房间，避免遗忘物品。

3. 会务人员应准备一些辅助性物品，如塑料袋和绳子等，以备急需。

4. 会务人员应帮助部分与会人员托运大件物品。

5. 会务人员根据外地参会人员自己预订的返程车票、机票时间，编制参会人员离职时间表，安排送行车辆，派人将外地参会人员送到机场、车站、港口，待他们乘坐的交通工具起程后再返回。

3.7 会议决议督促与落实

会议决议是会议目标的具体体现。在会议过程中，会务人员要积极协助主持人，督促会议决议的形成。

1. 会议决议形成的要求

（1）使决议的提案符合有关会议规则中的条件约束，如人数、程序等方面的要求。

（2）提案的议题应与会议宗旨、主题和自己的法定权限保持一致。

（3）决议的内容务求事实准确、逻辑合理、建议具体。

（4）注意想方设法引起其他与会者对问题的兴趣和关注，最好能用自己计划或方案的价值和效果，以及具体的实际材料说服对方。

2. 会议决议的形成程序

会议决议的形成一般按照以下程序进行。

程序 1：讨论议题。讨论议题时，一是要紧密围绕会议主题，而不能偏离主题；二是要选择合适的讨论模式，规定讨论与不讨论的界线。

程序 2：提出决议草案。由与会代表提出决议草案。要注意提案的议题应与会议宗旨和主题、与自己的法定权限保持一致，提案应符合有关会议规则的条件约束。

程序 3：讨论会议草案并修订。对决议草案逐条逐句地审定，并根据与会代表的意见和建议进行修改。决议的内容要实事求是、逻辑合理。

程序 4：对决议案进行表决。会议表决有不同的方式，选择表决方式将对会议结果的有效性起重要作用，根据实际情况选择一种合适的方式并实施。

程序 5：确认表决结果。无论采用何种方式，都应当场公布表决的统计结果并记录在案。

3. 督促会议决议的落实

会议成效最终要体现在落实上。会后会务人员要负责督促会议决议落实的催办和反馈工作。

（1）会议决议落实的催办

会议决定或决议的事项，如需有关部门实施的，行政部门应负责催办。催办可以采用多种方式，如建立催办制度定期催办，还可以通过发催办单、电话催办等方式，直至事项办完为止。有些需要较长时间才能完成的事情，要持续跟踪催办。

（2）会议决议落实的反馈

会议决议在实际贯彻执行中所得到的结果、引起的反应以及造成的影响等情况，要及时反馈给主管领导。会后反馈可以用书面或口头催询的方式，必要时还可以直接深入到有关部门进行实地检查和催询。

催办与反馈工作是会务人员会后的一项重要工作，它直接关系到会议的效果和目标的实现，以及会议主旨能否贯彻落实，是整个会务工作中的重要环节。

思考与练习

一、术语解释

1. 会议议题

2. 会议日程

二、选择题

1.（　　）也就是会议的题目。会务人员要用精炼的文字高度概括出会议的主题，应基于会议的主题、范围和性质来确定，既要名副其实，又要一目了然。

A. 会议计划　　B. 会议名称　　C. 会议议题　　D. 会议纪要

2. 利用会议的形式，进行产品展览、展销，洽谈项目，招商引资，技术合作等，这种会议属于（　　）。

A. 会展类会议　　B. 部门员工例会　　C. 客户咨询会　　D. 公司年会

3. 庆祝和纪念活动类的会议，如开业典礼、店庆纪念、传统节日等庆典活动，以此来提高单位和产品的知名度，这类会议属于（　　）。

A. 客户咨询会　　B. 庆典类会议　　C. 洽谈会　　D. 产品发布会

4. （　　）是对会议基本情况、发言内容和进程进行记载的原始性文字材料。

A. 会议记录　　B. 会议文件　　C. 会议发言　　D. 会议纪要

5. 会务人员应当认真总结会议工作特点，抓精华，找典型，这样的会议总结才不会千篇一律，才具有指导意义。这体现了会议总结应满足（　　）要求。

A. 事实为据，准确可靠　　B. 分析事实，找出规律

C. 点面结合，重点突出　　D. 条理清晰，信息全面

6. 根据与会人员的人数，会议规模可分为（　　）3 种。

A. 大型会议　　B. 中型会议

C. 小型会议　　D. 全体员工大会

7. 依照通知的形式，会议通知可分为（　　）。

A. 口头通知　　B. 正式通知　　C. 非正式通知　　D. 书面通知

8. 会议记录的方法包括（　　）。

A. 详细记录法　　B. 摘要记录法　　C. 速记法　　D. 速录法

9. 会议记录的要求包括（　　）。

A. 真实　　B. 完整　　C. 规范　　D. 速度

10. 收集会议信息的要求包括（　　）。

A. 全面　　B. 及时　　C. 准确　　D. 高效

三、简答题

1. 简述会议筹备工作的 8 个要项。

2. 发送会议通知的程序。

四、案例分析题

某单位年底召开了客户联谊会，以表示对客户的谢意。在客户联谊会的宴请环节，

负责会议晚宴的秘书小林在餐桌上摆放了名签，以方便来宾入席。由于小林接手这项工作时时间匆忙，在名签摆放上漏掉了单位的一位重要客户，使该客户找不到自己的座位，导致答谢客户的晚宴出现了很尴尬的一幕。

请结合本模块所学，回答下列问题。

1. 分析小林在上述案例中所犯的错误。

2. 请对小林提出一些建议。

参考答案

一、术语解释

1. 会议议题

会议议题就是会议研究讨论的问题、决策的对象。它主要明确了会议的范围、目的、内容、主题和任务。

2. 会议日程

会议日程是指对会议议题的时间顺序的安排，不仅包括围绕会议议题的全部活动，还包括会议过程中的其他辅助性活动。

二、选择题

1. B　2. A　3. B　4. A　5. C

6. ABC　7. AD　8. ABCD　9. ABCD　10. ABCD

三、简答题（略）

四、案例分析题（略）

第4模块

活动管理

第 1 单元　活动策划与准备

1.1　活动策划

单位要开展活动，一般都会先有初步的计划，即所谓的活动策划阶段，进而形成一份完整的活动策划书。这样比较方便活动的开展。

在活动策划阶段，活动策划人员至少需确定如下几个问题。

1. 确定活动的主题

活动开展要围绕一个主题进行。在确定活动主题时，需要考虑活动名称、活动目的、活动背景、活动对象、活动期望、活动性质、活动内容、活动意义及活动预算等因素，只有综合兼顾这些因素，才能得出恰当的活动主题。示例如图 4-1 所示。

活动名称：校园文化节之艺术采风写生活动
活动主题：美就在身边，用眼睛见证，用画笔记录

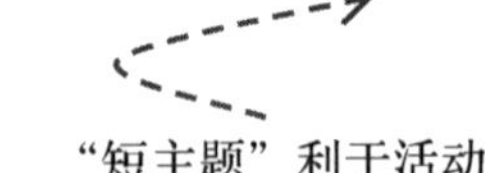

图 4-1　活动主题确定示例

2. 明确活动目的

任何活动策划都有一定的目的性。明确了目标，工作才能有的放矢。具体明确方法有以下几种。

（1）根据要求明确法

使用该方法的前提是活动主办方已经给出了活动目的或对活动目的已经有了特定的要求。示例如图 4-2 所示。

（2）根据问题明确法

具体可以通过回答以下几个问题来明确活动目的。

1）为什么组织这个活动？如为了庆祝节日，为了增进员工的交流……

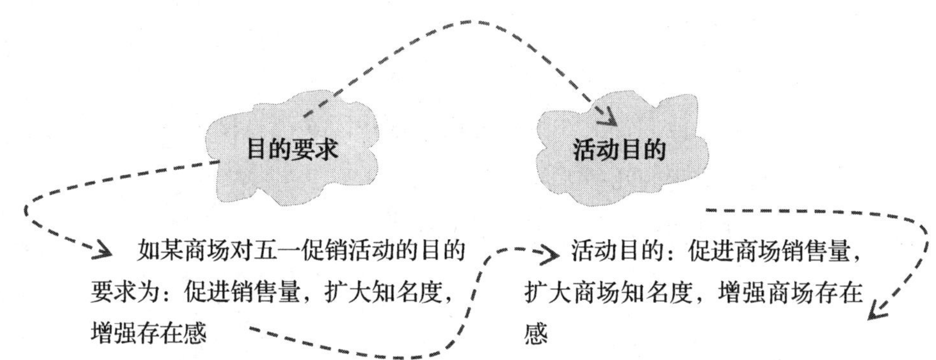

图 4-2　根据要求明确法示例

2）期望得到什么样的结果？如提升部门的学习氛围……

（3）根据主题明确法

活动目的与活动主题是密切相关的，在明确活动目的时，可以根据活动主题来考虑活动目的。

3. 确定活动流程

为了便于活动的有序进行，负责活动管理工作的行政事务人员有必要事先制定出清晰的执行流程。

制定活动流程需要考虑的因素有以下几种。

（1）时长

可参考以下示例（见图 4-3）。

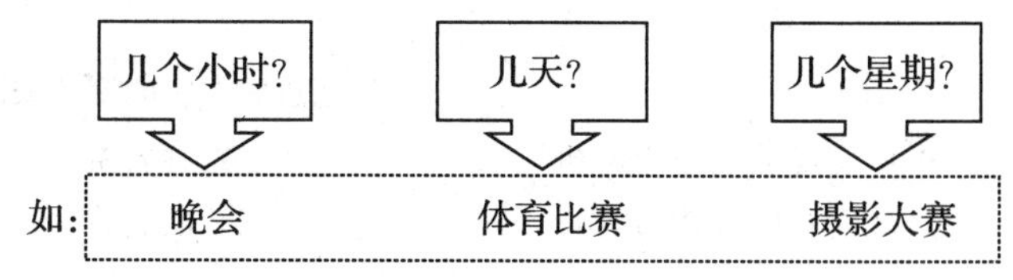

图 4-3　时长因素示例

（2）数量及顺序

活动内容的总量，包括多少个活动环节，以及如何安排活动内容的顺序，这些都是制定活动流程时需要考虑的。

（3）参与人员

活动的参与者是谁？他们都关注哪些方面？这些因素都直接影响着活动流程的设计。下文介绍制定活动流程的几种工具，供选择。

用流程图来制定活动流程的方法如图 4–4 所示。

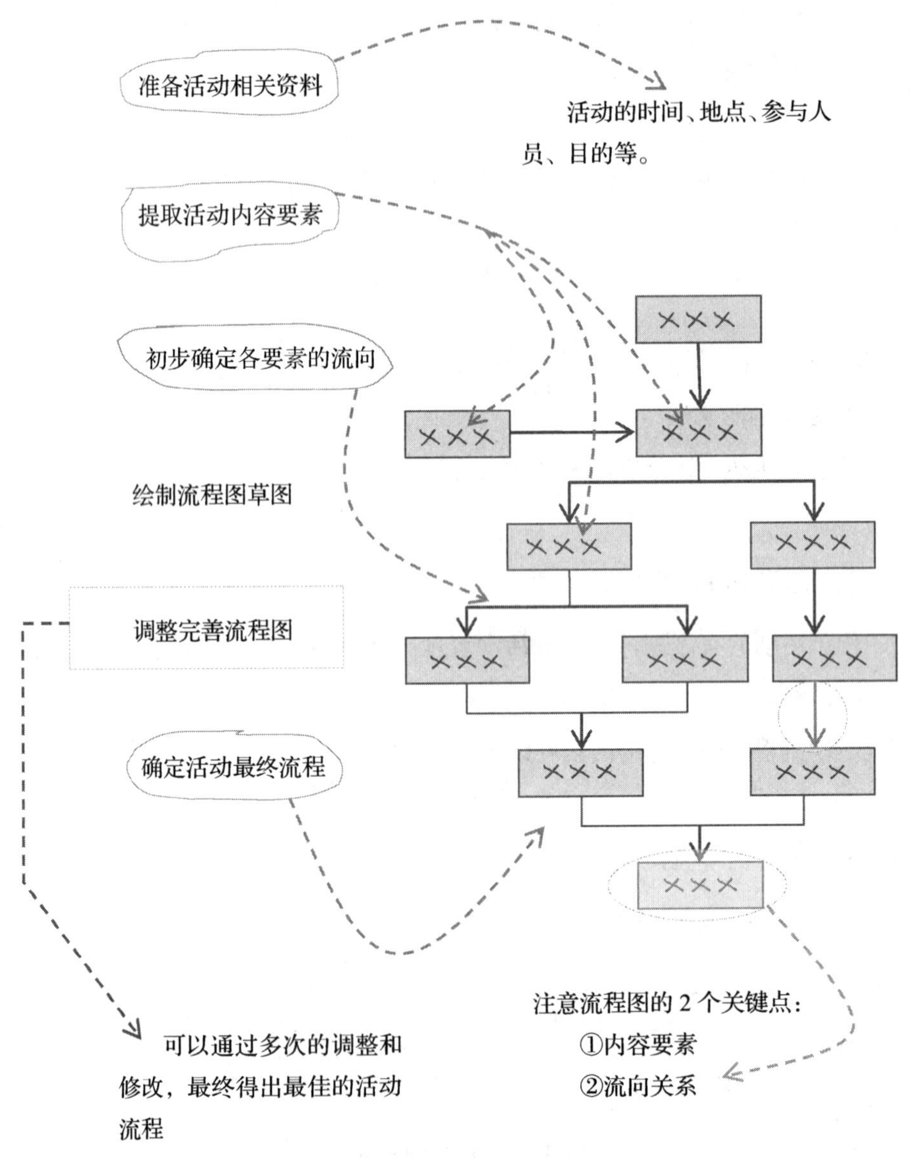

图 4–4　用流程图制定活动流程

用时间轴制定活动流程的方法如图 4–5 所示。

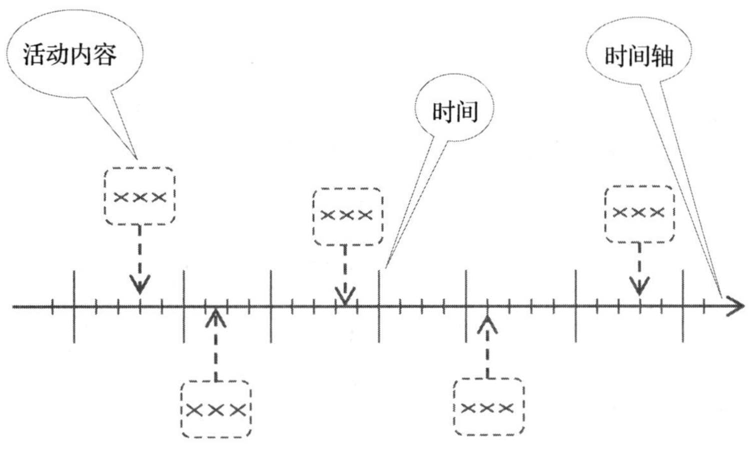

按时间的先后顺序，同时标记活动时间、活动内容及内容的流向关系

图 4-5 用时间轴制定活动流程

用甘特图制定活动流程的方法如图 4-6 所示。

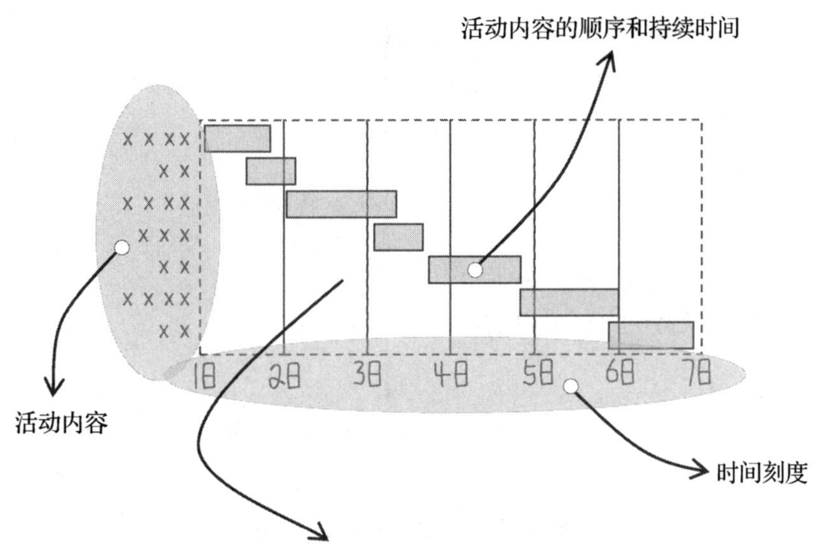

以图示的方式通过活动列表和时间刻度来表示活动内容的顺序和持续时间

图 4-6 用甘特图制定活动流程

下面以"×××创新品牌评选活动"为例，其制定的活动流程如图 4-7 所示。

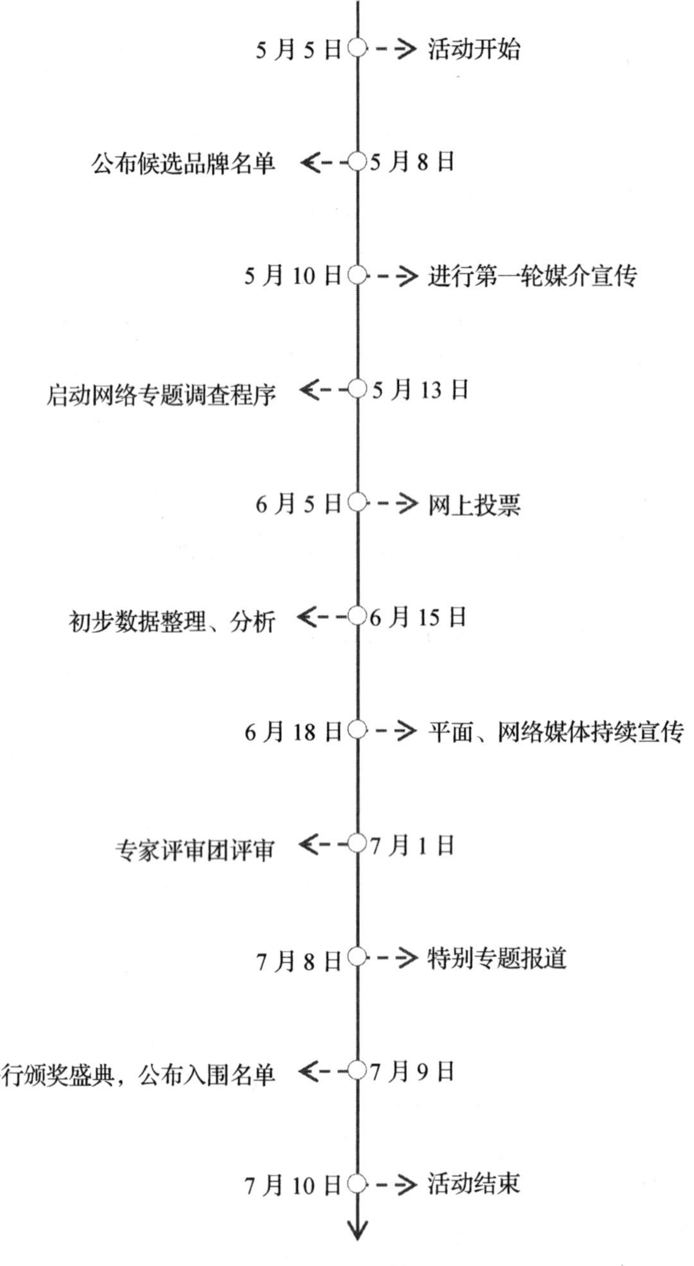

图 4-7　活动流程策划示例

4. 撰写活动策划方案

一份完整的活动策划方案应包含 11 项内容（见图 4-8）。

下文将针对以上 11 项内容进行阐述。

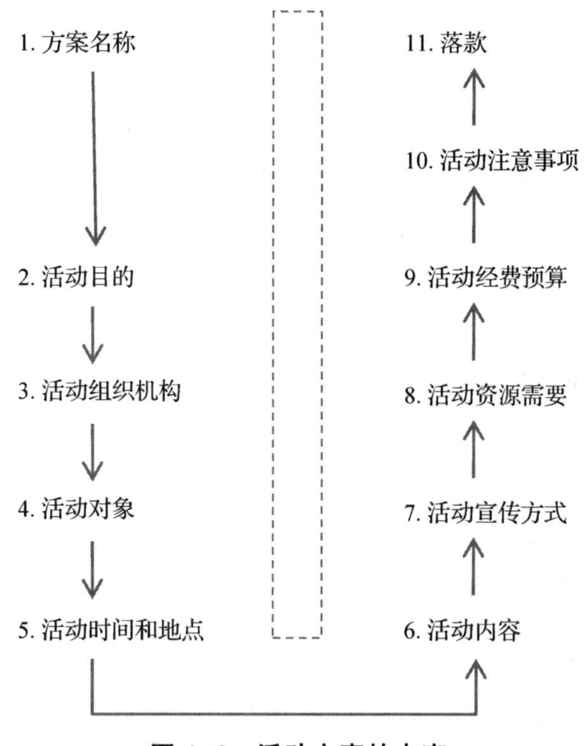

图 4-8 活动方案的内容

注：1. 根据活动的不同，顺序可以稍有变化，内容可以稍作删减或整合。

2. 如果有附件需附在策划方案的最后。

（1）方案名称

活动方案指的是为某一次活动所制定的书面计划，用以确保活动顺利圆满进行。其中，方案名称最能体现出活动主题，它要用最简短的词句表达最全面的意思（见图 4-9）。

（2）活动目的

撰写活动目的时要注意以下两点。

1）使用简洁的语言把举办互动的初衷表述清楚。

2）侧重于活动的独到之处及由此产生的意义（如经济效益、社会效益、媒体效益、教育意义）。

（3）活动组织机构

活动组织机构一般分为主办方和承办方。

（4）活动对象

活动对象主要是指本活动所针对或面向的人员。

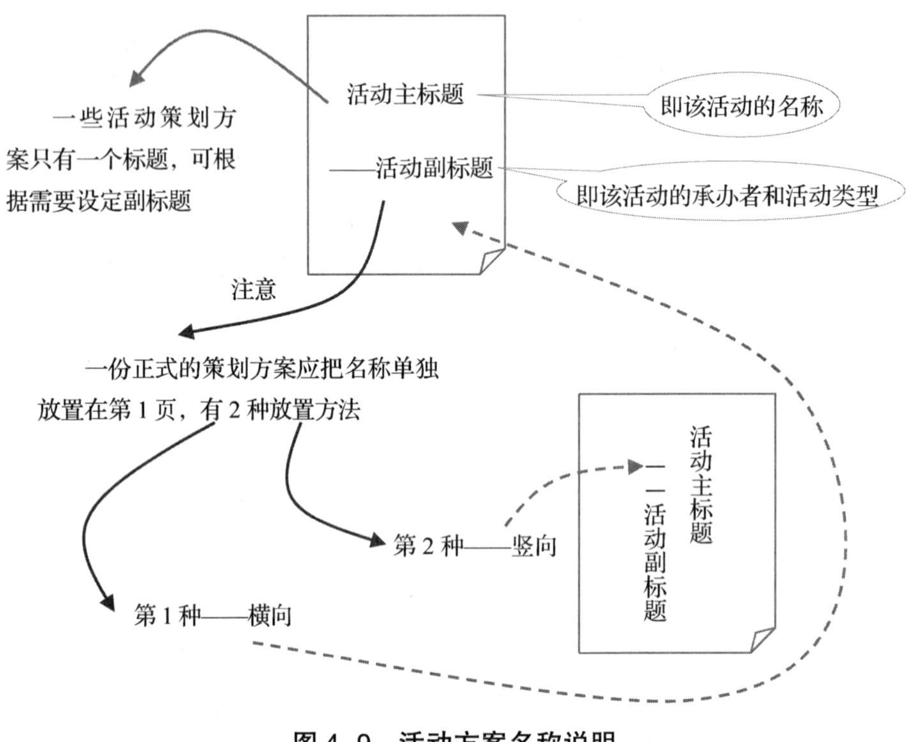

图 4-9 活动方案名称说明

（5）活动时间和地点

要周密考察活动时间和地点，充分顾及各种客观情况，充分考虑场地因素、天气状况等。活动策划人员在撰写时注意将其分条列出即可。

（6）活动内容

活动内容是策划方案的重点部分。活动策划人员在撰写活动内容时，应注意以下几点内容（见图 4-10）。

（7）活动宣传方式

在撰写宣传方式时可以从两个方面着手（见图 4-11）。

（8）活动资源需要

需要的活动资源又可分为两个方面来说明（见图 4-12）。

（9）活动经费预算

活动策划人员需根据实际情况对活动各项费用进行具体、周密的计算，并以清晰明了的形式列出。活动经费预算表可以以附件形式放置在策划方案后面。

（10）活动注意事项

内外环境的变化，不可避免地会给方案的执行带来一系列不确定性因素，所以活

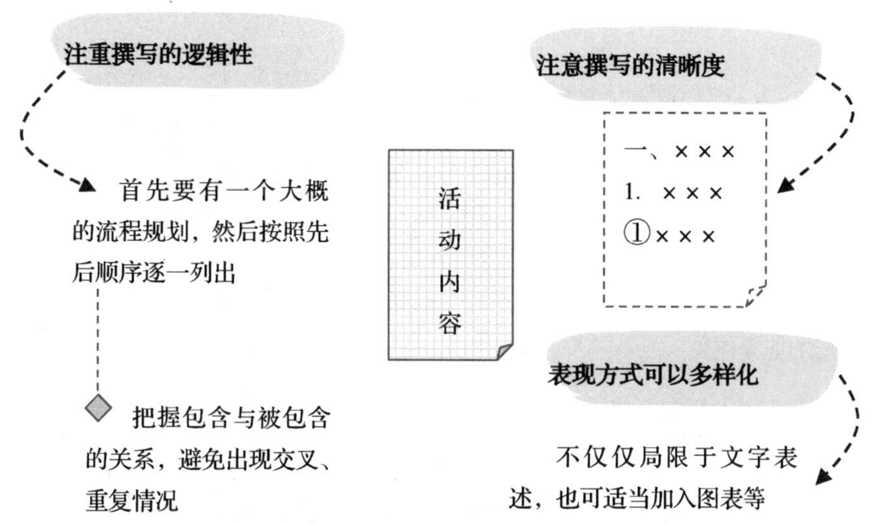

图 4-10　活动内容设计说明

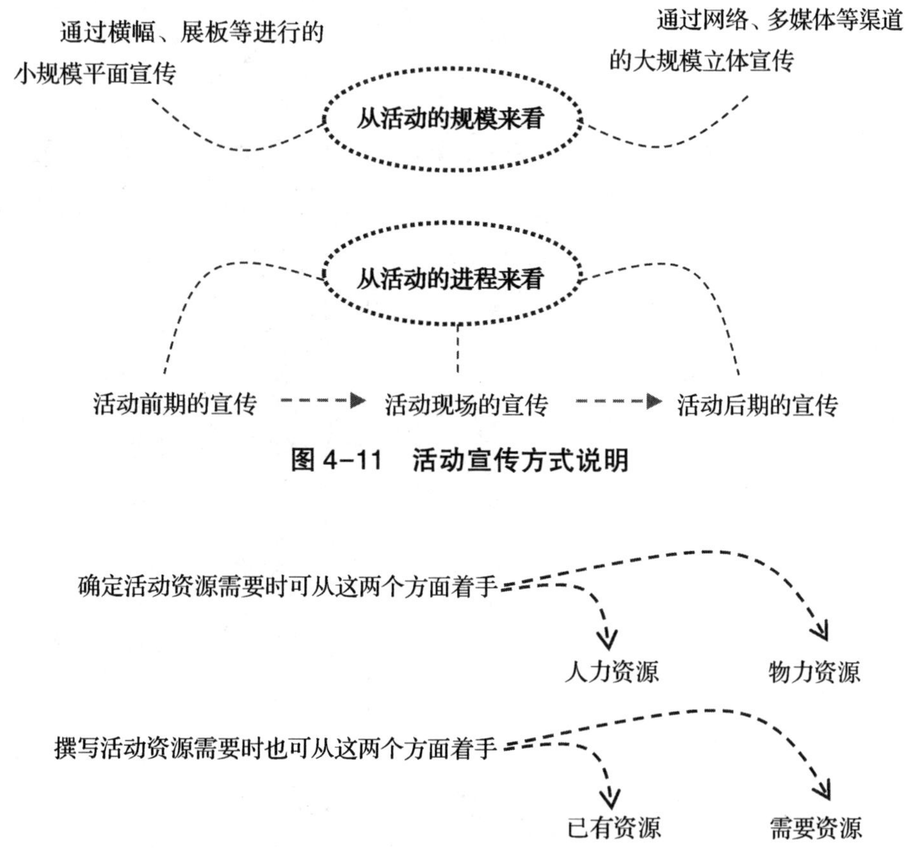

图 4-11　活动宣传方式说明

图 4-12　活动资源说明

动举办单位必须要提前列出并制定应急预案。应急预案可以以附件形式放置在策划方案后面。

（11）落款

落款是指制定活动方案的个人或团队，以及提交方案的时间。

1.2 活动准备

1. 活动现场准备

活动现场准备主要包括如下 3 个方面的内容。

（1）时间确定

活动时间的确定至少需考虑如下 3 方面的因素：一是不影响单位的工作开展；二是不应与其他活动的时间安排有冲突；三是需考虑嘉宾的时间。

在上述基础上确定的活动时间，在活动即将开始前，活动准备人员还需再次确认各方人员的时间，以确保活动得以顺利进行。

（2）场地布置

在确定好活动的时间后，活动准备人员则需开始着手活动场地选择与布置相关的事宜了。

根据活动现场的布局，制作一份布置方案，必要时可以设计一份效果图。

一份布置方案主要包含以下 5 点要素。

1）地点。

2）具体位置。

3）布置形式。

4）摆放物品。

5）摆放方式。

可参考如下示例（见图 4-13）。

一份恰当的布置方案应满足 4 点要求（见图 4-14）。

（3）物资准备

主要包括活动所需的资料、道具、礼品、展示牌等工具，具体根据活动内容而定。

2. 明确职责分工

时间、地点、物资等都确定后，就可以依照方案中的内容进行职责分工，分头落

地点	具体位置	布置形式	摆放物品	摆放方式
主活动现场	入口对面	主舞台	1. 大屏幕、投影仪、电脑 2. 讲台 1 个、鲜花 1 束、讲台麦克风 1 个、领夹式麦克风 1 个、手持麦克风 1 个	参考效果图
		舞台两侧	……	……
	……	……	……	……

图 4-13　场地布置要素的示例

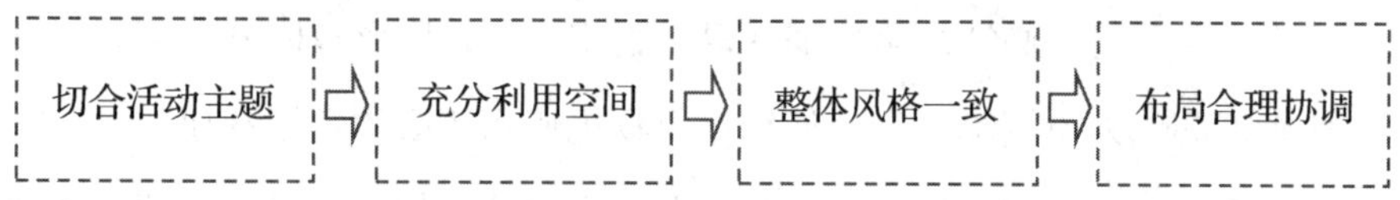

图 4-14　布置方案的 4 点要求

实活动的具体准备工作了。具体准备工作大概分为内务和外勤两大类：内务相对简单，主要负责通知和明确参加对象等；外勤负责对外联络并落实活动实施中的细节问题。

表 4-1 是一则示例，仅供参考。

表 4-1　　职责分工

人员		职责
宣传组	××× ×××	1）制定活动宣传工作方案并实施 2）负责总结活动中的经验与不足 3）负责编发活动简报
接待组	××× ×××	1）负责活动现场的迎宾、引领以及服务等 2）负责活动入口的接待以及安排活动食宿等
综合组	××× ×××	1）制定活动实施方案 2）对活动的进度进行把控 3）负责现场秩序维持、物品保管及活动的收尾工作等

续表

人员		职责
督导组	××× ×××	1）加强与各部门的联络、协调，协助活动的开展 2）对本单位活动开展情况进行督促、指导

第2单元　活动实施与宣传

2.1　活动实施

1. 活动现场管理总体要求

（1）活动项目审批同意后，活动项目负责人还需确定所有活动环节的具体负责人。

（2）活动项目负责人必须严格依据活动项目审批的范围和权限开展工作。

（3）活动期间，人员调动、资金使用以及场地使用等必须登记在册。

（4）活动实施期间，如遇内容的变更需及时报主管领导，经批准后变更才能生效。

2. 活动实施要点

（1）时间管控

活动实施前会制定出一个详细的活动时间表。为了确保活动的顺利实施，需依照事先制定的时间表来执行。对此，负责活动实施的行政事务人员（以下简称活动实施人员）需在活动实施前期，对活动各环节所需的时间表进行合理估算，进而制定出科学的活动时间分配表。

（2）供应管控

这一环节，主要是对活动的服务、所需物资、资料等的管理，确保活动所需的物资及时到位。

（3）人员管控

活动的实施需要多人协同完成，对此，活动实施人员需对人员进行合理的分工，确保人员配合得当。

（4）流程清晰、明确

主要负责人需清楚知晓整个活动的流程，以便对活动进行整体把控。

(5) 有备选的方案

活动执行过程中，活动实施人员要尽可能地将临时发生的状况降到最低，这就需要事先拟定备选方案，从而做到处变不惊。

3. 活动接待

(1) 接待活动准备过程中需要注意的事项

1) 及时与来宾联系，了解来宾姓名和职务、身体状况、来访时间、是否需要安排食宿等。

2) 将来宾来函进行登记，送给主要领导签阅，再送相关负责人审阅。

3) 根据需要为来宾提前预订相关住宿的酒店及餐饮。

(2) 接待活动实施过程中需要注意的事项

1) 与来宾取得联系，随时了解其行程方位，必要时派人和车辆到路口迎候来宾。

2) 对于一些重要来宾或身体抱恙的来宾，应该给予特殊照顾。

3) 在接待过程中，接待人员需要注意来宾的身份地位，应按照接待礼仪规定的方式款待来宾。

4. 活动进行时的注意要点

(1) 做好引人注目的开场白

一个新颖别致的开场白可以有效吸引观众的注意力，让观众的思维快速切入活动现场。

(2) 做到活动过程中的巧妙过渡

在活动进行过程中，从一个流程到另一个流程的过渡需要做到自然、不刻意，同时有助于维持现场气氛。

(3) 避免活动现场陷入冷场

活动实施人员应采取各种方法调动现场气氛，避免活动现场陷入冷场。

(4) 准备让人留下深刻印象的结束语

极具特色的结束语可以给人留下深刻印象，可以使活动的强大影响力延伸至活动结束后。

5. 维持现场秩序

为了避免活动现场出现秩序问题，活动实施人员需要提前做好相应的准备工作，其内容之一就是组建秩序维护小组。

秩序维护小组所有成员应本着“服务、协调、管理、指导”的理念，尽职尽责地做好活动现场的秩序维护工作。所有维护秩序的成员应该按照分配的任务，按时在规定区域内做好自己的工作。

6. 处理突发事件

（1）活动过程中的常见突发事件

在活动进行过程中，难免会出现一些给活动的正常进行带来阻碍的突发事件，其主要有以下几种。

1）现场设备出现故障。如音响系统不发声、电力系统断电、电视录制设备及灯光系统出现问题等。

2）气候发生剧变。如暴雨、狂风、高温等。

3）其他各类事件。如活动当天临时增加多位嘉宾、准备好的演讲材料丢失、准备好接送贵宾的车未能准时到达、搭好的场地出现坍塌情况等。

（2）处理突发事件的具体措施

下文针对上述中的两种情况，提供了应对的措施。

1）针对设备故障问题。针对设备故障问题一般情况下需要活动主办方做好两点：其一，做好预防检查工作，在相关活动开始前提前检查各种设备，以保证万无一失；其二，做好临时应对准备，需要提前找好各类设备的维修人员，以备不时之需。

2）针对气候突变问题。建议室外活动组织者时刻关注天气变化。若活动当天遭遇恶劣天气，需提前安排活动实施人员做好应对措施，如对灯光、音响设备等进行防雨处理，对灯光架进行加固等，或者将活动日期延后。

7. 需避免的问题

活动实施人员需避免活动过程中出现如下 3 类问题。

（1）活动前期准备不足造成的疏漏。

（2）活动现场分工不明确导致管理混乱。

（3）对现场突发事件的处理缺乏技巧。

为避免以上问题的发生，活动实施人员需在活动筹备阶段就制定出完备的活动执行方案及预案。在活动执行及现场管理中有效指导各项工作的开展，确保活动得以有序进行。

8. 活动收尾注意事项

活动实施人员处理收尾工作时应注意以下事项。

（1）活动结束后，确认是否还安排了其他节目。

（2）检查活动现场是否有遗漏的物品。

（3）现场记录和录制资料是否全面，是否需要补充。

（4）活动结束后，相关嘉宾的接待和返程工作是否已经安排好。

（5）整个活动有没有遗漏环节，是否需要现场补充。

9. 收集活动反馈信息

有效收集反馈信息，可以为下次活动工作的开展提供经验。

（1）反馈信息的来源

反馈信息主要来自如下人员提供的信息，具体内容见表 4-2。

表 4-2　　反馈信息的来源

信息来源	内容说明
来自现场工作人员的反馈信息	1）活动内容是否完整、全面 2）活动各环节是否紧密衔接 3）各环节是否对活动氛围切实起到推动作用 4）现场的服务工作是否完善
来自现场嘉宾的反馈信息	1）对此次活动的整体印象 2）对此次活动的期望 3）对此次活动的建议
来自观众的反馈信息	1）自己是否被活动现场气氛所感染 2）从此次活动中收获了什么 3）对此次活动的建议

（2）需避免的问题

活动实施人员在搜集反馈信息时需避免出现以下问题。

1）搜集反馈信息缺乏主动性。

2）反馈信息不完整、不准确。

3）反馈信息可靠性、时效性较差。

2.2　活动宣传

1. 明确宣传的对象

在选择宣传方式或渠道前，活动宣传人员需明确本次活动的宣传对象是谁这一问题（见图 4-15）。

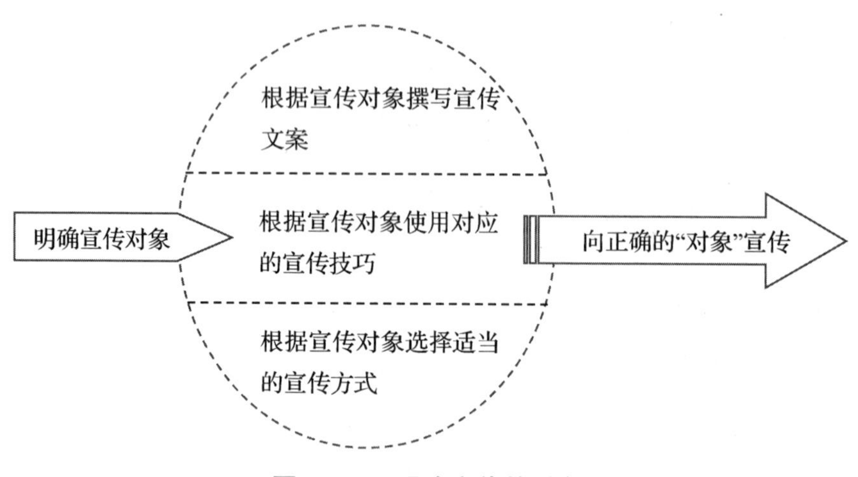

图 4-15　明确宣传的对象

注意：不同的活动有着不同的宣传对象，不同的宣传对象需要使用不同的宣传文案、宣传技巧及宣传方式

2. 灵活选择宣传的方式

做活动自然就涉及活动推广宣传一类的问题。活动宣传效果的好坏，很大程度上决定这项活动实施的效果。关于活动宣传，首先要明确活动宣传的方式，表 4-3 列举了其中的 3 大类。

表 4-3　活动宣传的方式

方式	内容说明
媒体宣传	电视、广播、各大报纸、杂志等
网络宣传	单位网站、微信公众号、论坛、博客等
户外宣传	DM、易拉宝等

必要时，做好活动前期的宣传，可采用海报、移动电视、微博、微信公众号等方式进行宣传，使活动受到的关注度更高。

活动宣传人员应根据活动的具体内容、活动对象等选择合适的宣传方式。

下文是一则活动宣传方案（里面有对活动宣传方式的描述），仅供参考。

××杂志社“有奖征文”活动宣传方案

一、宣传推广目标

为增强与读者的互动，提高本单位对外的形象与影响力。

二、宣传方式

本单位采用组合宣传策略，即“网络宣传+报纸杂志宣传”的方式，同时通过其他媒介发布活动启事，扩大宣传。

1. 网络宣传

本单位的网站是对外宣传形象的窗口，是其他人员了解本单位工作情况的最直接途径。对此，此次有奖征文活动的启事会放在本单位网站的显眼处，便于网友积极点击并参与到此次活动中来。

2. 报刊宣传

在××报纸、××杂志发布征文启事。

3. 在××××群发布活动启事

4. 在××××论坛发布活动启事

5. 在××××微信公众号发布活动启事

三、活动规则（略）

第 3 单元　活动总结与评估

3.1　活动总结

活动的结束并不能代表这项工作就完成了，活动之前的策划和活动的实施过程固然重要，但是活动之后的总结工作也是同样重要的，这可以为相关部门及行政事务人员下次组织活动提供经验。

进行活动总结，最好形成一个书面的文件，即活动总结报告。撰写活动总结报告，大体包括如下几部分的内容。

1. 活动概述

活动概述是对活动基本情况的简单介绍。在该部分，通常需要展示以下几点内容：活动主题、活动时间、活动地点、参与人员、活动内容等。

2. 活动流程

活动流程是活动组织者对于活动全程的整体安排。总结报告中应对活动的第 1 阶段、第 2 阶段等内容进行简要地说明。

3. 活动特色

活动特色指此次活动区别于其他相同类型活动的特色部分。

4. 活动反馈

将搜集到的反馈信息进行整理、整合，归纳总结成几个反馈要点。

5. 成绩与不足

要总结通过举办活动实现了哪些目的，取得了哪些成果；此外还要通过汇总各方信息，找出活动中存在的问题，不仅要将这些问题列出来，而且要切实找到解决办法，为下次活动积累经验。

3.2 活动评估

1. 活动评估的内容

对活动工作开展情况进行评估，可以从 4 个方面进行（见表 4-4）。

表 4-4　　活动评估的内容

评估内容	内容说明
活动准备工作评估	前期准备工作是否到位、各岗位人员职责是否明晰等
活动执行过程评估	各环节是否有序进行、突发事件处理是否妥当等
活动费用评估	是否超出预算
活动效果评估	参与度、认知度等指标值是否有所提高

2. 活动效果评估的方法

（1）深度访谈

深度访谈是专业访谈人员和受访者之间以一对一方式进行的针对某一论题时间较

长的谈话，用于采集被调查者对某事物的看法，或作出某项决定的原因等。

1）选择访谈对象。即确定能够帮助你实现访谈目标的最佳人选。

2）确定访谈形式。访谈形式的选择要考虑到参与交流的媒介和人数。比如，根据媒介的不同，分为口头访谈和书面访谈；根据人数的不同，分为个别访谈和群体访谈等。同时，在充分考虑实现访谈目标的最优选择时，还要充分考虑到每种访谈形式的优劣，以及时间和成本的制约。

3）设计访谈提纲。评估实践证明，设计访谈提纲很有必要。访谈提纲是一个精心设计好的关于访谈中可能涉及的话题和子话题的大纲。

4）准备访谈问题。在访谈提纲完成的基础上，再决定是否还需要准备访谈问题。

（2）历史数据比较

通过对以往类似活动评估信息的收集，将此次活动的部分指标与历史数据进行比较，进而得出评估结论。

（3）问卷调查

通过设计带有特定评估目的的调查问卷，开展公众调查，测定公众对单位举办本次活动的满意度状况，进而得出评估结果。

表 4-5 是一则问卷调查表示例，仅供参考。

表 4-5　　问卷调查表

活动名称		举办部门	
活动时间		活动地点	
预估参加人数			
评估内容	评估标准		
前期宣传	□满意　□一般　□差		
人员安排	□满意　□一般　□差		
场地安排	□满意　□一般　□差		
活动内容	□满意　□一般　□差		
现场秩序	□满意　□一般　□差		
整体效果	□满意　□一般　□差		

1. 本次活动为您带来了哪些方面的提升？

2. 您对本次活动还有哪些建议或意见？

思考与练习

一、术语解释

1. 活动方案

2. 深度访谈

二、选择题

1. 活动实施前会制定出一个详细的活动时间表。为了确保活动的顺利实施，需依照事先制定的时间表来执行。这要求活动负责人需做好（　　）环节的工作。

A. 供应管控　　B. 人员管控　　C. 时间管控　　D. 资源管控

2. 活动开展要围绕一个主题进行。在确定活动主题时，需要考虑的因素包括（　　）等方面。

A. 活动目的　　B. 活动内容　　C. 费用预算　　D. 以上都是

3. 为了便于活动的有序进行，负责活动管理工作的行政事务人员有必要事先制定出清晰的执行流程。这一环节的工作可以称为制定（　　）。

A. 活动计划　　B. 活动流程　　C. 活动分工　　D. 以上都是

4.（　　）指此次活动区别于其他相同类型活动的特色部分。

A. 活动特色　　B. 活动内容　　C. 活动效果　　D. 活动奖品

5. 在选择宣传方式或渠道前，负责活动管理的行政事务人员需明确本次活动的（　　）。

A. 宣传内容　　B. 预期效果　　C. 宣传对象　　D. 实施内容

6. 制定活动流程需要考虑的因素包括（　　）。

A. 时长　　B. 数量及顺序　　C. 人员　　D. 工具

7. 活动结束后，为有效收集反馈信息，可以从（　　）方面来收集信息。

A. 来自现场工作人员的反馈信息　　B. 来自现场嘉宾的反馈信息

C. 来自观众的反馈信息　　D. 来自其他陌生人的反馈信息

8. 活动概述是对活动基本情况的简单介绍。在该部分，通常需要展示以下（　　）及活动内容等方面的信息。

A. 活动主题　　B. 活动时间　　C. 活动地点　　D. 参与人员

9. 撰写活动总结报告，除了包括活动概述外，还包括（　　）。

A. 活动流程　　B. 活动特色　　C. 活动反馈　　D. 成绩与不足

10. 对活动工作开展情况进行评估，可以从（　　）进行。

A. 活动准备工作评估　　B. 活动执行过程评估

C. 活动费用评估　　D. 活动效果评估

三、简答题

1. 简述活动实施的要点。

2. 活动收尾工作需注意的事项有哪些?

四、案例分析题

针对庆祝单位成立 10 周年的庆典活动，请拟定一则活动实施方案的提纲，并对活动现场管理需避免的问题进行简要的说明。

参考答案

一、术语解释

1. 活动方案

活动方案指的是为某一次活动所制定的书面计划，用以确保活动顺利圆满进行。

2. 深度访谈

深度访谈是专业访谈人员和受访者之间进行的以一对一方式针对某一论题时间较长的谈话，用于采集被调查者对某事物的看法，或作出某项决定的原因等。

二、选择题

1. C　2. D　3. B　4. A　5. C

6. ABC　7. ABC　8. ABCD　9. ABCD　10. ABCD

三、简答题（略）

四、案例分析题（略）

第5模块

公关传播管理

第1单元　信息传播

1.1　与媒介交往的方法

1. 大众传媒概述

公共关系计划的实施过程，就是一个信息传播的过程。因此，公共关系工作中的一项重要内容，就是利用各种媒介手段有效地组织信息传播。所谓媒介手段，既包括大众新闻媒介，也包括单位内部的传播媒介。

作为单位的公共关系工作人员（以下简称公关人员），需要了解各种媒介的特点以及运作方式，熟悉大众传播媒介的需求，学会与新闻媒介打交道，努力建立良好的媒介关系，同时还要能够熟练地撰写和制作各种类型的信息传播作品。下面是常见的大众传播媒介的基本类型及其特点。

（1）报纸

报纸是以刊登新闻和新闻评论为主的面向公众定期连续发行的出版物。它作为印刷媒介，是以文字、版面等符号和手段来传播信息。报纸有固定的名称，一般为散页装订。

报纸的类型多种多样，论内容可分为综合性和专业性报纸。综合性报纸有国家级、省级、地市级等不同层次，是最普遍的报纸类型，主要特征是以普通读者为对象，报道的内容极为广泛。专业性报纸以特定范围的读者为对象，侧重报道某个专业领域的新闻。我国有经济类、金融类、证券类、科技类、教育类、体育类、卫生健康类、广播电视类等众多专业性报纸，其中有的专业单一，有的兼顾综合。

论发行范围可分为全球性报纸、全国性报纸和地方性报纸。全球性报纸是在国际上广泛发行，并在世界各地派有记者的报纸。全国性报纸主要报道和评论国内外大事，面向全国发行，在全国舆论界有重大影响力。地方性报纸主要在当地发行，内容侧重于一省一市一地的新闻，有的地方性报纸在地方的发行量和普及的阶层大于全国性报纸。

报纸具有如下几个特点。

1）容纳量大。报纸容纳的信息大大超过广播和电视。广播、电视播送新闻的时间，通常预先设定，时间的长短相对固定。在固定时点和播音速度的约束下，新闻信息的播出数量是有限的，很少有由于新闻重要而需要延长播送时间的情况。而报纸却灵活许多，既可以视新闻量的增大而随时增加版面，也可以通过调整字号大小、字体形态、版面空间进行控制。此外，较之播音的口语化语言和电视的画面语言，报纸用书面文字去解释新闻、评论事实、阐述理论，更为简洁、概括、明了、深刻，因而也更容易达到以少胜多的效果。

2）涉及面广。在一定时空内，报纸内容的涉及面比广播、电视宽广。“咫尺之间览尽天下事”便是对这个特点的概括。在一份报纸的版面里，尤其是综合性报纸，集纳了长长短短的新闻和名目繁多的专题专栏，以及各式各样的广告，从幼儿到老人阅读的内容几乎都有。报纸这种兼收并蓄的特点，不仅可以满足那些渴望在有限的时间里了解大量信息的读者，也为那些带着特定目标而看报的读者提供了一个丰富的候选空间。这些读者除了阅读自己偏爱的新闻外，常常会在无意间被同版面上的其他新闻——或内容或标题或导语，甚至一条电脑编排的花边等所吸引，进而由无意注意转为有意注意，于是顺带读了原本没想要读的新闻。就像路边商店栅窗里五光十色的商品，它们往往能不言声地留住匆匆的过路客，使他们不由自主地迈进商店门槛，去收获一番意外。可见，报纸能够激活潜在读者，沟通各界联系，从而在使信息增值方面大有挖掘余地。

3）阅读自由。报纸可以给读者享受阅读上的充分自由。阅读报纸在时间、内容和空间上可不受任何限制，完全能够根据自己的习惯和具体情况把握阅读节奏。不同文化程度和需求层次的读者可以自由选择阅读适合于自己的内容。

4）便于收藏。报纸是用文字符号传递信息的印刷品，看得见摸得着，很适宜储存。图书馆、信息资料中心、资料室积累留存的过期报纸和分门别类的专题剪报，为借阅者、研究者提供了查找资料的极大便利。报纸收藏对个人来说也是简单易行的事情，剪刀加胶水就能留下成本低廉而实用的文字资料，随存随取。报纸这种任由人们根据需要进行收集、摘录剪贴、合订、复印、存档的储存性特征，大大延长了报纸上某些新闻的寿命，提高了报纸信息的再利用率。

报纸的局限性主要表现在两个方面。

首先，报纸传递新闻的速度不如广播电视传递新闻的速度快。广播电视的现场直播使新闻的发生和传播与听众观众接受新闻同步进行，经采访编辑后的重要新闻也可以被迅速及时地插入任何时间的广播电视节目中去，让人们立刻知晓。报纸在这一点上望尘莫及。报纸要先采纳稿件再编排成版，上机印刷后更是无法抽换稿件，加上受传递工具的限制，其在时效性方面大打折扣。

其次，报纸以文字符号来传递信息，不如广播电视的声音、画面所能产生的情感和形象富有感染力。同时，文字的抽象性和概括性，使读者对报纸内容的“消化”程度不一，这主要取决于读者的文化素质和理解能力。

（2）杂志

杂志是大众传播媒介的一种，是有固定刊名，以期、卷、号或年、月为序，定期或不定期连续出版的印刷读物。杂志又叫期刊。杂志作为传播媒介，除具有文字传播媒介的共性外，还有以下特点。

1）有较强的专业性。杂志的种类繁多，读者范围广，但一般来说，杂志具有较强的专业性，有较为固定的读者范围。

2）传播的内容细致深入。杂志的出版周期长，因此有较充分的时间收集资料，作出分析和详尽地解释，可以展示所反映对象完整的面貌，也可提供大量的观点和见解，从而提供深入而翔实的报道。

3）图文并茂有感染力。杂志可以采用较好的纸张和印刷效果，做到图文并茂，感染读者。

杂志的局限性在于其时效性差。

（3）广播

广播有广义、狭义之分。广义的广播指通过无线电波或导线传送声音、图像的传播媒介，包括声音广播和电视，既传播声音又传播图像的称为电视。狭义的广播专指声音广播，分为无线电广播和有线广播两种。

广播以声音（包括语言、音响、音乐三要素）作为传播符号，以节目作为组织信息内容的基本形式，以特定的传输方式最终诉诸受众的听觉，这些传播手段决定了广播有如下特点。

1）传播速度快。广播的内容利用电波传播。广播信息电波的传输速度为每秒 30 万千米，这样的传输速度，使广播在时效性方面具有其他传播媒介无法比拟的优势。

2）传播面广泛。传播面广泛表现在受众层面广泛和覆盖面广泛。电波有很强的穿透力和超越空间的能力，它不受场所限制。

3）生动感人。广播以声音为传播手段，而声音的表达形式多种多样，多变的形式，能给人一种新鲜感、生动感。声音的表现形式也比文字丰富、生动，因此相比文字传播，它更容易打动受众。

声音传播与文字传播相比，也更逼真、可信。文字传播是一种间接传播，它反映新闻现场气氛，展示新闻事态的发展变化，表现人物的性格特征，靠的是文字描述，受众只能根据描述，去调动知识储备，运用联想和想象，才能感受到新闻事实的情状，是一种间接感受。而声音传播则不然，它借助音响和人物语言，能直接地再现新闻现场，使听众直接感受到新闻事件的变化、进程以及事件中人物的音容笑貌，给人一种闻其声，如临其境、如见其人之感。因此，它比文字传播更能给人以真实感，也更令人信服。

4）瞬间即逝。电台的电波转瞬即逝、不留痕迹，不能像读报那样可以反复琢磨，广播一次听不懂或听不清就会造成信息沟通阻滞，人们常常为不能准确完整了解广播信息而遗憾。广播还容易发生信息变异，因为汉语中有许多同音异义字，容易造成误听。此外，大多数人边干活边听广播，不像读报那么专注，也不如看电视认真，因而比较容易出现注意力不集中、漏听、误听，进而信息传播会有遗漏。

（4）电视

电视以其视听兼备的独特传播优势，在传播媒介中占据重要的地位。电视媒介在宣传教育、传播信息、文化娱乐、社会服务等方面发挥着重要作用。

电视和广播同属电子媒介，都是利用电子技术设备，通过无线电波或导线传输信息。因此，电视兼具广播的传播快速性、受众广泛性和声音生动性等特点。但是，广播是用音频技术构成的通道进行信息传播的，是用来听的；电视则用视频技术和音频技术两条通道进行信息传播，既可以看又可以听。

（5）网络媒介

网络媒介是以计算机网络为基础来传播信息的文化载体。公共关系活动所需要接触的网络媒介，通常是那些在网络中进行新闻信息传播的新闻媒介。网络中进行新闻信息传播的主体既有传统媒体网站，又有综合性商业网站以及专业网站。

网络媒介有以下特点。

1）跨时空传播。互联网不受时间和空间的限制，只要具备上网的条件，世界上任何一个地方都可以在合适的时候接受网络传播的信息。

2）传播速度快捷。计算机网络的信息传递速度是电子速度，其时效性与广播电视相同。但由于不受播出时段和频道的限制，其信息传播速度具有更明显的快捷性。

3）传播形态多样。传播形态的多样性指信息传播的图、文、声一体化。互联网不仅有信息传播功能，更重要的是其传播形态的多样性，它集中了报纸、广播、电视的全部优点，把数字化的文字、声音、动态画面等多种信息形式集于一体。

4）传播者与受传播者的交互性。网络具有连接网上任何用户，共享网上信息资源的基本性能，因此网络用户之间可以通过不同的方式进行广泛的沟通。这样，互联网就给予人们一个发表意见的空间，用户通过电子邮件、电子公告板、公众号和其他通道，就可以将自己的所见所闻、所思所想自由地发表出来，实现了传播者与受传播者的交互性的双向交流。

（6）通讯社

通讯社也是公共关系活动经常邀请的新闻媒介。但通讯社与上述 5 种媒介不同，单位公关人员需要对它有一个全面、清晰的了解。

《中国大百科全书》把通讯社定义为："以采集和发布新闻为主要职能，以报刊、广播、电台、电视台为主要发稿对象的新闻机构。"简单地说，通讯社就是消息的总汇，主要是为各类新闻媒介提供新闻服务的，因而通讯社也被称之为"媒介的媒介"。

通讯社在新闻传播过程中的特殊地位，从总体上决定了它发布的新闻必须具备以下 3 个特点。

1）迅速。在通讯社所服务的客户中，除了报纸有截稿时间外，其他用户如电台、电视台等都是没有截稿时间的，所以通讯社也不能有截稿时间。国际性通讯社及各大通讯社为此采取了各种切实可行的措施。从方式上看，大多数大通讯社现在都采用滚动发稿方式，即在重大新闻事件发生时，根据事件的进展不停地同步发稿。

2）客观。这里所说的客观，不是指报道内容，而是指报道形式和报道手法不具有主观倾向。在现实社会中，报道不可避免地会带有某种倾向性，但是倾向性并不排除以客观报道的形式来体现，相反，客观报道形式能更巧妙、更有效地体现倾向性。

3）齐全。齐全包括了三层含义。一是指报道覆盖领域的齐全。由于通讯社的用户涉及不同地域、不同领域，要适应他们的需求，通讯社的新闻就不能受地域或领域的限制，要对发生在世界任何地方的任何有新闻价值的事情都加以报道。二是指具体报道内容的齐全。一个重大事件发生后，通讯社往往要从各个方面、各个角度加以报道。三是指新闻体裁和新闻品种的体检。从新闻体裁来看，通讯社提供快讯、简讯、消息、新闻分析、新闻背景、新闻综述、特写等。从新闻品种来看，通讯社不仅提供文字新闻，还提供图片和图表新闻，有的还提供音像新闻及网络新闻。

了解了以上各类传播媒介的特点和功能，单位公关人员在运用它们进行宣传时，就要有所比较、有所选择了。比如，你宣传的对象是现场感比较强的事务，如单位开业典礼的盛况或某项活动的过程，那么采用电视报道的形式比较好，因为它能使人产生身临其境的真切感受。当然电视报道虽然生动，但具有暂留性，不便查考，因而不大适合传播那些具有复杂内容的信息。广播同样不适合传播较为复杂的信息，因为播音速度快，听众来不及仔细琢磨其中的道理，如果思维停留在某一句话，后面的内容就要错过了。因此，传播那些复杂而内容深刻的信息时应选用报纸。文字符号的抽象性以及读者阅读时可以反复咀嚼、仔细思考，使报纸可以对新闻事件进行深入的挖掘，高度抽象的概括，由表及里的分析。报纸最适合于做深度报道，对那些不需要较强时效，又要做深入细致报道的信息，还可以考虑利用杂志进行传播。此外，如果是做广告，则要更要注意报纸、杂志、广播、电视几种媒介费用的不同。公关人员对此应当心中有数，根据费用预算情况选择新闻媒介。

2. 与媒介交往的原则

公关人员在与新闻媒介人员交往的时候要坚持的原则是：主动热情，经常联系；尊重信赖，加强合作；实事求是，真诚坦率；不卑不亢，友好守法。

各行各业都有相关的法律政策规定，新闻业也不例外。目前我国虽然还没有正式的新闻出版法，但是主管部门在长期处理各种有关新闻出版事务的过程中，已经形成了一整套法律、法规和政策规定。

公关人员在与新闻媒介打交道的过程中要依法办事。对这方面的规定，我们做一个简单的介绍。

（1）关于新闻发布

国务院办公厅 1993 年 8 月 8 日印发《关于在京举办新闻发布会问题的补充通知》，对做好在京举办新闻发布会的管理工作作了如下规定。

1）国务院各部门和各省、自治区、直辖市及计划单列市在北京举办新闻发布会，应以改革开放、经济建设、精神文明建设和人民群众关心的重大问题为主要内容。

2）国务院各部门和各省、自治区、直辖市及计划单列市在北京举办新闻发布会可自行决定，抄报新闻出版署备案。北京市所属单位召开的新闻发布会报北京市人民政府批准，批件抄报新闻出版署。国务院各部门和省、自治区、直辖市及计划单列市所属单位以及企事业、群众团体和个人在北京举办新闻发布会，应先分别由国务院有关部门和有关省、自治区、直辖市、计划单列市人民政府审核批准，持审核同意的批件，到新闻出版署办理登记手续。具体登记办法由新闻出版署制定。

3）凡涉及物质产品、科技成果、技术专利等内容的新闻发布会，登记时应提供省、自治区、直辖市、计划单列市以上质量、监督、检验、专利等主管部门的认定书或证明书。

4）应登记而未登记的新闻发布会，新闻单位不予采访，不作报道。

5）举办新闻发布会的单位要严格遵守新闻必须真实的原则。不得泄露党和国家的机密。

6）举办新闻发布会要贯彻节俭精神，不得以任何名义向记者和新闻单位赠送礼金、有价证券。新闻发布会的规模要适当，要讲求实效。

（2）关于新闻报道

自 2005 年 12 月 1 日起施行的《报纸出版管理规定》指出，报纸不得刊载《出版管理条例》和其他有关法律、法规以及国家规定的禁止内容。

关于刊载虚假、失实报道。报纸开展新闻报道必须坚持真实、全面、客观、公正的原则，不得刊载虚假、失实报道。报纸刊载虚假、失实报道，致使公民、法人或者其他单位的合法权益受到侵害的，其出版单位应当公开更正，消除影响，并依法承担相应的民事责任。报纸刊载虚假、失实报道，致使公民、法人或者其他单位的合法权益受到侵害的，当事人有权要求更正或者答辩，报纸应当予以发表；拒绝发表的，当事人可以向人民法院提出诉讼。报纸因刊载虚假、失实报道而发表的更正或者答辩应自虚假、失实报道发现或者当事人要求之日起，在其最近出版的一期报纸的相同版位上发表。报纸刊载虚假或者失实报道，损害公共利益的，新闻出版总署或者省、自治区、直辖市新闻出版行政部门可以责令该报纸出版单位更正。

（3）关于禁播

自 1997 年 9 月 1 日起施行的《广播电视管理条例》指出：广播电台、电视台应当提高广播电视节目质量，增加国产优秀节目数量，禁止制作、播放载有下列内容的节目：

1）危害国家的统一、主权和领土完整的；

2）危害国家的安全、荣誉和利益的；

3）煽动民族分裂，破坏民族团结的；

4）泄露国家秘密的；

5）诽谤、侮辱他人的；

6）宣扬淫秽、迷信或者渲染暴力的；

7）法律、行政法规规定禁止的其他内容。

（4）关于职业道德和禁止“有偿新闻”

中央宣传部、新闻出版署《关于加强新闻队伍职业道德建设，禁止“有偿新闻”的通知》（1993年7月31日）指出：新闻单位和新闻工作者不得接受被采访或被报道者以任何名义给的礼金和有价证券，不得向被采访或被报道者索要钱物；各单位不得以任何名义向新闻单位和新闻工作者赠送礼金和有价证券，也不得以重奖办法吸引新闻单位和新闻工作者到本地区、本单位采访报道。

新闻与广告必须严格分开，不得以新闻报道的形式为被报道单位做广告。凡属新闻报道，新闻单位不得向被报道者收取任何费用；凡收取费用而刊播的，应标引为“广告”。

新闻报道与经营活动必须严格分开，记者、编辑不得从事广告业务。

3. 与媒介交往的方法

对单位公关人员来说，媒体的记者和编辑就是他们的顾客。最好的顾客服务就是站在顾客的立场上尽量满足顾客的需求。公关人员应该把与媒体建立良好和持久的关系作为一个重要的工作目标，实现这个目标需要时间、耐心和技巧。具体来说要做到以下几点。

（1）了解熟悉媒体

公关人员必须了解记者和编辑的报道范围，熟悉他们所服务媒体的编辑方针，了解媒体报道的运作过程，知道媒体的需求，从而能急媒体所急，想媒体所想，投媒体所好。

（2）先付出再收获

在媒体提出采访要求时，公关人员要千方百计满足记者对信息的要求，自己也应该经常向媒体提供有新闻价值的信息，主动把自己当成媒体的消息来源。

（3）保持经常性的联络

公关人员要避免成为匆忙而过的推销者，应该适时运用电话、电子邮斜、传真、信件、见面会晤等方式，与媒体人员保持经常性的联络。

1.2 宣传内容制作

1. 宣传手册

任何一个要与公众打交道的单位，都应该有一套介绍和宣传自己的资料，这其中最常见的就是宣传手册。它是单位对外公共关系的宣传媒介，可以通过直接分发、邮寄或放在某处由人们自取等方式传递出去。

（1）宣传手册的特点

宣传手册的通常有以下几个重要特点。

1）介绍单位全貌。宣传手册要向公众介绍能反映单位全貌的资料，包括本单位整体规模与实力、宗旨与方向、发展历史、已经取得的成就和对社会的贡献等。这些信息资料是概括性的，基本不涉及很具体的细节。

2）宣传手册注重潜在的、持久的影响，不强调信息传播的时效性。时效性强的信息容易“立竿见影”，但也容易“昙花一现”，不易持久。而单位要“永葆青春”，就不能单靠一时的宣传，而必须把宣传作为一项永恒的课题持续不断地做下去。对外宣传手册就承担起了这一重任。

3）宣传手册图文并茂、印制精美，讲求文化艺术品位。对外宣传手册一般不以新鲜的信息内容吸引人，而是以较高的文化艺术品位取胜。简练隽永的文字、精心设计的画面、精致的版式和印刷效果等，往往是人们对宣传手册的期望，因此，但凡有条件印制对外宣传手册的单位都应努力在这些方面下功夫。

4）宣传手册形式多样，用途广泛。既有很正规的大型单位画册，图案精美、制作精良，可以达到正式出版物水平；也有规格较小、以轻松活泼见长的小册子，能起到“单位名片”的作用，可以广泛散发。

（2）宣传手册的内容

一个正规的大型宣传手册通常由以下文字资料和图片资料组合而成。

1）文字资料。

①综合性信息。通过文字和数据反映单位的整体情况。主要向公众介绍本单位的性质、规模、发展历史、地理方位等。这一部分内容很像一个展览会的前言，以概要性很强的文字介绍一个单位的全貌。后面的材料则从某个侧面介绍单位的功能和特征。

②单位特色。单位在业务上有什么特色，能够为社会和公众提供什么样的服务。

③单位文化。介绍单位的经营宗旨，如“以质量为核心、以社会为导向”；阐述单位的价值观，如“知识为本、利国利民”等。

④人员素质与技术水平。人员素质可以通过学历体现出来，也可以通过按技术职称反映。反映一个单位技术水平的指标有很多，可以在技术人员的指导下进行客观的阐述。

⑤管理水平。包括管理者素质（如平均学历、年龄、工作经历），管理风格（如经验管理、民主管理、目标管理）等。

⑥社会评价。通常都是单位的正面信息，如历次各类评比的获奖情况，权威人士或领导人的赞誉等。

⑦联系方式。单位的通讯地址、电话号码、传真号码等。

2）图片资料。

①领导人的照片。单位主要领导人的个人照片和领导班子等的集体照片。

②组织图。以图表形式一目了然地展示本单位自上而下的管理结构。

③单位办公地点的鸟瞰图。可以是模型图或实景摄影照片。

④建筑图片。首先是门面建筑，如大门；其次是主体建筑，如办公大楼；还有特色建筑，如凉亭等。

⑤工作现场的照片。可以是员工在现代化办公场所里的工作照片或实验室场景等。

⑥展示成就的照片。奖状、奖杯、获奖证书，重要领导人和文化名人视察、参观的情景等。

⑦文化生活的照片。员工业余活动、文艺活动的情景，画家、书法家专门为本单位作的字画等。

（3）宣传手册的编写原则

1）宣传手册要以本单位的公共关系目标为依据，确定一个宣传主题。任何一个单位的内容都是极其丰富的，既有一般单位共有的基本内容，也有单位自己独具的特定内容。哪些内容多宣传，哪些内容少宣传，都是由公共关系宣传主题来决定的。确定了主题，就要服从主题的需要，围绕主题来组织材料、选用图片和写作文稿。

2）完整地掌握单位的基本资料，做到心中有数。

3）以事实为依据，不急功近利、夸大事实和自我吹嘘。

2. 单位内部声像资料的制作

单位经常有些重要的有纪念意义的活动，例如，周年庆典，重要的领导人或者外国友人前来考察，电视台要报道单位的成就等。这些时候，制作一部录像片就显得非常重要。这就是内部声像资料在某些组织和科研单位受到重视的原因。

（1）内部声像资料的特点

内部声像资料是用录音带、录像带和电子文件等保存下来的声音和影像资料，它具有以下几个明显的特点。

1）声像资料可以用声音、色彩、动作再现人们的工作和生活情景，因而在表达公共关系信息时具有真实性和可靠性。如果避免了片面性和夸大其词，会使公共关系信息更令人信服。

2）声像资料可以重复播放，比较容易复制、携带和长久保存，有很强的历史资料价值。

3）声像资料可以随时播放，需要时还可以反复播放，以此强化人们的记忆。

4）声像资料有与生俱来的娱乐功能，注重娱乐性，能让人们在轻松的气氛中接受公共关系信息是它的一大优势。

（2）内部声像资料的内容

按公共关系传播的不同需要，内部声像资料可以选择以下内容进行拍摄。

1）单位资料。可以从单位外围开始拍摄，然后是正门、主体建筑、空间绿化、设备、生活区及生活文化设施。有条件的，可以利用无人机对单位全貌从空中进行拍摄。

2）集体活动资料。集体活动包括单位员工代表大会、周年庆典、职工运动会、联欢会等。这些活动要录音、录像同时进行，以备制作节目之用。

3）工作场面资料。重点拍摄单位办公空间、实验室员工紧张工作的镜头。

4）领导活动资料。领导人办公、开会的场面，检查工作的场面，与员工一同参加业余活动的场面等。

5）职工生活资料。职工食堂就餐的情景、业余活动的情景、集体郊游的情景等。

6）组织文化资料。张挂于办公室墙壁上的单位精神宣传口号，员工集体学习的情景，员工培训的场面，共青团活动的场面等。

7）新闻活动资料。新办公大楼奠基、剪彩等，重要领导人视察、文化名人来访、本单位领导领奖归来等活动资料，都必须拍摄下来。

（3）内部声像资料的制作

内部声像资料也可称为公共关系宣传片，其拍摄难度较大，牵涉许多环节。因此，要特别注意按程序操作。宣传片的拍摄是件大事，必须有最高领导层的决定，而且要有成文的决议，有经费和人力的保证。

1）制定拍摄大纲。

主题：以什么为主线，要突出单位历史的厚重还是反映最近工作的成就。

内容：宣传什么，哪些事件是不可少的。

方法：怎样开始，以什么为突破口，如何推进，横向跳跃还是纵向发展。

片长：播放多少分钟。

人员：需要几人，各自具体负责什么。

2）脚本。

解说词：按照拍摄大纲撰写，主题、内容、格调符合大纲要求。要分段，每个（或几个）段落说明一层意思，大体需要什么样的镜头要交代清楚。

对白：如需要，放在何处，说些什么内容，选择什么样的人比较合适。

场景：哪些镜头需要特别的场景，放在哪里合适。

音乐：主题音乐需要什么格调，是否需要专门创作。

拍摄说明：拍摄中注意事项的具体说明。

3）按脚本拍摄。拍摄工作由导演统一调配。

4）剪辑、合成、录音（配音）。这些工作应在专门的技术人员指导下进行。

1.3 新闻发布

单位的生存和发展离不开信息。在取得成就时要与公众分享自己的喜悦，在遭遇突发事件时要向社会说明事件的真相和自己的态度，在这些情况下，单位往往要考虑在适当的时候通过一定的形式和渠道把那些重要的信息向社会公众进行发布。利用新闻媒介进行信息的发布活动就是新闻发布。因此，新闻发布一般是指单位在取得突出成绩或面临重大变故时向新闻媒介公布信息的活动。

在现代社会中，新闻发布活动的典型形式是新闻发布会。新闻发布会又称记者招待会，是单位为发布重大新闻或阐述重要方针、规划而专门约请新闻记者参加的会议。

新闻发布会的基本功能如下。第一，提高知名度。通过发布信息，引起公众对单位的关注。第二，开展媒介关系。通过活动为新闻界提供了解自己的机会，借以建立或进一步巩固与新闻界的关系。第三，影响舆论。通过阐述单位的方针、规划，引导公众意见和态度朝着对单位有利的方向转化。

新闻发布会是现代企业和行政事业单位从事信息传播的一种十分正规和隆重的活动。其参与者是对社会发展有特殊影响作用的新闻记者。活动的成败事关组织和单位发展的大计，不允许出现任何差错和失误，相关行政事务人员对此要有十分清醒的认识。

1. 新闻发布的准备

（1）准备新闻发布资料

新闻发布资料就是新闻发布的凭据。不同的单位或同一单位出于不同的目的，所需要的新闻发布资料都是不同的，这就要求相关人员事先对新闻发布资料做一个大致的分类。按实际应用的需要，新闻发布资料可以分为以下 3 种类型。

1）综合性资料。综合性资料指那些能系统地概括单位的运营状态，准确地反映单位整体面貌的材料。一家公司有自己的经营范围、产品结构、市场分布、服务网络、企业文化、知识产权等，这些是企业新闻发布会的综合性资料。一个学校有自己的办学理念、生源范围、办学特色、师资队伍、知名校友等，这些是教育单位新闻发布会的综合性资料。

2）专业性资料。任何单位都从属于一定的行业领域，每一个领域都有自己的专业性质和技术特点。专业性资料就是指那些与本单位所在的行业相关的专业技术材料。

用于新闻发布会的专业性资料主要包括如下内容。

①专业技术标准。本单位从事生产或提供服务所依据的标准，如省级、国家级或是 IS0 9000 标准。

②达标情况。现在提供的产品或服务是否达到标准，经由哪个权威部门验证过。

③现有技术力量。人员、设备、工艺水平如何。

④专业术语。本单位经常使用并在社会上传播较广的专业术语有哪些，分别表示什么含义，公众应该怎样理解这些术语。

⑤针对新闻发布内容准备的其他专业技术资料。

3）说明性资料。通常，人们讲话都是为了试图说明某个问题，说明一个事物，讲明一个道理，表明个意向等。此外，人们日常接触的信息资料大部分都是说明性的，如报纸上突出报道“邯钢经验”，说明大型国有企业的改革有了成功的先例。

此处所谓的说明性资料，是指用于解释说明新闻发布会主题的一揽子材料。新闻发布会是一种目的性十分明确的信息传递活动，事先必须准备充分的材料，来说明为什么要举行这个发布会。同时还要预想在一个确定的主题下记者会提什么样的问题，对这些问题应当如何说明。简而言之，应当围绕新闻发布会的主题来收集说明性资料。其主要内容如下。

①本次新闻发布会的主题是什么，向公众发布喜讯，还是针对某个突发性事件要表明本单位的态度。

②该主题的意义，对本单位、对公众、对社会环境会产生什么影响。

③该主题包含哪些内容，主要内容、次要内容、相关内容分别有哪些。

④对主题内容需要做哪些方面的说明。

⑤主题内容是否涉及社会敏感问题，如有记者提出，能否给出有说服力的资料。

4）实物资料。有些新闻发布会需要准备实物资料。为澄清事实而举行的新闻发布会，也可以展示实物资料来作为澄清事实的物证。为了加强与新闻界的感情联络，同时也是出于树立品牌形象的需要，有些新闻发布会要提供宣传品，这也是实物资料。以上这些都要事先准备好。

（2）邀请新闻媒介人员

1）确定新闻媒介。新闻媒介人员就是在新闻单位供职的记者、编辑或技术人员。新闻媒介人员代表不同的新闻媒介，确定新闻媒介是新闻发布会前期准备中的一个重要环节。新闻媒介的选择是否恰当，直接关系着新闻发布会的效果，甚至决定着新闻发布会的成败。确定新闻媒介需要做好以下两个方面的工作。

①分析新闻媒介。对新闻媒介的分析，需要考虑以下因素。第一，使用什么媒介，报纸、杂志还是广播、电视。这些媒介各有优势，又都有自己的局限性，因此在选择媒介时，既要考虑单一媒介的长处，又要考虑尽可能发挥不同媒介的组合优势。第二，哪一级媒介，全国性媒介还是省级、本地媒介。要考虑新闻发布内容需要传播多大的范围，传播范围小了固然起不到宣传效果，而盲目扩大宣传范围不仅会造成浪费，还有可能对开展工作造成负面影响。第三，哪一种媒介，综合性媒介还是专业性媒介。这些都要考虑新闻发布会的主题。

②确定邀请名单。对新闻媒介的性质进行分析后，就要确定新闻发布会的邀请名单了。一般情况下，邀请名单是以本单位为原点，由近及远确定的：第一，与本单位有长期的良好合作关系的；第二，与本单位有过接触，有初步印象的；第三，对本单位关系一般需要加深的；第四，与新闻发布会的主题有直接关系的；第五，名气大，通过合适的方式可以邀请到的。

此外，在实际运作过程中，还必须根据新闻发布会的主题和公关目标、预期的传播覆盖范围、传播的深度来选择和确定邀请名单。

2）邀请新闻记者。在我国，新闻记者肩负着传播信息和宣传政策的双重职能。新闻记者这种比较特殊的社会地位决定了邀请新闻记者要特别慎重，必须合乎规范，不能马虎行事。

①邀请的程序。邀请新闻记者的一般程序是：第一，匡算邀请记者的人数，初拟被邀媒介、记者的名单；第二，与新闻媒介联系，落实被邀媒介、记者的名单；第三，

制作、填写新闻发布会请柬；第四，发出邀请，对重要媒介要派人正式邀请，对一般媒介可以通过电话口头邀请或通过传真、电邮发送请柬（重要媒介不一定是级别最高的媒介，但一定是不好邀请而本次新闻发布会必须出席的新闻媒介）；第五，落实出席新闻发布会的媒介及记者的人数。

②注意事项。主要注意以下几点：第一，新闻发布会的规模是由新闻发布内容决定的，媒介、记者数量要适中，并不是越多越好；第二，重要媒介的参与是新闻发布会成功的关键，应当与重要媒介做好沟通工作，以确保其派记者出席。

（3）布置新闻发布会现场

选择新闻发布会的地点，要有利于媒体的相对集中，有利于全面、直接与记者进行沟通、有利于充分展示单位的优良形象。

新闻发布会的场所有3种不同的选择：可以布置在本单位的会议室；可以选择本地的宾馆；还可以到异地选择其他场所举行。

1）会议室发布会现场。单位的新闻发布会，多数情况下是在本单位的会议室内举行的。在自己“家”里开会，有人可能会觉得是件省钱省力、事半功倍的事情，实则不然。任何新闻发布会均具有双重职能：发布信息，展示形象。新闻记者为所需要的信息而来，他们同时也会以特有的敏锐目光去审视单位的运转状况。如果在记者的眼中出现单位现状与新闻发布内容不协调或互相矛盾的景象，他们会对新闻发布内容的价值大打折扣。因此，单位要想借助新闻发布会在传播信息和塑造形象上获得双丰收，必须具有“两条战线作战”的思想准备，既能有行动上的上佳表现，即把单位的运转调整到最佳状态，又能把新闻发布会现场布置得井然有序。

2）宾馆发布会现场。规格较高的新闻发布会一般在宾馆举行，现场的布置可以委托宾馆进行。基本设施与布置与在单位会议室内一致。除此之外，要求服务更加规范、周到，服务人员最好佩戴标有“××新闻发布会”字样的绶带。

3）外地发布会现场。新闻发布会如果需要在外地举行，则可繁可简。规格一般的，可以委托一家宾馆举行。如果事情紧急，新闻发布内容又是容易引起新闻媒介关注的，还可以在形式上不拘一格，或借游园活动联络记者，或以文化沙龙发布消息。

总之，异地举行新闻发布会，现场布置的原则是一般规范与灵活多样相结合，可以因地制宜，不必过分讲求形式。最重要的是保证新闻发布的效果。

2. 新闻发布会的程序

（1）新闻发布会程序的特点

1）条理清晰。单位举行新闻发布会一般来说目标比较单一，往往一个主题做主线贯穿始终。因此，新闻发布会的程序比较简单，条理也很清晰。发言人的演讲不是面面俱到的总结性报告，不涉及太多的枝节问题。主持人也总会运用娴熟的技巧把某些记者“旁敲侧击”式的提问巧妙地引至会议主题上来。

2）节奏明快。节奏明快是新闻发布会的又一显著特点。单位的新闻发布会主题比较单一，并沿袭其他大型新闻发布会限定时间的惯例，新闻发言人的演讲和说明往往简洁明快；受新闻媒介截稿时间的限制，新闻记者的工作作风更以快节奏著称。这两方面的因素决定了新闻发布会在程序安排上要时间紧凑、节奏明快。

3）符合规范。新闻发布会是正规、隆重的信息发布活动。多年来的国内外实践形成了基本的规范，并已经以相对固定的程序延续了下来。除非出于单位的特殊需要，一般不做大的改动。

（2）新闻发布会程序的内容

1）宣布开始。主持人宣布新闻发布会开始，致简短欢迎词，介绍议题和议程，推出新闻发言人。

2）发布新闻。新闻发言人讲话，可以宣读新闻发布稿，也可以按发言提纲发布新闻。

3）答记者问。由主持人指定提问记者，新闻发言人回答记者的提问。主持人自始至终掌握着时间和节奏，按事先规定的时间，宣布最后一位记者提问。

4）宣布结束。新闻发言人答完最后一位记者提问后，主持人宣布新闻发布会结束。

5）提示会后安排。主持人提示会后记者的活动，如参观单位工作现场、赠送纪念品等。

3. 新闻发布会礼仪

礼仪是处于一定社会关系中的人们共同认可和遵循的行为规范。与其他正式社交场合一样，新闻发布会有一套完整的礼仪规范。与大多数社交场合不同的是，新闻发布会的礼仪规范中具有较少的客套的东西，它的核心是“诚”，即真诚地面对新闻记者，坦诚地公布与单位相关的信息。如果不能做到这一点，信息发布的途径就应当改为其他形式。

新闻发布会的礼仪表现为以下6个方面的特点。

（1）称谓

对新闻记者的称谓，基本要求是规范。与各位记者见面打招呼时不论男女，均称“××记者”，如张记者、刘记者。在新闻发布会上，面对全体记者时的主要称呼语是“各位记者”或“尊敬的记者朋友”。为了烘托气氛，可附加“女士们、先生们、朋友们”等称呼语。

（2）礼节

与新闻简洁、注重时效的特征相适应，新闻发布会礼节的最大特点是简单。过于客套、周到的礼节，不仅使人局促，且有时会令人产生虚而不实或不胜其烦的感觉。如果新闻发布会上的礼节太多太烦琐的话，就更与新闻发布会的主旨和新闻记者的职业习惯不相适应。因此，在新闻发布会期间和发布会前后的必要场合，对新闻记者的接待应以简单得体为宜。

（3）仪表

新闻发布会要求主持人和发言人注重仪表。新闻发布会的仪表要求是正规，如正规的发式和正规的服饰。除非是流行时装发布会等特殊性质的新闻发布会，从主持人、发言人到会议服务人员，男士一般要剃须理发、西装革履，女士要粉黛淡雅、着装庄重。在仪容仪表方面，需要克服如下倾向。

1）个人情趣和偏好。人都有自己的情趣和偏好，以此显示自己的个性，在仪容仪表方面尤甚。但新闻发布会上展示的是单位形象，是单位个性而非个体个性。

2）过于突出单位统一着装。一般情况下，新闻发布会上不宜过于突出单位统一着装，因为具有职业特点的服装容易使人把公众信息与单位广告宣传相联系，这反而会影响新闻发布的效果。

（4）态度

从某种意义上说，公共关系工作的性质是组织行为与公众态度的交流。公关人员待人接物的态度是组织行为的一个重要组成部分。就一般而言，诚恳的态度是成功交流的法宝。

在新闻发布会上，或者有新政策需要发布，或者有问题需要公众谅解，抑或面对记者连珠炮般的发问，最基本最有效的策略仍然是诚恳的态度。

（5）言辞

言辞是说话或写文章时所用的词句，是人类传播信息的基本符号。在开放的现代社会，优雅的谈吐、动听的言辞，已然成为打开交际大门的一把钥匙。从一般意义上说，说话或写文章的人应该学会应用各种修辞手法，如比喻、排比、夸张等，以加强信息传播的效果。在新闻发布会上，沟通单位与新闻记者的基本媒介同样是言辞，但发言人能够使用的修辞手法却比较有限，因为新闻发布会强调新闻性，而新闻是一种简约的文体，新闻的力量在于"用事实说话"。只有用肯定的言辞去发布证据确凿的肯定信息，才能够使人感受到"用事实说话"的力量和对新闻记者的尊重。因此，用肯定的言辞发布信息乃是新闻发布会最简约、最有力的言辞手段和最合体的礼仪。

（6）议程

新闻讲求时效性，因此新闻发布会的议程要求议题紧凑、节奏明快。即使新闻记者的态度明显与发言人的意见相左，发言人也只能力争用肯定的语调公布证据确凿的信息。而主持人则应该审时度势，尽量把记者的提问和发言人的回答及时引入符合主题的正确轨道。如果出现发言人不能回答又无法回避的问题，发言人应该得体而果断地申明本次新闻发布会不探讨该特殊问题，请记者谅解。发言人和主持人在新闻发布会上都必须做到既不用"无可奉告"的外交辞令，也不狡辩或抢白记者，更不随意打断记者问话。

1.4 新媒体管理

新媒体是指以数字技术为基础，通过互联网、宽带局域网、媒体无线通信网、卫星等渠道，以及手机、电脑、数字电视机等各种终端，向用户提供信息传播的形态。它能够对大众同时提供个性化的内容，而且传播者和信息的接受者互相融汇成为一种对等的交流者，交流者相互之间还可以同时进行个性化的交流。相对于报纸、广播、电视、户外等传统意义上的媒体，这种媒体形态被人们称为第五媒体。

随着新媒体在各行各业的快速渗透，新媒体在单位中的应用也越来越广泛。

1. 新媒体平台的类别

单位构建的新媒体信息管理平台，主要包括但不限于微博、博客、微信公众号、知乎号、App 移动客户端等。

2. 通过新媒体发布信息

通常，单位接触新媒体的第一步就是利用新媒体进行信息发布，此时工作人员要注意其要求和信息发布程序。

（1）信息发布要求

结合相关规定，工作人员应遵循以下要求。

1）在单位新媒体上发布的信息应严格审核，否则不能发布。

2）发布和转载相关信息必须符合相关规定，涉密信息杜绝发布。

3）信息发布范围主要包括如下 4 个方面。

①各种业务宣传及促销活动，重要活动及社会相关动态。

②重大事件信息发布。

③单位形象、产品、文化、公益活动等的宣传。

④运营管理心得或其他方面的经过审核的信息。

（2）信息发布程序

利用新媒体进行信息发布，一般有以下程序。

1）由分工部门信息员收集、整理信息并提出发布申请。

2）重要紧急信息需提前一个工作日提出发布需求。

3）审核通过的信息由单位相关部门统一在单位构建的新媒体平台上发布。

3. 新媒体运营管理

随着网络时代的到来，许多单位都开始在新媒体平台上建立自己的新媒体账号，为传统的公共关系管理提供了有力的补充。

（1）新媒体运营的原则

1）要关注目标群体的需求，做好新媒体定位。单位新媒体工作人员要以需求为导向，结合本单位的工作特点，精心进行内容的策划、创作与推送，做一个贴心的新媒体账号。

2）要接地气，用人们喜闻乐见的方式来进行创作。只有这样，才能获得目标群体的关注、互动，实现账号的运营目标。

3）要注重细节。新媒体工作人员对内容创作过程当中的各种细节问题，如标题、前言、页面布局甚至字体的大小都要多加留意，不断提升读者的阅读体验。

（2）新媒体运营管理程序

单位新媒体工作人员对新媒体进行运营管理，主要有以下程序。

程序 1：制定新媒体运营计划。工作人员根据本单位的业务需要，编制新媒体运营计划，并提交上级领导审核。

程序 2：建立新媒体运营账号。工作人员配合相关部门人员，在相关平台上创立新媒体运营账号。

程序 3：需求提交。相关部门提交新媒体运营需求。

程序4：信息编辑。工作人员进行相关信息的网上编辑，并提交上级领导审核。

程序5：信息发布。审核通过后，工作人员负责进行信息的发布。

程序6：账号维护。工作人员配合相关部门工作人员进行新媒体运营账号的维护，同时负责与读者的互动。

第2单元　公 共 关 系

2.1　调查评估

单位公共关系管理是一个综合性的系统，这个系统的基础是对单位内外的各种信息进行调查评估。因此，单位公共关系工作人员必须要掌握一些基本的调查评估方法。

1. 调查方法

在实践中，调查方法通常分为观察调查法、访谈调查法、文献调查法和问卷调查法。

（1）观察调查法

观察调查法是调查者进入调查现场，用自己的感官及辅助工具，观察和记录被调查对象的表现，从而获得第一手资料的调查方法。与其他调查方法相比，观察调查法收集到的资料更直接、更真实、更生动具体，所以往往成为公共关系调查中常用的一种方法。

观察调查法的特点是它作为调查者有目的、有计划的认知活动，与人们日常生活中无意的、无计划的观察活动不同。公共关系调查的观察，是在单位的调查目的和假设的指导下进行的，需要制定周密的观察计划，对观察的内容、手段、步骤、范围作出具体规定，还要对观察员进行培训，以收集所需的调查资料。

按照观察人员是否参与被观察者的活动，观察调查法可以分为参与观察和非参与观察两种。参与观察是指观察者直接介入被观察的事物，与被观察者发生联系，以内部成员的身份参与他们的活动，在共同活动中观察、收集有关资料。例如，观察人员在医院作为患者了解其他患者对医院服务和形象的评价。非参与观察是指观察者不参与被观察者的活动，而是以局外人的身份对被观察者进行观察，不干预事物的发展过程，只是记录事物发展的自然情况。例如，汽车制造厂商的公共关系人员在道路上观察记录公众的汽车消费情况。一般来说，参与观察比较全面、深入，能获得较细致深入的感性材料，但观察结果易受观察者情绪影响，有一定的主观色彩；非参与观察比较客观、公正，但只能看到一些表面现象，难以深入。参与观察一般适用于无法从外部观察的场景，非参与观察一般适用于无法或无须介入被观察者的情况。

（2）访谈调查法

访谈调查法是调查者依据调查提纲，通过与被调查者直接交谈来收集语言资料的方法，是一种口头交流式的调查方法。

访谈调查法的主要特点是调查者与被调查者采用对话、讨论等面对面的交往方式，是双方相互作用、相互影响的过程。在访谈调查过程中，只有注意运用人际交往和谈话的技巧，才能有效地控制访谈过程，获得有价值的信息资料。

根据访谈对象的数量，访谈调查法可以分为集体访问和个别访问两种。在这里重点介绍个别访问。个别访问是调查者分别访问被调查者，通过个别谈话的方式收集资料的一种访谈方法。其主要特点是：调查者和被调查者双方是个别接触，便于建立相互信任的关系，有利于排除干扰，减少从众心理的压力，使收集的资料比较生动具体和真实可靠。

（3）文献调查法

文献调查法是指调查者通过查阅各种文献，对媒介所传播的有关单位形象或发展信息进行调查统计分析的一种间接的调查方法。

（4）问卷调查法

问卷调查法是调查者运用统一设计的问卷，利用书面回答的方式，向被调查者了解情况并收集信息的方法。

问卷调查法是社会调查中最常用的资料收集方法，常用于较大规模的抽样调查。调查者可运用这一方法，对公众态度和社会生活进行准确、具体的测量，并运用社会统计方法进行量化描述。

调查所用的问卷是用来收集资料的一种工具，它的形式多是一份精心设计的问题表格，用来测量被调查者的行为、态度和社会特征。

问卷通常分为自填问卷和访问问卷两种。自填问卷即由被调查者自己填答的问卷，而访问问卷则是由调查者根据被调查者的口头回答来填写的问卷。自填问卷依据发送的方式又可分为邮寄问卷和发送问卷两种。邮寄问卷是通过邮局把问卷寄到被调查者手中，被调查者填完后，仍通过邮局寄回；访问问卷则是由调查者或其他人将问卷送到被调查者手中，被调查者填完后，再由调查者逐一收回。在实际调查中也可采用两者相结合的方式发送问卷。

在进行公共关系课题调查的过程中，公共关系调查人员必须掌握各种调查方法的特点，因地制宜地针对课题选择最有效的调查方法。

2. 统计分析

（1）统计分析的基础

通过公共关系调查所获得的原始资料，往往是粗糙的、表面的和零碎的。如不经过公共关系调查人员的整理加工，那只是杂乱无章、不能说明问题的材料堆积，也就不能对调查资料所代表的公共关系现象的总体情况进行分析并据此得出科学结论，因此充分认识数据统计、分析的意义并熟练掌握其方法是极为重要的。

进行数据统计，必须具有如下条件。

1）充足、可信的数据资料。统计是对数据材料的整理与加工，统计的好坏首先建立在充足、可信的数据资料的基础上。数据资料越少，就越不能代表总体的情况，统计工作不是无从下手就是结论误差很大；资料可信度不高，统计得出的就只能是错误的结论。

2）基本的数学知识。数据统计工作就是和数字打交道，平均数、相关数、误差率等的计算都要运用一定的数学知识。公共关系调查人员不仅要有良好的公共关系的知识，还需要学习相应的数学知识，对统计结论进行分析更需要良好的数学功底。

3）理性、细心的工作态度。相对调查工作，数据统计是一项较为枯燥的工作，成千上万的数字需要公关人员以极大的细心来对待，稍有疏忽得出的结论就有可能大相径庭。同时，这也是一项需要理性的工作，一旦发现统计结论与假设不相吻合，不能意气用事，而应该以十倍的细心检查数据，重新统计，找出原因。如果结论属实，必须如实报告，不能擅自篡改统计结果。

（2）数据统计的步骤

1）资料的审核。审核是对调查资料进行审查与核实的工作，目的在于保证资料的客观性、准确性和完整性。实际上，资料的收集和审核在大多数情况下是同步进行的，即边收集资料边审核，此类审核叫作实地审核或收集审核；在收集资料后集中时间进行的审核叫作系统审核。

2）资料的分类。资料整理的第二步工作是分类。经过审核后的资料虽然能达到真实性、准确性、标准性、完整性的要求，但仍是分散的、杂乱的，很难从中找出规律性的东西。分类就是按特定的标准将资料归类，使繁杂的资料系统化、条理化的过程，它不仅能方便资料的存取，也能加深对调查对象的认识和了解。

3）数据的统计。调查资料的整理工作完成以后，就进入了资料分析阶段。人们常用统计表、平均数、百分比等方式对资料进行各种分析。实际上，专业的资料分析可以分为统计分析和理论分析两个部分。统计分析作为一种定量分析方法，是调查资料的具体化和数量化，并为进一步的理论分析提供数据支持。因此，统计分析是公共关系调查中不可缺少的环节。

统计学发展至今，形成了多个相互联系但又相互区别的分支，从不同的观察角度或者不同的研究重点出发，往往有不同的分类。把统计学分为推论统计学和描述统计学就是该学科基本的分类方法之一。

所谓推论统计学，就是利用样本数据来推断总体特征的统计方法。例如，要研究某单位公众的年龄构成、受教育程度、收入水平等特征，如果利用普查的方式会受到人力、物力、财力等因素的限制，使工作开展的难度加大，所以单位开展这方面工作时，通常采用抽样调查的方法取得样本资料，依据样本资料所能提供的信息来推断单位整体公众的特征。描述统计学是指收集、整理、描述数字资料的统计学方法。例如，要计量居民生活费用的变动，首先要通过特定的调查方法，收集反映居民生活费用的相关数字，然后通过对这些资料的汇总、归纳、计算，将原始资料整理成有条理的、能够说明研究对象特征的科学指标，最后以相应的统计图、统计表将这些结果表现出来。描述性统计分析的基本内容包括集中趋势分析、离中趋势分析、变量分布分析和相关性分析，这四种分析方法是该部分的重点。

（3）数据统计的简单方法

数据统计分析的手段很多，应用于公共关系调查领域的主要有平均数法、相对数法、动态数列法等。

1）平均数法。平均数法是通过两个紧密联系而又独立的指数之比来说明事物在某一时期一般水平的方法。平均数就是在同质总体内，将各个个体的数量差异抽象化，用以说明各社会现象在同一时期一般水平下的统计数等，它是大量同类现象的概括描述，是将大量同类现象抽象化的一种手段。

2）相对数法。相对数就是两个有联系的指标数值之比，用来表示某一社会现象数量的对比关系，它以一个抽象化的数字表明某些社会现象和过程所固有的数量比例关系。相对数可以帮助了解事物在发展过程中不同阶段的情况和不同部分之间的相互联系，以及它的发展趋势。从某些意义上可以说，相对数法可以弥补运用平均数法时所造成的缺陷。有了相对数指标，我们可以为原本不能直接对比的事物找出新的比较方式。

3）动态数列法。所谓动态数列，就是把综合指标所包括的绝对数、相对数或平均数，按时间顺序排列起来所形成的数列。从动态数列中，我们可以认识事物的发展规律、水平，观察事物发展趋势和速度，掌握事物发展的一般性规律。事物都是发展变化的，事物在内部矛盾运动过程中，反映出自身发展的规律。在调查中，不仅要从静态上，还要从动态上去分析事物，因此，就要进行动态数列分析。

2.2 公关策划

公关策划方案是单位为了筹备、谋划某项公关活动而拟定的行动计划，并用书面形式将公关活动策划意图表现出来。周密、详尽的公关策划方案是成功举办公关活动的前提。

1. 公关策划方案的内容

公关策划方案通常包括以下几点：公关目标、活动时间、公关措施、职责分工等。

（1）公关目标策划

公关目标是公关活动主办者的期望，它是公关活动的起点，也可以成为单位评价和监督全部公关行动的准则，能够不断地调整、影响和控制公关活动的进程。

对单位来说，公关目标是一个符合性的目标系统。它通常由以下的具体内容构成。

1）提升本单位在社会上的知名度，向全社会展示本单位的形象及信誉。

2）设计并不断优化本单位与公众的沟通渠道，使单位与公众保持一种畅通的信息沟通与交流。

3）在发生应急突发危机事件时，利用各种有效的渠道，争取公众舆论的支持，避免谣言的传播，争取化被动为主动，化冷漠为关心，妥善解决各种突发纠纷。

4）检测整个社会舆论变化的趋势，并根据这种趋势调整本单位的公共传播策略与行动。

5）根据整个社会舆论的变化，及时调整单位内部的公共关系活动，创造良好的单位内部人际关系，提升单位的凝聚力和向心力。

（2）活动时间策划

公关事务策划人员要将公关活动的名称、举办时间、参与人员提前确定，并将活动通知发到个人。

（3）公关措施策划

这是公关策划书的主体部分，介绍公关事务的整体运作方案，其主要内容分为两个方面。

1）公关日程。主要是公关活动从项目开始到完成的全程进度安排，通常要列出表格。

2）现场措施。主要是公关活动在现场的具体措施，尤其是各主题活动与后援活动的项目名称、实施时间、地点、运作的程序方案等，其中运作的程序方案一般表现为节目单，用表格的形式来表述。

（4）职责分工策划

公关活动中本单位各个部门、各相关人员在活动中的职责分工要设计得清晰、具体，并传达到位。

（5）媒体策略策划

公关事务策划人员要对参与公关活动的媒体进行详尽的分配、规划，包括媒体的地理位置、分配时间、分配内容等。

（6）公关活动评估策划

公关活动结束后，活动举办方要对公关活动的效果进行评估，总结成绩和经验，发现问题和不足，为以后的类似活动提供借鉴。

（7）公关费用策划

公关事务策划人员对公关费用进行预算，避免不必要的浪费。

2. 公关策划方案样例

以下是××公司的媒体公关策划方案，供读者参考。

××公司媒体公关策划方案

一、媒体公关的背景

公司××产品自2015年12月上市以来，销售业绩并没有达到预期指标，同时由于竞争对手新产品的冲击、媒体投放效果的下降、新产品的自身价位偏高等问题，导致××产品的竞争能力已变得越来越弱。按照既定的产品推广计划时间安排，留给××产品的时间还不到半年。如果按部就班地进行市场运作，相信结果不会比现在强多少。

××公司作为一家专业从事食品生产的制造商，立志于创建符合本土特色的品牌，它一直以雀巢、卡夫等品牌作为自己的榜样。此次媒体公关活动在进行大面积广告投放为××产品带来名气的同时，更注重为公司品牌植入核心价值，形成具有长期市场影响力的核心价值。

二、媒体公关目标

1. 扭转××产品上市以来不温不火的销售状态，为××产品在市场上树立新的价值点，树立良好的产品品牌形象。

2. 将××产品或××公司的行为与当前的国家政策和慈善活动相挂钩，以诚信和社会责任助推××产品的销售。

3. 加强现有消费者和合作伙伴的信心，加深其对公司的认同。加强市场发掘力度，吸引更多的新顾客和合作资源。

三、媒体公关时间

重点传播时期为____年 1 月、2 月和 3 月，维持期为 4 月和 5 月。

四、宣传主题

绿色消费。

五、媒体公关的内容

1. 公司发扬社会责任感、弘扬珍爱生命的原则，号召并发起成立“××支持基金”。

2. 以“××支持基金”的倡议为核心，配合开展××产品“我生命中的一扇窗”主旨活动，新闻媒体配合报道××产品“免费为孤儿院提供早餐”“健康饮食，享受阳光”等活动。

3. 以“××支持基金”号召人身份，为××产品在市场上树立新的价值点和责任点，同时也为公司后续的新产品造势，为××公司产品品牌的核心内涵建立良好的平台。

六、媒体公关的流程

（一）制造“新闻价值点”（____年1月5日至1月10日）

1. 制造新闻热点事宜安排具体见表5-1。

表5-1　　制造新闻价值点的事宜

内容	形式	合作方	媒体
由××公司倡议设立“××支持基金”	1. 在北京××酒店召开“××支持基金”新闻发布会 2. 邀请政府××、××、××部门领导出席发布会 3. ××公司预备资金100万元，作为该基金第一笔费用	与××区政府宣传部联合发起，并邀请北京红十字会对此事予以支持	××新闻频道、××电视台、××报、××网
发布ZH的倡议书内容，表达ZH为大众建筑美好生活的心愿，同时也与CH“建筑美好生活”的主题吻合			

2. 新闻发布会期间的注意事项：

（1）结合社会热点，倡议设立“××支持基金”为新闻点，引发媒体的大量报道，受众留存良好的单位形象。

（2）以新闻发布会为契机，宣传××公司致力于大众饮食品质提升的理念。

（3）强调和宣传××产品的同时，呼吁受众一起朝着健康生活方式努力。

（二）媒体公关阶段（____年1月10日至____年2月15日）

1. 在媒体公关阶段，媒体可跟踪政府有关部门、公司员工和消费者等对“××支持基金”的建议和意见。

2. 结合新闻价值点造成的市场反响，通过网络、派发传单等方式不断推出一系列针对公司和新产品的软文宣传。

3. 在这一阶段，公司行政部应及时搜集大众的反应，对于未来可能出现的负面报道迅速在媒体上做出回应。

（三）“我生命中的一扇窗”主题活动（____年2月15日至3月31日）

1. 以“我生命中的一扇窗”为主题，寻找合适的儿童拍摄××产品广告，将广告在选定的新闻媒体上播放。

2. 该阶段仍将可能出现一些不利于产品或公司的负面报道，公司及时监测并迅速在媒体上做出回应。

3. 电视台跟踪报道公司“免费为孤儿院提供早餐”“健康饮食，享受阳光”等活动。

（四）媒体公关维持期（____年4月1日至5月31日）

1. ××产品借助前期产生的宣传效应已经进入最后的销售攻坚期，销售部做出良好的销售攻坚方案。

2. 在各大商场举行××产品的销售活动，并且销售现场布置与公关议题和公关内容相符。

3. 这一阶段要确保将顾客的投诉数量维持在最低水平，接到客户投诉后要在第一时间妥善解决。

七、媒体公关评估

1. 行政部公关人员制作××公司满意度调查表，在学校、医院、地铁等人口密集的地方发放，通过收集到的信息，评估公司的社会形象。

2. 财务部对____年1月以来××产品的销售额进行统计、分析，评估该产品的市场接受程度。

3. 经过数据分析，行政部出具媒体公关总结报告。

2.3 传播策略

1. 基本的传播策略

制定公共关系活动传播策略是公关活动策划管理中最重要的工作之一。传播策略可以分为认知（感性认知）、态度（影响态度）、行为（促成行动）三个不同目标层次的策略。这是公共关系的基本传播策略。以这一基本传播策略为基础，可以从不同角度出发，制定多种多样的传播策略。

（1）不同目标公众的传播策略

公共关系活动尤其是大型的系列活动，在其不同的具体活动中可能面对的是不同目标公众群体。要实现有效的传播，就要制定不同目标层次的传播策略。

【案例】

广州工业设计大奖赛传播案例

这项活动的目标是推动工业设计在广州的普及和应用，促使广州工业水平更上一层楼。目标公众是：政府的工业政策主管部门、专业人士、工业设计师、业余爱好者以及普通市民大众。

该案例中因为目标公众有不同的层次，所以要制定不同目标层次的传播策略：对政府工业政策主管部门，分别通过发文件，召开专家与政府部门领导人的座谈会，请著名工业设计专家学者举办培训讲座等，通过这些活动影响这一层次公众的态度，使得他们能够积极支持广州工业设计的发展；对专业人士、工业设计师及业余爱好者，则通过举办系列讲座培训、工业设计专题书市、“广州工业设计大奖赛”等活动，激励其积极参加工业设计活动；对普通市民大众，则通过公开大型的工业设计咨询活动、新闻报道、工业设计设计成果展览等，让市民大众了解通过这一活动传播的信息，营造工业设计的社会基础。

（2）不同传播期的传播策略

不同目标层次的传播策略，还可以应用在不同的传播时期。例如，某商业银行信用卡上市的公共关系传播计划：第一阶段目标是让公众知道该行信用卡上市的信息，因而就设计了一系列的宣传活动，旨在让公众知道；第二阶段通过一系列的宣传广告推动公众开办信用卡活动，宣传该卡优良的特点，以影响公众对使用信用卡的态度；第三阶段通过一系列有奖促销活动，使公众由潜在客户转变为行动客户。

成功的传播策略应该是持续的传播规划，单一的信息传播很难影响目标公众的态度或行为。所以在制订传播策略的时候，要考虑到有些信息可能是告知的功能，而有些信息则可能是激励的功能。

（3）突出重点的传播策略

在系列的公共关系活动中，一般都由不同的活动组成，在许多场合，需要自始至终重点突出传播一个重要的信息。例如，2008 年北京奥运会的公共关系活动，始终突出“北京奥运”的重要信息，2008 年北京奥运会的标志是以“京”字为主要元素，口号是“新北京、新奥运”，各类活动始终围绕“北京奥运”这一核心信息。同样，可口可乐传播策略则始终突出“动感、活力”的核心信息。当然，突出重点的传播策略，在不同时期可能采取不同形式的传播方式。

2. 传播信息策略

（1）立足传播公共信息

制定传播信息策略，首先要立足于传播公共信息的策略，即信息既要符合公共利益，又要是公众所关注的信息。现今，“包装”信息不能简单理解为是将信息进行视觉或听觉设计，更不能理解为可以任意修饰的信息。其重点是使信息更公共化，并且更能满足目标公众的需求。要做到这一点，公共关系活动的策划人员一定要了解社会及目标公众的需求。

一般公众态度形成的过程受三类因素的影响：一是受大众传播媒介的报道影响；二是受根据生活经验所形成的主观态度影响；三是受名人或意见领袖意见影响。这一理论对信息传播策略有重要的指导意义，可以运用这一理论“包装”信息，但无论是大众传播媒介的报道、名人或意见领袖，还是个人的总结都要符合公共信息的立场。

（2）发掘信息，找出重点并进行定位

信息策略第二个重点是发掘信息，找出重点和进行定位。公关人员要对许多信息分类整理，发掘有意义的信息，找出重点的信息并进行定位。信息的定位在新闻稿上就体现为主题，主题的设立不能有太强的自我宣传意味，这往往是公关人员乃至组织机构的领导人容易犯的错误。应该清楚认识到，有效的传播绝对不等同于自卖自夸。

（3）准备新闻包

新闻包是专为媒体记者准备的，是提供给记者及媒体的传播信息集合体，是信息策略主要的组成部分。顾名思义，新闻包应该包括如下各式各样的宣传素材。

1）个案事件的事实资料，包括传播重点的信息及组织机构的名称、地址资料等。

2）组织机构主要领导人简介资料。

3）背景资料，如单位画册，事件的背景资料等。

4）参考资料。

5）同个案相关的新闻照片，尤其是那些不方便他人拍照的设备和场所的照片。

6）小礼品或样品。

3. 媒体策略

对于任何一项公共关系活动，只要媒体策略运用得当，就能有效提高活动的影响力。所以，媒体策略是公关活动策划重要的组成部分。要制定媒体策略，公关人员首先要了解不同媒体的特点、定位、发行量和读者群，并建立媒体信息资料库，只有拥有大量媒体信息资料的情况，才具备制造媒体组合传播策略的基本条件。

（1）人物专访或专题报道

专访或专题报道，是重要的媒体策略。在公共关系活动宣传计划中，精心设计和安排媒体专访或专题报道的步骤，运用专访或专题报道方式，创造媒体对公共关系活动进行深度报道的机会。要达到这一目的，公关人员要以活动目标为依据，找出与目标公众密切相关的议题或关注点，并通过与媒体记者、编辑的沟通，共同规划人物专访或专题的报道。在写作文体上，人物专访或专题报告类似报告文学，但绝对不能违反新闻的真实性原则，好的专题报道，加上新闻图片的衬托，能起到事半功倍的宣传效果。

（2）媒体组合策略

由于科技的发展，大众传播媒介的发展也日新月异。现在，公关人员面对的大众传播媒介有报纸、杂志、电视、广播电台、互联网以及写字楼电梯口的有线电视网络等，虽然这些媒体的形态各不相同，但却有共同的本质，即可以传递信息。这正是公关人员所需的传播渠道，公共关系活动要扩大影响力，就需要有效运用这些传播渠道。在一项活动宣传计划中，为了达到有效传播的目的，根据不同目标公众的需要来拟定在不同媒体组合的宣传计划，这就是媒体组合策略。

（3）制定媒体策略的方法

公关人员在公共关系活动制定整体的媒体策略时，要注意把握不同媒体面对不同目标公众时不同的报道特点。在制定媒体策略时，要把握下面三个方法。

1）根据传播对象的特点和需求选择适当的媒体。需要考虑的主要因素是公众的年龄、性别、职业、受教育程度、工作和生活习惯等。如果传播对象主要是儿童或文化水平不高的人群，那么可以考虑以电视为主；如果传播对象是90后、00后，以选择新媒体为佳；如果传播对象是受教育程度很高的群体，以选择报纸、杂志等印刷媒体为佳；如果传播对象工作无规律性或流动性较强，则应首选广播。

2）根据所要传播的信息内容选择适当的媒体。需要考虑的问题是：信息所包含的知识或技术内容数量和简繁程度；结论性的信息报道，涉及事件进展过程的信息中所包含的观点是普遍公认的，还是需要公众思考、讨论或争论的内容。如果信息比较简单，仅仅是报道某事件的结局或某个问题的结论，采用广播、电视比较好；如果信息比较复杂，需要交代很多细节，或者涉及需要深入思考的问题，采用印刷媒体比较合适；容易引起讨论和争论的信息用电视和印刷媒体结合的方式效果最好；如果涉及某一事件的进展过程，采用电视最为适当。有传播学者认为，一般情况下，人们获取信息的习惯是从广播电视中获得信息梗概，再从报纸杂志中获得更多的细节和深入的解释。公关人员可以根据这一公众习惯，确定以哪种媒体为主、哪种为辅，使不同媒体互相配合、协同宣传。

3）根据费用情况选择媒体。公关人员在选择媒体时，必须对各种媒体的费用情况进行一番比较分析，从本单位的经济条件出发，量体裁衣，选择合适的媒体。例如，就广告而言，在我国，报纸的广告费用比其他媒体都低；其次是广播，中央人民广播电台每分钟的广告，其价格是中央电视台第一套节目同一时间广告费用的十分之一；电视广告费最高。公共关系人员应当根据宣传计划的要求，根据预算的规模，综合考虑媒体的选择问题。

制定有效的媒体策略，不能靠“临时抱佛脚”，平时就应积极保持与大众传播媒介的良好沟通，争取媒体资源的支持。建立良好的媒介关系，包括熟悉和了解各种媒体记者的资料，建立经常性的与记者沟通的渠道，只有这样，才能实施有效的媒体策略。

2.4 策略管理

单位公共关系活动的策略管理涵盖范围较广，通常包括人力资源管理、模拟演练和风险管理。

1. 公关活动的人力资源管理

（1）公关活动的人力资源管理特点

公共关系活动的管理一般不是由一个固定的组织机构来管理，而是根据活动的需要临时组织起的管理团队，有时还有志愿者参加工作，所以管理有其独特性。

1）人力资源策略围绕公共关系活动目标和任务展开，而目标和任务明确并集中，同时又以本次公共关系活动为依据。

2）项目经理的使用十分重要。项目经理是完成任务的重要责任人，是具备活动管理经验的人士。

3）工作人员的选配要重视基本功和经验。作为一项活动的工作人员，不可能有培训的时间，所以必须要有一定的基本功和经验。

4）质量检查的工作必须要强化，应该比一般单位的内部管理更强。

（2）公关活动的工作描述要求

公共关系活动管理工作描述，同一般人力资源管理要求一样，应该是在工作分析的基础上进行的，包括按照一定的逻辑标准划分工作岗位，且每个岗位需要何种素质的人员都应有具体的计划，管理的组织机构要求尽可能扁平化，以提高工作效率。

1）工作描述。工作描述应包括下列信息。

- 工作名称（要简单易记）。
- 任务陈述（要简明扼要，条理清晰、具体）。

• 责任与权利（工作中的责任和享有的权益）。

• 职效标准（评估的标准）。

2）人员组成。公共关系活动的管理人员组成，根据不同形式、不同内容，可能有很大的不同，因此组织机构设置方面也不必千篇一律，但人员结构基本组成大体如下。

• 项目经理。负责整个活动项目的管理。

• 项目管理人员。可以划分为若干个管理团队，负责某一方面的工作，如议程管理、场地布置、保安工作等。

• 专业技术人员。例如，电脑设备维护和管理人员，舞美、灯光音响等专业性较强的技术人员。

• 工程人员。如舞台安装工人等。

• 保安人员。包括安全保卫、保健、防火等工作人员。

• 清洁人员。大型活动一般人员较多，现场的保洁工作十分重要。

3）公关活动方案的培训。在公共关系活动的执行管理中，执行人员是最重要的管理因素。一般而言，公共关系活动的执行人员大多是临时组合的新团队，理解活动的整体构想也是对全体执行人员必不可少的培训环节，通常把这一工作称作方案培训。

①方案培训的意义在于共享信息，即让公共关系活动的执行人员理解和掌握公共关系活动的目标、主题和总体的策略以及各个部分的执行计划。所谓知情出力，首先要知情，然后才能出力。

②明确责权。方案培训也是一个工作分工安排的过程。一项公共关系活动就是一项管理的系统工程。分工、协调、整合，有赖于一个严密的工作体系。培训的目的就是建立这样的一个工作体系。

③方案培训是对实施操作的研讨过程。工作任务摆在桌面，执行人员会对实施操作过程作再三分析和酝酿，这是实施工作研讨会，有利于进一步完善和巩固公共关系活动方案。培训所以成为实施工作的第一步，是因为培训是全面实施的动员会，培训又是优质高效工作的前提。

方案培训的方式是多种多样的，具体有如下 3 种形式。

①课程式培训。可以由策划者或是策划方案实施领导人将策划方案变成一个培训课程，有计划、有步骤地把策划方案的目的、主要内容、实施方法和技巧、工作分工、工作协调等，逐一向操作人员讲授清楚，然后再听取与会者的意见，直到与会者弄清楚为止。

②导演式的培训。即指挥者像导演拍电影一样，分别安排置景道具和工作人员的工作，再像给演员说戏一样分别给各个岗位的工作人员讲述工作任务、要求，使参与者明确自己在其中扮演的角色，并做好工作。

③以会代训。以会议方式下达工作指令、布置工作任务的同时，讲清目的、方式和方法，使与会者掌握自己的工作，明确责权、分头实施。

2. 公共关系活动的模拟演练

模拟演练是公共关系活动的“彩排”，是公共关系活动在正式展开前，按实际要求进行的排演。当然，公共关系活动不能像文艺演出的彩排那样，把观众和嘉宾都请来彩排。大型的公共关系活动，如大型典礼、大型集会、演出等，必须要进行模拟演练。提前演练可以准确地把握活动的实际进程时间，发现隐患并可以把问题解决在公共关系活动之前。例如，一项颁奖程序的中间环节较多，通过演练可以让现场工作人员清晰地看到管理的要点，颁奖嘉宾和领奖人的行走路线以及颁奖方式，从而确保现场议程顺利。

一些特别重要的大型活动，像大型运动会的开幕式这类举世瞩目的庞大工程，一定要多次安排演练。一般性的公共关系活动是很难有机会安排现场正式演练的，但是公共关系活动的公众性强，组织工作复杂，且通常“机会只有一次”，没有演练就无法保证万无一失。在这种情况下，变通方法，既能达到演练的目的，又能减少演练的巨额开支或解决不能实地演练的问题。这种变通方法分为局部演练和模拟演练，其具体内容如下。

（1）局部演练

局部演练是针对只有少数人参与的关键环节进行的演练。因为是少数人参与，所以可行；又因为是关键的环节，所以大家都会重视。局部演练是抓重点环节的策略。例如，一个单位的大型新闻发布会，单位领导人要发布信息或答记者问，这时单位领导人就是这项活动的关键环节，除了在文件资料上做足准备之外，发言人也应该做必要的演练，其发言内容、言辞方式、形象设计、动作设计都应做一次排演，以确保正式出演时保持最佳状态，无损形象。又如活动中的仪仗队伍，它既是活动过程公众瞩目的焦点之一，又是相对独立的表演项目，所以，不但要抓演练，而且应该争取在现场演练。总之，局部演练是抓关键环节的管理。

（2）模拟演练

大场面活动，耗费大量人力、物力。有的环节，如领导人检阅，不可能把领导人请来排演一番，那只能采用模拟演练的方式了。模拟演练也可以采用如下的两种形式。

1）代人模拟法。例如选择一个模特代表出席的领导人，演练检阅或接受献花等议程。

2）程序模拟法。这是让现场工作人员演练的一种方法。参加演练的工作人员应该是现场控制整个程序的工作人员，模拟可以在实地，也可以在会议室内进行，由活动总指挥组织实施。模拟演练时，要完全模拟活动程序，一个一个程序进行，工作人员用描述式的语言介绍当时正在进行的程序，使各个项目的工作人员能熟悉现场操作，协调现场操作的关系。这种方式类似在脑海中“放电影”的做法，只不过这时不仅是策划者“放电影”，而且是由导演指挥大家一齐在脑海中“放电影”，让程序在单位工作人员的脑海内预演若干遍。经过这样的排演，现场工作人员可以熟悉整个程序并知晓其中需担负的任务。

3. 公关活动的风险管理

从公共关系活动的性质及特点可以看出，公共关系活动具有一定的风险。事实上，人们经常可以在报上看到因管理不善而导致活动发生事故，甚至发生人身安全事故，因而绝对不能忽略风险管理。风险是影响公共关系活动既定目标实现的因素或可能性。风险管理就是对这些因素或可能性进行监察和控制，以保障公共关系活动的顺利进行。

（1）影响公关活动的基本风险

1）社会环境变化产生的风险。例如，因为现在社会关注的议题与原活动策划的主题已不相适应，可能导致政府干预而使活动夭折。

2）目标公众的关注热点转移。活动调研、策划时期与活动实施时期，目标公众关注的热点已经发生了大的变化。因而存在活动与公众需求不相适应的风险。

3）公共关系活动中原定项目发生较大的变化。例如，主题演讲的嘉宾突然有事不能出席，而他又对主题有重要影响。

4）筹备过程遇到沟通障碍。因为沟通障碍，迫使许多既定的构想不能实现。

5）安全原因。例如，供应商的制作质量等，可能会给活动带来风险。

6）经费不足。活动费用来源的变化或开支的增大，导致经费不足的风险。

7）由于场地条件的不适合或变化而产生的风险。以上只是扼要列出的公共关系活动可能出现的风险，实际上，可能出现的风险还有更多，因此公共关系活动管理必须建立项风险预警的管理体系。

（2）风险的分析与评估

风险的分析与评估，是建立风险预警体系最积极的手段，一项完整的风险管理分析与评估的过程，一般包括以下四个环节的工作。

1）检查可能发生风险的地方。在公共关系活动策划文案初稿形成的时候，就应该开始这一项工作，通过收集资料和运用风险分析的方式，检索发生风险的可能性。

2）评估可能发生的风险的影响及其严重性。

3）实施风险管理。风险管理包括制定对风险监察管理的措施和实施排除风险影响的措施。

4）拟定风险管理计划。对风险的分析与评估，可以通过研讨会的方式集体分析评估，也可以邀请专家或专业主管部门进行评估。例如，对公共关系活动防火安全的评估，可以邀请消防专家进行评估并吸纳专业意见，这对风险管理更为有效。

（3）风险管理

风险管理的目的是使损失最小、机会最大，因而它是一个积极主动的工作过程。公共关系人员应该树立对风险管理重要性的认识，主动承担风险管理工作环节。

在公共关系活动中，风险管理主要做以下两方面的工作。

1）以变应变。事物总是变化的，所以，社会环境的变化，目标公众关注热点的变化，活动内容、场地、经费的变化都是客观存在的，一旦出现这样的变化，公共关系活动策划人员应该立即采取应变措施，重新规划活动计划，以变应变。

2）制订公共关系活动的应急程序计划。一个完善的计划，一定要有应急的程序计划，有的已经成为方案中不可缺少的一部分。一般来说，应急的程序计划有下列 5 项。

①保安措施。保安措施包括在活动期间的人员，特别是首长、嘉宾的保卫工作，包括与会人员的行为秩序，人员和车辆的导流路线等。设备安全如舞台等行人坐立行走设施、高空架设物、用电设备、机械设备，或者像氢气球一类易燃易爆物品的安全使用的措施。每一项都不能掉以轻心，要有一个周详、安全的使用计划。

②保健措施。如果参加活动的人员多，每个人的身体条件情况复杂，尤其是有老人或小孩参加的活动，保健措施就要考虑周全。在户外活动中，还有不少人因为晒太阳容易晕倒，所以户外活动必须配备医护人员及急救的设施。

③意外人员疏散计划。为了预防意外事故的发生，要充分预测可能的意外，并制定出相应的应急措施。大型的活动，一定要制订一套或几套意外人员疏导计划，以防万一。

④防火措施。尤其是有易燃易爆物品时，必须要事先备好防火设施。

⑤户外雨天工作程序。若是户外活动，预防下雨便成了必然的议题。之前，可以通过气象台预测天气，采取相应的措施，但即使是有气象报告也不能掉以轻心，尤其是在天气不太稳定的情况下，必须准备好雨天工作程序。

第3单元　应急与突发管理

3.1　突发事件的类型与特征

突发事件是指一个单位内外环境中突然发生的不良事件或恶性事件，是对突然发生的危及公共安全、社会秩序和人民生产生活的各种紧急情况的总称。突发事件不仅给单位生产和公共利益造成巨大损失，对生存环境产生破坏，同时也威胁生命财产安全，往往需要行政工作人员快速而正确地处理或协助处理。

1. 突发事件的常见类型

（1）根据突发事件引发因素的属性，可以分为自然性突发事件和人为性突发事件。前者是指由于自然原因，如洪水、地震等自然灾害引发的突发事件；后者是指由于人为原因，如产品质量不好等引发的突发事件。

（2）根据突发事件引发因素的范围，可以分为内因性突发事件和外因性突发事件。如竞争者的不正当竞争或其他原因引发的突发事件。

（3）根据突发事件的危害程度，可以分为一般突发事件和严重突发事件。前者是对单位、公众或外部环境只造成局部危害或某方面危害的突发事件；后者是指对单位、公众或对外部环境造成全面危害的突发事件。

（4）根据突发事件的涉及范围，可以分为内部突发事件和外部突发事件。前者是指直接涉及单位与内部公众之间关系的突发事件，如内部各部门的摩擦与对立等；后者是指涉及单位与外部公众或社会环境之间关系的突发事件，如单位与消费者之间的纠纷等。

2. 突发事件的主要特征

（1）突发性和紧急性

这是突发事件在其显现或发生时表现出来的重要特征。突发事件往往是在意想不到、没有准备的情况下突然爆发的。但根本上突发性只是一种表象和结果，它的爆发往往有一个从量变到质变的过程，造成公共危机的因素有一个逐渐积累的发展变化过程。

（2）不确定性和易变性

由于突发事件起因不清楚，既可能是某一原因引起的，也可能是多种原因引起的，所以其发展、变化的方向是多变的，具有高度的不确定性和易变性。

（3）社会性和扩散性

这是突发事件在其发展过程中表现出来的重要特征，即突发事件所形成的危机会由某个局部逐步扩展开来，甚至扩展为全局性的危机，如果不能尽快采取有效措施防止其蔓延，将会给单位信誉和形象带来重创。由于突发事件的发生和发展具有动态易变的特点，因而其影响和危害也具有不断扩散的特点。

（4）危害性和破坏性

这是突发事件的本质特征。这种危害和破坏既有有形的，也有无形的；既有短期的，也有长期的。有形的危害和破坏包括物质财富受损，人的生命财产受到损害；无形的危害和破坏是指突发事件造成人们物质、精神的痛苦和伤害，造成事件发生单位或地区形象的破坏，社会基本价值观受到威胁和挑战等。

3.2 突发事件的预防与处置

1. 预防和处置突发事件

预防和处置突发事件，一般要把握以下3个方面。

（1）做好预案和演练

一是以书面形式制定应对各种突发事件的应急方案，要有详尽可操作的处理程序指导，使突发事件的处理有据可依。二是根据制定的应急预案对所有工作人员进行培训，使之熟悉各种情况下的应急处理，并通过多种形式加强有关的宣传和提示。三是定期进行应对突发事件的模拟演练，如消防演习、紧急状态疏散演习，一方面检验应急预案是否科学可行，一方面训练实践应对能力。落实相关保障，如明确各级管理人员在紧急情况下的任务和职责，配备好相关的设备和资源，定期进行检查等。

（2）把握处理突发事件的原则

发生突发事件后，处理稍有不当就会加深矛盾，不利于事件的解决。因此，单位相关行政事务人员在处理突发事件时应严格遵守以下原则（见图5-1）。

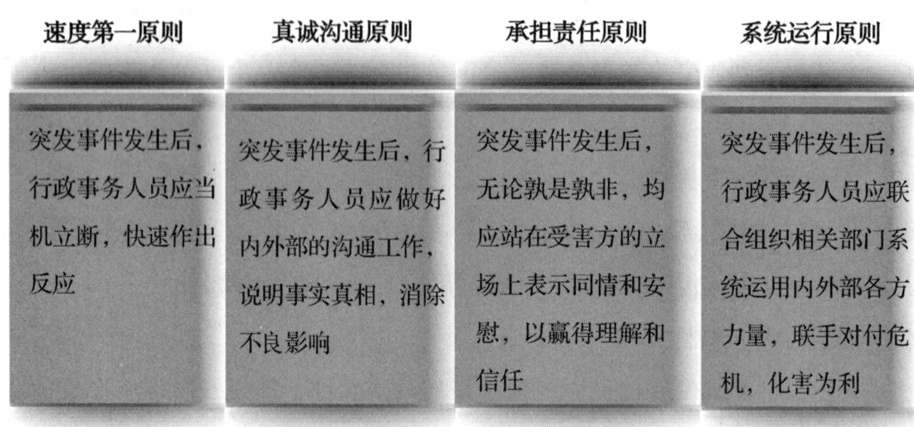

图 5-1　单位处理突发事件的四个原则

（3）处理突发事件的方法

1）及时报告。一旦发生突发事件，要立即了解案情，及时向领导或相关部门报告，获得指示。

2）统一指挥。酌情成立临时指挥中心，明确责任，统一指挥，分工负责，忙而不乱。

3）处置现场。一旦发生突发事件，要立即对现场进行处置，如组织人员撤离危险地带，保护事故现场等。

4）展开调查。对突发事件展开深入全面的调查，查明原因，查准真相，妥善解决。

5）说明真相。酌情设立新闻发言人，统一口径，向社会和公众坦诚说明情况，赢得理解。

2. 提高突发事件应急管理能力

应对突发事件能力，是对突发事件中需要具备的各种能力和技能的综合要求，主要包括危机预警识别能力、科学决策能力、资源协调配置能力、信息沟通和危机公关能力以及良好的心理素质能力等方面。

（1）危机预警和识别能力

任何危机事件都有预兆，如何及时准确地捕捉到这些信息并及早采取修正措施，力争使其不会演变成危机和灾难，是公共危机管理的关键环节。单位行政事务人员能否在危机尚未全面爆发时预先识别出潜在危机，及时报告给领导并协助采取相关措施，将潜在危机“化解”于萌芽状态，是危机管理的最高境界。突发事件在其潜伏酝酿、发生、发展的过程中总会表现出诸多迹象，单位行政事务人员要善于捕捉这些信息，善于发现倾向性、苗头性、全局性的因素，锻炼见微知著的能力，增强苗头识别能力，真正做到未雨绸缪，及时预防。

（2）科学判断与协助决策能力

应对突发事件的决策是一种风险决策，决策的结果具有不可预知性，这就增加了决策的风险和难度。要增强领导决策的科学性，单位行政事务人员必须坚持把损失降低到最低限度的原则，在科学判断和协助领导决策的过程中，一是尽可能及时全面掌握相关信息，摸清事件的全貌和各种原因，描述危机的主要现状，在有针对性的措施尚未出台之前要先建立“防火墙”，必要时对有关人员和危机源本身进行隔离；二是善于集思广益、博采众长，听取和综合不同意见，从不同的角度分析问题，判断其发生发展的可能性和结果；三是尽可能地把突发事件的危害想得更严重一些，把预案的不足想得更多一些，把应对措施想得更周全一些。

（3）快速反应能力

由于突发事件具有紧急性、不确定性和连锁性，其发展变化不以人的意志为转移。也就是说，事件发生后稍有不慎或懈怠，甚至侥幸，危机的发展就会失控，从而导致难以挽回的局面。所以培养快速应变能力是单位行政事务人员应对突发事件的一项重要能力建设内容。面对突发事件，第一要务就是控制事态，防止其进一步扩大和升级。单位行政事务人员要做到处变不惊、审时度势、随机应变、雷厉风行、速战速决，协助领导把握应对突发事件的主动权，将突发事件及其产生的危害控制在最小范围内。

（4）资源协调配置能力

面对瞬息万变的公共危机事件，单位行政事务人员要具备在有限的时间内迅速动员机关和社会力量投入现场处置的能力。配合领导协调各部门之间密切合作，及时动员各种社会团体、工会、社区组织、群众组织、村民自治组织、企业事业单位等力量进行危机救援和危机恢复，科学地协调、组织和配置人力、物力、财力，在最短的时间内达到社会资源的最优整合，快速、高效地实现公共危机管理目标。

（5）社会动员能力

社会动员也是部门、单位与社会公众在危机中加强情感联络的过程，通过社会动员，可以有效安抚公众，获得理解和支持，将危机带来的秩序混乱降到最低限度，也可以为危机处理创造一个相对平稳的环境。当前，随着危机出现的频度加快、复杂化程度增强，单位行政事务人员必须转变思想观念，打破关门搞应急、各扫门前雪的心态，坚定地走群众路线，与全社会一道筑牢抵御危机和风险的牢固防线。

（6）信息沟通和公关能力

单位行政事务人员必须具备优异的信息沟通和危机公关能力，能够协助领导主动与新闻媒体、上下级领导和人民群众进行信息沟通，安抚社会公众情绪，创造平和安宁的环境。平时工作中，要有效掌握相关信息，及时捕捉带有倾向性、潜在性的问题，制订预案，力争把问题解决在萌芽状态。

（7）综合心理素质能力

由于特殊的角色和地位，在应急管理中，单位行政事务人员承受的心理压力非常大。领导者科学决策的水平、危机管理能力的发挥在很大程度上受到单位行政事务人员参谋作用的影响，受到其心理素质的影响。在这种情况下，特别需要相关人员具备冷静、果断和审慎的心理素质。强化个体心理素质的训练，增强心理稳定性、心理适应能力和承受能力，形成勇敢、坚定、顽强、冷静等良好的心理素质。这样才能在各种危机和突发事件面前，做到心理上沉着冷静，行动上干脆利索，临危不惧，积极主动，献计献策，从容应对。

3.3 突发事件的汇报与记录

1. 突发事件的情况说明

突发事件应对工作实行预防为主、预防与应急相结合的原则。当单位发生突发事件时，相关行政事务人员应当对此事件向上级领导说明，并提出有效的解决对策，以减少此事件对本单位的负面影响。

向上级领导说明发生的突发事件时，至少应清晰汇报如下 4 方面的内容。

（1）突发事件发生的时间、地点、人物

在发生突发事件时，相关行政事务人员需要第一时间弄清楚事件发生的时间、地点，以及涉及的相关人物，这样能够迅速了解事情的基本情况，方便及时向上级汇报。

（2）突发事件的危害等级

突发事件的危害程度不一样，有的程度一般，有的程度严重，单位需要了解事件的危害等级才能有效地预防危害。

（3）突发事件造成的影响

突发事件一般会对单位或者个人造成不良的影响，单位需要了解它的危害程度，以避免日后造成更大的损失。

(4) 突发事件的应急处理预案

事件发生之后，单位及相关领导最关注的即是如何解决这类问题，那么应急处理预案必不可少。良好的应急处理预案机制有助于单位安全渡过难关。

2. 突发事件的记录及处理报告

行政事务人员应配合相关部门人员对突发事件进行准确的记录，跟进事件处理，编制突发事件汇报书。表5-2为突发事件汇报书的模板，供读者参考。

表5-2　　突发事件汇报书

文书名称	突发事件汇报书	执行部门	
		监督部门	

一、报告时间：____年____月____日
二、报告人姓名：
三、报告人电话：
四、事件发生时间：____年____月____日
五、事件发生地点：
六、事件类型
事件类型：□事故灾难□公共卫生□自然灾害□社会安全

社会人员突然冲击单位事件		防恐（破坏）事件	
员工急性中毒事件		涉外突发（涉外防恐）事件	
员工打架斗殴事件		公共文化场所和文化活动突发事件	
突发自然灾害事件		破坏性地震事件	
突发环境事件		突发公共卫生、公共医疗卫生事件	
火灾爆炸事件		群体性事件	
防汛事件		网络信息安全事件	
物品被盗丢失事件			

七、事件发生经过

八、事件发生的原因分析
主要原因：
间接原因：

续表

<table>
<tr><td colspan="5">九、事件产生的结果及可能的影响

十、事件已采取的处理措施

十一、事件职责分析
1.
2.
十二、单位应急人员</td></tr>
<tr><td rowspan="4">单位应急人员</td><td>应急职务</td><td>姓名</td><td>联系电话</td><td>移动电话</td></tr>
<tr><td>总指挥</td><td></td><td></td><td></td></tr>
<tr><td>信息联络</td><td></td><td></td><td></td></tr>
<tr><td>现场指挥</td><td></td><td></td><td></td></tr>
<tr><td colspan="5">十三、信息报送情况
□本单位领导□本单位有关部门□上级部门□政府部门</td></tr>
</table>

思考与练习

一、术语解释

1. 新媒体

2. 访谈调查法

二、选择题

1. 为澄清事实而举行的新闻发布会，也可以展示（　　），作为澄清事实的物证。

A. 图片资料　　B. 文字资料　　C. 数据资料　　D. 实物资料

2.（　　）又称记者招待会，是相关单位为发布重大新闻或阐述重要方针政策而专门约请新闻记者参加的会议。

A. 专题会议　　B. 研讨会　　C. 座谈会　　D. 新闻发布会

3.（　　）是新闻发布的凭据。

A. 新闻发布资料　　B. 工作计划　　C. 业务资料　　D. 会议资料

4.（　　）指那些能系统地概括单位的运营状态，准确地反映单位整体面貌的材料。

A. 系统性资料　　B. 专业性资料　　C. 综合性资料　　D. 说明性材料

5. （　　）就是指那些与本单位所在的行业相关的专业技术材料。

A. 系统性资料　　B. 专业性资料　　C. 辅助性资料　　D. 说明性材料

6. 新闻发布会这一方式具有（　　）特点。

A. 条理清晰　　B. 主题突出　　C. 节奏明快　　D. 符合规范

7. 新闻发布会程序包括（　　）及提示会后安排等步骤。

A. 宣布开始　　B. 发布新闻　　C. 答记者问　　D. 宣布结束

8. 新闻发布会的仪表要求包括（　　）。

A. 正规的发式　　B. 正规的服饰　　C. 休闲的服饰　　D. 休闲的打扮

9. 突发事件具有（　　）特征。

A. 突发性和紧急性　　B. 不确定性和易变性

C. 社会性和扩散性　　D. 危害性和破坏性

10. 向上级领导说明发生的突发事件时，至少应清晰汇报（　　）的内容。

A. 突发事件发生的时间、地点、人物　　B. 突发事件的危害等级

C. 突发事件造成的影响　　D. 突发事件的应急处理预案

三、简答题

1. 请列举 4 种使用频率较高的新媒体平台。

2. 处理突发事件需遵循哪些原则?

四、案例分析题

情景：由于经营得当，某餐馆的生意很火爆，一位女顾客用所携带物品占座位后去排队购买套餐，回来时发现该座位已被一位男顾客占据，于是引发口角纠纷，而当时餐厅的员工未能对这一纠纷进行有效的处理，进而导致双方大打出手。事后，这名女顾客向媒体投诉了这一餐厅。

假如你是单位负责公关工作的员工，如何从此事件中汲取教训?

参考答案

一、术语解释

1. 新媒体

新媒体是指以数字技术为基础，通过互联网、宽带局域网、无线通信网、卫星等渠道，以及手机、电脑、数字电视机等各种终端，向用户提供信息传播的媒体形态。

2. 访谈调查法

访谈调查法是调查者依据调查提纲，通过与被调查者直接交谈来收集语言资料的方法，是一种口头交流式的调查方法。

二、选择题

1. D　2. D　3. A　4. C　5. B

6. ACD　7. ABCD　8. AB　9. ABCD　10. ABCD

三、简答题（略）

四、案例分析题（略）

第6模块

文件与公文管理

第 1 单元　文件管理

1.1　文件概述

文件主要包括纸质文件和电子文件。纸质文件是传递信息、联系事务、商洽问题、记录情况的具有特殊格式的文字材料。电子文件是指在数字设备及环境中生成，以数码形式存储于磁带、磁盘、光盘等载体，依赖计算机等设备阅读、处理，并可以在通信网络上传递的文件。

1.2　纸质文件管理

1. 纸质文件的分类

纸质文件的分类有很多种，从不同的角度和需要出发，可以作出各种不同的分类，具体内容如下（见表 6-1）。

表 6-1　　纸质文件的分类

分类		内容
经营基本文件	章程文件	包括章程的变更、登记、申请及其他章程文件
	高管会议文件	包括相关高管人员就本单位各种事务的会议决策文件
	经营业务文件	包括经营方针书、经营计划书、经营会议记录、经营会议通知书、会议资料、重要合同、诉讼文件、经营业务执行文件和其他经营业务文件
经营组织文件	组织机构文件	包括组织机构表、机构调整文件和其他组织机构文件
	业务分工文件	包括业务分工变更方面的文件、其他业务分工文件
	职务分工及有关权限文件	包括职务分工变更方面的文件、权限变更方面的文件和其他职务分工及有关权限文件
	业务管理文件	包括内部监察文件、业务管理报告文件和其他业务管理文件
	报告文件	包括各种报告书、信用限度报告书和其他报告文件
	会议文件	包括各种会议文件、通告
经营业务文件	包括科研事务运营文件、生产业务运营文件、采购业务运营文件、一般事务运营文件、总务运营文件、人事及劳务文件等	

2. 纸质文件的收发

收文处理是对送达本单位的纸质文件和材料的办理与管理活动。发文处理是根据工作需要形成和发出纸质文件的整个运行过程。纸质文件的收发处理是行政事务人员日常文件处理的重要部分。

（1）文件签收

文件签收是指行政事务人员收到外部文件后在对方文件投递单（或传真接收单）或送文簿上签字或加盖公章，以示收到。行政事务人员在签收文件时应严格执行以下三个手续（见表 6-2）。

表 6-2　　文件签收的手续

序号	手续	操作说明
1	核对	即认真核对所收文件同对方送文薄或发文通知单上的数量是否相符。如不符，应查明原因，确保文件数量相符后再签字
2	检查	即认真检查所收文件上写的收文单位和收文人是否与本单位一致；检查信封是否有破损、开封等情况。错投的应及时退回；有破损和开封情况的，应及时查明原因
3	签字或盖章	即在核对检查无误后，在对方的送文簿上或信封内夹寄的发文通知单上签署收件人姓名或加盖公章，并同时注明收到的日期

（2）文件登记

文件登记是按照文件的特征和办理情况进行记载，对文件收进、运转、处理的过程进行完整的记录。

文件登记工作要求行政事务人员在文件登记簿上记录文件的来源、去向、交接时间、密级、缓急程度、文件编号、内容和处理、运作过程等情况，从而保证文件的收发和办理。

（3）文件拆封

文件拆封又称启封，就是把收到的封闭的文件、信函拆开，取出封内材料的过程。文件拆封的具体要求如下。

1）拆封前核对来件的接收者。

2）不该自己拆的文件不拆。

3）避免损坏封内的文件。

4）取信时要将信封内的材料取干净。

5）如果发现信封内没有材料，应及时与来件单位联系。

6）重要文件的拆封至少要有两人在场。

（4）文件分发

文件分发是根据文件的性质、重要程度、涉密等级、办理时限，以及文件所涉及的职权范围、单位内各部门的责任分工、有关程序规定等，将收文分门别类地分送给有关部门阅知办理的活动。因此，文件分发应按照分发范围发送，要做到准确及时、主次分明、手续齐全。

文件分发时，行政事务人员应注意以下两点。

1）分送给领导阅批的文件，应附带“文件处理单”，以便于领导批阅。

2）不需登记的便函、请柬、介绍信、广告、启事等，可以直接提交有关人员。

3. 纸质文件的保存

（1）保存要求

1）个人不得保存单位文件，凡参加会议带回的文件，应及时交行政部登记保管，离职员工应将文件和记录本清理移交。

2）单位分支机构的文件分为两类：一类是特别重要的文件，由行政部保存；另一类是一般的文件，由各部门保管。

（2）保存年限

1）永久保存的文件包括：章程、重要员工大会及议事记录、重要的制度性规定，重要的契约书、协议书、登记注册文件，重要的诉讼关系文件，重要的政府许可证件，有关单位历史的文件，决算书和其他重要的文件。

2）保存 10 年的文件包括：请求审批提案文件，人事任命文件，奖金工资与津贴的有关文件，财务会计账簿、传票与会计分析报表，以及永久保存以外的重要文件。

3）保存 5 年的文件，指不需要保存 10 年的次重要文件。

4）保存 1 年的文件，指无关紧要或临时性的文件。如果是调查报告则由所在部门主管确定保存年限。

（3）注意事项

1）对于重要的机密文件，一律存放在保险柜或带锁的文件柜中。

2）对于保存期满及没必要继续保存的文件，经上级领导决定，并写清销毁的理由和日期之后，可予以销毁。一律以焚烧的方式销毁机要文件。任何个人不准擅自销毁或出售文件。不需立卷的文件材料应逐件登记，报单位领导批准后销毁。

3）销毁秘密级以上文件前要进行登记，由专人监督，保证不丢失、不遗漏。

4）如果职务或部门划分发生变更或者作出调整，必须在有关登记簿上注明变更与调整的理由，以及变更与调整后的结果。

5）必须做好重要文件的借阅登记工作，并注明归还日期。借阅前必须出示借阅证。

4. 纸质文件的销毁

文件的销毁是指行政事务人员对无保存价值的纸质文件进行焚毁，是行政事务人员处理纸质文件的一种方式。

（1）文件销毁的程序

行政事务人员在销毁文件时，应按照如下程序操作（见图 6-1）。

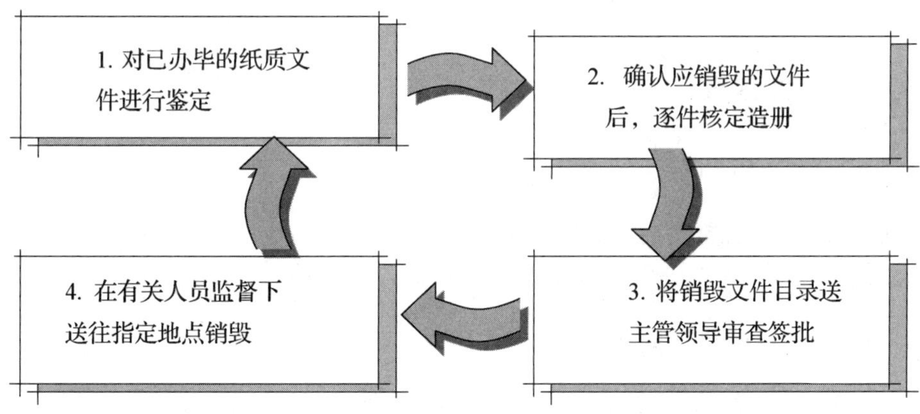

图 6-1 文件销毁的程序

（2）文件销毁的范围

文件销毁主要包括以下范围（见图 6-2）。

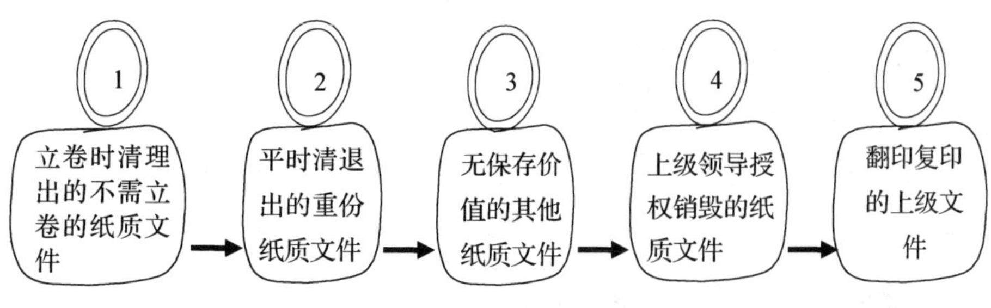

图 6-2 文件销毁的范围

（3）文件销毁的方法

目前常用的文件销毁方法有以下三种（见图6-3）。

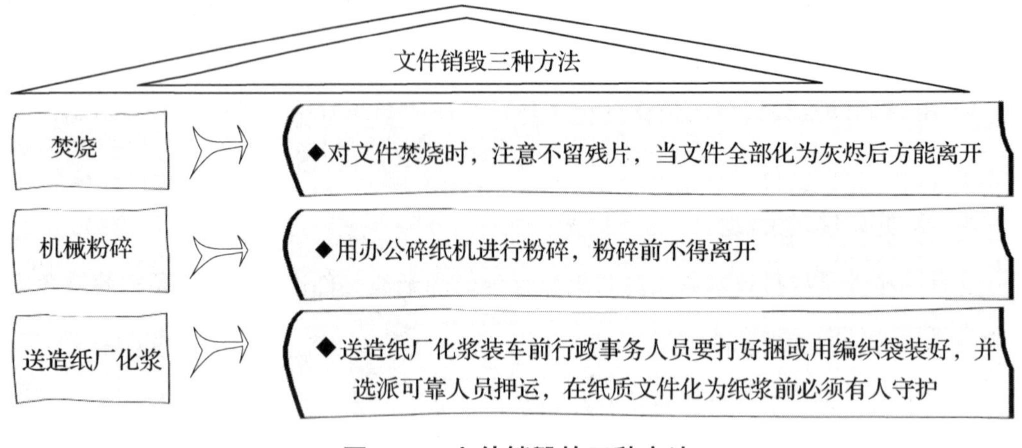

图6-3　文件销毁的三种方法

1.3　电子文件管理

1. 电子文件的种类

根据电子文件的信息存在形式的划分，电子文件可分为文本文件、图像文件、图形文件、影像文件、声音文件、超媒体链接文件、程序文件、数据文件。

2. 电子文件管理的原则

电子文件管理应当遵循信息化条件下电子文件形成和利用的规律，坚持以下基本原则。

（1）统一管理。对电子文件管理工作实行统筹规划、统一管理制度，对具有保存价值的电子文件实行集中管理。

（2）全程管理。对电子文件形成、办理、传输、保存、利用、销毁等实行全过程管理，确保电子文件始终处于受控状态。

（3）规范标准。制定统一标准和规范，对电子文件实行规范化管理。

（4）便于利用。发挥电子文件高效、便捷的优势，对有价值的电子文件提供分层次、分类别的共享应用。

（5）安全保密。采取有效技术手段和管理措施，确保电子文件信息安全。

3. 电子文件的整理

电子文件的整理是指按照一定的方法和原则，将电子文件分门别类进行归类的工作，并保证电子文件的原始性、真实性、完整性和安全性。其具体要求如下。

（1）按载体形式对电子文件做好分类。

（2）以盘为单位，按时间顺序对电子文件排序。

（3）建立一个包括序号、文件名、处理人、类型、日期等在内的归档电子文件，以备查询。

（4）定期对电子文件的保管情况、可读取状况等进行测试、检查，发现问题及时处理。

（5）实行备份制度。

第2单元　公文管理

2.1　公文概述

公文泛指各级各类机关、社会团体、企事业单位制订、使用的公务文书。常用的公文包括：通知、通报、规定、请示、报告、批复、函、会议纪要、讲话稿、简报、计划、总结等。

公文的格式一般包括：标题、主送单位（部门）、正文、附件、单位印章、发文时间、抄送（抄报）单位（部门）、公文字号、主题词等。

1. 公文的标题应当准确、简要地概括公文的主要内容，并标明发文单位和公文种类。除批转法规性文件外，公文标题一般不加书名号和其他标点符号。

2. 向上级请示的公文，一般只写一个主送单位（部门）；如果需要上报另一个上级单位（部门）时，可以用抄报的形式。

3. 发文时间，以领导签发日期为准；联合行文，以最后单位签发的日期为准。

4. 公文字号一般包括单位代号、年号、顺序号。几个单位联名发文，只标明主办单位（部门）的公文编号。

5. 公文如有附件，应当在正文之后、单位名称之前，注明附件的名称和件数。

6. 收、发文单（部门）位应写单位（部门）全称或规范化简称。联合发文，应将主办单位（部门）排列在前。

7. 文字一律从左至右横写横排。

8. 公文纸一般用16开，在左侧装订。“通告”等用纸大小根据实际需要确定行文关系。

2.2 法定公文

法定公文是党政机关实施领导、履行职能、处理公务的具有特定效力和规范体式的文书，是传达、贯彻党和国家方针政策，公布法规和规章，指导、布置和商洽工作，请示和答复问题，报告、通报和交流情况等的重要工具。

1. 法定公文的种类

法定公文共有15种，具体包括决议、决定、命令（令）、公报、公告、通告、意见、通知、通报、报告、请示、批复、议案、函、纪要。这里主要介绍6种常见的法定公文（见表6-3）。

表6-3　　常见的6种法定公文

文种	具体说明	分类
通告	适用于在一定范围内公布应当遵守或者周知的事项	（1）知照性通告。一般没有执行要求，仅供人们知晓 （2）法规性通告。公布国家有关政策、法规或要求遵守的约束事项，告知对象必须严格遵照执行
通知	适用于发布、传达要求下级机关执行和有关单位周知或者执行的事项，批转、转发公文	（1）发布性通知。用于发布条例、规定、办法、实施细则 （2）批转或准发性通知。批转下级公文，转发上级公文 （3）指示性通知。上级机关对下级机关某一项工作做出指示或安排，而根据公文内容不必用命令或指示时，采用通知形式 （4）知照性通知。用于告知有关方面周知的事项 （5）会议通知。要求有关单位或个人参加会议的通知 （6）任免通知。任免或聘用国家机关工作人员时使用
报告	适用于向上级机关汇报工作、反映情况，回复上级机关的询问	（1）工作报告。定期向上级领导机关汇报本单位的全面工作情况而写的报告，分为综合性报告和专题报告 （2）情况报告。向上级机关反映工作中的重大情况、特殊情况和新动态而写的报告 （3）建议报告。对自己职权范围内的某方面工作有了切实可行的设想之后，将其归纳成意见、办法、方案上报上级，并希望上级机关采纳 （4）答复报告。答复上级机关询问而写的报告，针对性强 （5）递送报告。向上级机关递送文件、物件时所使用的报告

续表

文种	具体说明	分类
请示	适用于向上级机关请求指示、批准	（1）批准性请示。内容比较简单、具体，往往是一些较为细小的实际事项的请求 （2）呈转性请示。请示事项较为重大复杂，具有一定的普遍意义，不但需要上级批准，还需要上级转发
批复	适用于答复下级机关请示事项	（1）按批复的内容分为肯定性批复与否定性批复 （2）按批复的表达方式分为表态性批复与指令性批复
函	适用于不相隶属机关之间商洽工作、询问和答复问题、请求批准和答复审批事项	（1）按格式划分分为公函和便函 （2）按行文方向划分分为发函和复函 （3）按内容角度划分分为商洽函、问复函、请准函以及知照函

2. 法定公文写作要点

法定公文一般由份号、密级和保密期限、紧急程度、发文机关标志、发文字号、签发人、标题、主送机关、正文、附件说明、发文机关署名、成文日期、印章、附注、附件、抄送机关、印发机关和印发日期、页码等组成。

（1）份号。公文印制份数的顺序号。涉密公文应当标注份号。

（2）密级和保密期限。指公文的秘密等级和保密的期限。涉密公文应当根据涉密程度分别标注“绝密”“机密”“秘密”和保密期限。

（3）紧急程度。指公文送达和办理的时限要求。根据紧急程度，紧急公文应当分别标注“特急”“加急”，电报应当分别标注“特提”“特急”“加急”“平急”。

（4）发文机关标志。由发文机关全称或者规范化简称加“文件”二字组成，也可以使用发文机关全称或者规范化简称。联合行文时，发文机关标志可以并用联合发文机关名称，也可以单独用主办机关名称。

（5）发文字号。由发文机关代字、年份、发文顺序号组成。联合行文时，使用主办机关的发文字号。

（6）签发人。上行文应当标注签发人姓名。

（7）标题。由发文机关名称、事由和文种组成。

（8）主送机关。公文的主要受理机关，应当使用机关全称、规范化简称或者同类型机关统称。

（9）正文。公文的主体，用来表述公文的内容。

（10）附件说明。公文附件的顺序号和名称。

（11）发文机关署名。署发文机关全称或者规范化简称。

（12）成文日期。署会议通过或者发文机关负责人签发的日期。联合行文时，署最后签发机关负责人签发的日期。

（13）印章。公文中有发文机关署名的，应当加盖发文机关印章，并与署名机关相符。有特定发文机关标志的普发性公文和电报可以不加盖印章。

（14）附注。公文印发传达范围等需要说明的事项。

（15）附件。公文正文的说明、补充或者参考资料。

（16）抄送机关。除主送机关外需要执行或者知晓公文内容的其他机关，应当使用机关全称、规范化简称或者同类型机关统称。

（17）印发机关和印发日期。公文的送印机关和送印日期。

（18）页码。公文页数顺序号。

3. 写作模板

法定公文的写作必须遵守相应的规定或准则，目的是为了保证行文能够有序地运行，提高办文的质量和效率。

下面给出法定公文的一般写作模板，供读者参考使用（见表 6-4）。

表 6-4　法定公文写作模板

国务院关于公布《通用规范汉字表》的通知 国发〔2013〕23 号 各省、自治区、直辖市人民政府，国务院各部委、各直属机构： 国务院同意教育部、国家语言文字工作委员会组织制定的《通用规范汉字表》，现予公布。 《通用规范汉字表》是贯彻《中华人民共和国国家通用语言文字法》，适应新形势下社会各领域汉字应用需要的重要汉字规范。制定和实施《通用规范汉字表》，对提升国家通用语言文字的规范化、标准化、信息化水平，促进国家经济社会和文化教育事业发展具有重要意义。《通用规范汉字表》公布后，社会一般应用领域的汉字使用应以《通用规范汉字表》为准，原有相关字表停止使用。 国务院 2013 年 6 月 5 日 （此件公开发布） 附件：通用规范汉字表

2.3 事务性公文

事务性公文是机关、团体、企事业单位在处理日常事务时，用来沟通信息、安排计划、总结经验、调查研究问题、指导工作的非法定性公文。

1. 事务性公文的特征

事务性公文具有以下特征。

（1）对象具体。一份事务性公文是为哪些人撰写的，要求哪些人了解并使用，都需要有具体对象。

（2）格式固定。各种事务性公文的构成要素以及各个构成要素的写法，通常有一定规则。

（3）写法实际。各类事务性公文都是为解决问题、处理事务而撰写的，撰写事务性公文要以能够满足实际需要为原则。

（4）时间性强。为完成工作或解决问题而撰写的事务性公文，只有在限定的时间内及时完成，才能发挥应有的作用。

2. 事务性公文分类

事务性公文的主要文种有证明信、邀请信、感谢信、慰问信、贺信、计划、总结、会议记录等。具体分类说明如下。

（1）证明信是证明某人或某事真实情况的专用信函。常用的证明信有以单位名义出具的证明信和以个人名义出具的证明信两种。

（2）邀请信是机关、企事业单位与社会团体举办重要活动、召开重要会议时，邀请上级领导、协作单位和有关人士参加所用的信函。

（3）感谢信是为感谢对方的关心、帮助、支持而写的专用信函。

（4）慰问信是机关、企事业单位、社会团体或个人向有关集体或个人表示慰藉、问候、关心的专用书信。

（5）贺信是表示庆贺的一种专用书信，一般用于领导机关、企事业单位或个人对取得巨大成绩、做出卓越贡献的集体或个人表示祝贺，或者对一些重要会议、节日等表示祝贺。

（6）计划是对未来一个时期内工作、学习、生产提出的预想或目标，并制定出实现这个目标的具体方案和措施的书面材料。

（7）总结是对前段工作、学习、生产进行检查回顾，从中归纳经验和教训而形成的一种文字材料。主要有综合性总结和专题性总结。

（8）会议记录是开会时当场将会议基本情况和会上的报告、发言、讨论、决议等内容如实记录下来的文书。

3. 事务性公文写作要点

事务性公文写作的结构一般包括标题、称呼、正文、结语、落款五大部分，具体写作要点如下。

（1）标题。以文种做标题，标题要居中。

（2）称呼。在标题的下一行顶格处，写上公文受众对象的称呼或对方单位的名称。

（3）正文。在称呼下一行空两格处开始写正文。正文一般由开头、主体、结尾组成。

（4）结语。在正文下一行，空两格处写上结语。结语一般应写表示敬意的词语或祝愿的话。如果公文是证明信，结语可以写“特此证明”。

（5）落款。在结尾右下方写上个人或本单位的名称并加盖印章，在名称下面写明具体的年、月、日。

4. 事务性公文写作模板

事务性公文是用来处理实际事务的应用文体，对推动实际工作、解决实际问题，具有很强的指导意义。事务性公文的种类繁多，这里以证明信和工作总结为例，为读者提供事务性公文写作的参考模板。

下面是证明信的写作模板，供读者参考使用（见表 6-5）。

表 6-5　　　　证明信的写作模板

中国共产党党员证明信
××党支部： ________同志，性别____，民族____，文化程度________，身份证号码____________，该同志于____年____月____日加入党组织，____年____月____日成为中共________党员。 特此证明。 ×××××× （加盖公章） 二〇××年×月×日

撰写工作总结，也是事务性公文写作中一项经常性的工作任务。工作总结是对一定时期内各项工作的总体回顾和评价，内容较全面，语言表达具有陈述性和概括性。下面是事务性公文中工作总结的写作模板（见表 6-6）。

表 6-6　　工作总结的写作模板

××××工作总结 （××××年××月） 回顾自己一年来的工作，我始终以坚定的理想信念、务实的工作作风、饱满的工作热情和严谨的生活作风，较好地完成了自己的本职工作和领导交办的各项工作。现将近年来工作情况汇报如下。 一、理论学习情况 （一）××××××××××××××××××××××××。 （二）××××××××××××××××××××××××××××××××××。 二、思想情况 （一）××××××××××××××××××××××××。 （二）××××××××××××××××××××××××××××××××××。 三、主要工作情况 （一）××××××××××××××××××××××××。 （二）××××××××××××××××××××××××××××××××××。 四、下一步的工作计划 （一）××××××××××××××××××××××××。 （二）××××××××××××××××××××××××××××××××××。 ××××××

2.4　礼仪性公文

礼仪性公文，一般是指在各种社会交际集会、仪式上由领导向听众发表的讲话。一篇好的礼仪性讲话能够活跃和强化社会活动的场面气氛，促进某一活动获得圆满成功。因此，掌握这类公文的特征和写作要点，也是行政事务人员的重要工作内容之一。

1. 礼仪性公文的类型

礼仪性公文的类型有很多，这里主要选择较为常用的6种类型及其特征进行重点阐述。

（1）开幕词

开幕词是党政机关、社会团体、企事业单位的领导人在会议开幕时所做的讲话，旨在阐明会议的指导思想、宗旨和重要意义，向与会者提出开好会议的中心任务和要求。开幕词是会议的序曲、开会的基调，其主要特点是宣告性和引导性，保证会议或活动的圆满成功。

（2）闭幕词

闭幕词是大型会议或重要活动结束时，由有关领导人向全体参会者所做的总结性讲话。闭幕词的作用在于归纳大会收获，总结大会经验和提出贯彻执行意见。闭幕词与开幕词前后衔接，相互呼应。

（3）祝贺词

祝贺词又称祝词、贺词，是领导者在喜庆性的隆重集会或社交场合中，向全体听众发表的表达良好祝愿或共同庆祝的讲话。具有祝愿性、直陈性、真挚性、鼓舞性的特点。

（4）答谢词

答谢词是指在特定的公共礼仪场合，主人致欢迎词或欢送词后，客人所发表的对主人的热情接待和关照表示谢意的讲话。答谢词也指客人在举行必要的答谢活动中所发表的感谢主人盛情款待的讲话。

（5）欢迎词

欢迎词是领导者在隆重集会或仪式上，对宾客的光临、来访表示热烈欢迎而使用的讲话文稿。多使用热情、诚恳的话语，充分肯定和赞颂宾主双方间的交往与友谊，充分肯定宾客来访对发展双方友好关系所做的贡献，衷心欢迎宾客的光临。

（6）欢送词

欢送词是领导者在隆重集会或仪式上，对即将离去的宾客致辞，表示惜别和祝愿而使用的讲话文稿。

2. 礼仪性公文写作要点

礼仪性公文写作的结构一般包括标题、称谓、正文、结尾四大部分。下面以开幕词、闭幕词、祝贺词、答谢词这四种礼仪性公文为例进行说明（见表6-7）。

表6-7　　礼仪性公文的写作要点

<table>
<tr><th>公文文种</th><th>标题</th><th>称谓</th><th>正文</th><th>结尾</th></tr>
<tr><td>开幕词</td><td rowspan="2">1. 以会议中心为主题，以会议时间、名称和文种为副标题，标题下写致辞人的姓名
2. 会议名称+文种
3. 致辞人+会议名称+文种</td><td rowspan="2">致辞人面向参会者的称呼要在标题下一行顶格标出</td><td>阐明会议主旨，介绍会议安排，明确会议指导思想和要求</td><td>提出希望或发出号召，祝愿大会或活动圆满成功</td></tr>
<tr><td>闭幕词</td><td>积极评价会议成果，提出贯彻执行会议决定的具体要求和措施</td><td>提出希望或发出号召，激发与会者贯彻执行大会决议的信心</td></tr>
</table>

续表

公文文种	标题	称谓	正文	结尾
祝贺词	1. 直接用文种做标题 2. 用致辞人、会议名称和文种做标题 3. 正副标题，正标题概括文章中心内容，副标题为致辞人+会议名称+文种	根据使用范围进行选择，对于个人的称呼可以在姓名前加“尊敬的”等修饰语	开头表示祝贺和祝福，简要交代背景，正文主要写祝贺的具体内容、意义和作用，回顾相互之间的合作关系等	提出希望、要求，表示祝愿、祝福
答谢词			肯定双方共同取得的成果，感谢主人的盛情接待、多方关照。颁奖性答谢词，还应介绍自己的工作情况和取得成绩的客观因素	展望未来，并表达希望再次访问或邀请主人回访的意愿，个人应表达自己今后的决心和愿望

3. 礼仪性公文写作模板

下面给出礼仪类公文中开幕词的写作模板，供读者参考使用（见表 6–8）。

表 6–8　　开幕词写作模板

××××大会

开幕词

（20××年××月×日）

×××

各位代表、同志们：

×××大会通过紧张的筹备，今天隆重召开了。这是一件大事，事关××经济建设和社会各项事业的发展与稳定，是在全面贯彻落实第×××次党代会精神、目标和任务的关键时刻召开的。

在此，我谨代表×××党委、政府向各位代表及亲临会议指导的各位领导表示热烈的欢迎！同时对这次大会的全体工作人员表示衷心的感谢！

××。

同志们，我们相信，在××党委和大会主席团的领导下，经过全体与会人员的共同努力，一定能够圆满完成大会的各项任务，一定会开成一个民主团结的大会、求真务实的大会、开拓进取的大会。

最后，预祝本次大会圆满成功！

谢谢！

2.5　商务性公文

商务性公文是机关、社会团体、企事业单位处理商业事务中的公务文书，是在生产经营管理活动中产生的，按照严格的、既定的生效程序和规范的格式制定的具有传递信息和记录作用的载体。

1. 商务性公文的特征

商务性公文具有以下的特征。

（1）简明

“简明”是商务性公文的首要特点，要求“句中无余字，篇内无赘语”。

（2）准确

在意思清楚的前提下，商务性公文写作应追求尽量用一段话、一句话甚至是一个词将核心意思表达出来。

（3）朴实

商务性公文写作中不要去刻意地堆砌辞藻，而要力求文字简明、朴实无华、表意清晰。

（4）规范

商务性公文写作在很多方面还具有规范性强的特点，不能随意编写。

2. 商务性公文的分类

商务性公文有多种分类方式，根据其形式和内容用途可以大致将其划分为以下的类型（见表6-9）。

表6-9　　商务性公文的分类

划分标准	类型	具体说明
按形式划分	固定格式商务文书	常见的固定格式商务文书主要有商务合同、邀请函、通知、请示以及批复等。相比较而言，对这类商务文书的格式要求是比较规范的
	非固定格式商务文书	非固定格式商务文书在日常工作中往往应用得更为广泛，如随着计算机和网络一同兴起的电子邮件
按内容用途划分	通用商务文书	常见的通用商务文书主要有通知、会议纪要、请示、批复、总结、备忘录以及报告等
	礼仪性商务文书	礼仪性的商务文书，主要是指贺信、贺电、邀请函、请柬以及慰问信等

3. 商务性公文写作要点

商务性公文的写作需要把握公文的特点，遵守公文写作的规范，不能随意创作或任意发挥写作。构思行文主要运用逻辑思维，坚持实事求是，一切从实际出发，依法行文。公文要注意接受对象的求实、求新、求简、求知等心理特点。商务性公文的具体写作要点如下。

（1）公文的标题。除法规、规章加书名号，一般不用标点符号，可加引号。公文式标题“关于”的用法，表示了对事由在中心词语起关涉、介绍、提示、隔离的作用，与事由部分组成介宾结构，因而大多数情况下不能省略。标题常用宋体加黑，字号在三号至二号之间。

（2）公文的开头。概述情况，说明根据，常用“根据”“遵照”等领起；介绍目的，常用“为了”“为”等领出下文；交代原因，常用“由于”“因于”“鉴于”等。

（3）公文的正文结构和层次。第一层为“一、”，第二层为“（一）”，第三层为“1.”，第四层为“（1）”，第五层为“①”。正文字体一般为三号仿宋体字，行距一般在 25~30 磅。用纸国际上通用 A4 纸。页边距左右常留 28 mm，上下常留 25 mm。页码常选“1”“-1-”。

（4）公文的结尾。收篇点题，提出希望，强调说明，表示祝贺、慰问，自然作结。

（5）公文的落款。单位名称要写全称或规范化简称，标题下有签注的不用落款。日期可用“二〇一九年三月十日”或“2019 年 3 月 10 日”，用文件头发的公文只能用前一种。有些规章、命令、契约式的公文，下发时落款单位下一行还要写明签署领导人的职务和姓名。

（6）公文的盖章。一种是单一发文的印章，盖章就代表单位，因此不再打单位名称，将章直接盖在日期上。另一种是联合发文印章，相互不交叉、不相切、不远离。

（7）公文的表达方式。常用说明、叙述、议论三种。说明分为定义说明、释义说明、分类说明、举例说明、比较说明、引用说明等。议论由论点、论据、论证三要素构成，有例证法、引证法、对比法、因果法、反证法。叙述分为顺叙、倒叙、插叙三种。

（8）公文的语言。注意数字、术语的准确性与科学性，注意增、减的表达以及确数与约数的区分。

4. 商务性公文写作模板

下面给出商务类公文的一般写作模板，供读者参考使用（见表 6-10）。

表 6-10　　商务类公文写作模板

关于××××××的邀请函
×××××
尊敬的女士/先生： ×××。 诚挚邀请您届时莅临。 时间：×××××××× 地点：×××××××× 联系人：×××××联系方式：×××××××× 主题：×××××××××主办单位：××××××××
××××××（印章） 20××年××月×日

思考与练习

一、术语解释

1. 文件签收

2. 文件登记

二、选择题

1.（　　）是根据文件的性质、重要程度、涉密等级、办理时限，以及文件所涉及的职权范围、单位内各部门的责任分工、有关程序规定等，将收文分门别类地分送给有关部门阅知办理的活动。

A. 文件签收　　B. 文件登记　　C. 文件拆分　　D. 文件分发

2.（　　）适用于在一定范围内公布应当遵守或者周知的事项。

A. 通告　　B. 通知　　C. 请示　　D. 报告

3.（　　）是对一定时期内各项工作的总体回顾和评价，内容较全面，语言表达具有陈述性和概括性。

A. 工作计划　　B. 工作汇报　　C. 工作总结　　D. 工作记录

4.（　　）是商务性公文首要特点，要求“句中无余字，篇内无赘语”。

A. 清晰　　B. 简单　　C. 简明　　D. 明确

5. 依据（　　）划分，商务性公文分为固定格式商务文书与非固定格式商务文书。

A. 用途　B. 形式　C. 内容　D. 结构

6. 下列（　）属于电子文件。

A. 图形文件　B. 声音文件　C. 程序文件　D. 数据文件

7. 电子文件管理的原则包括（　）。

A. 统一管理　B. 全程管理　C. 规范标准　D. 便于利用

8. 报告可分为（　）及递送报告。

A. 工作报告　B. 情况报告　C. 建议报告　D. 答复报告

9. 事务性公文具有（　）特征。

A. 对象具体　B. 格式固定　C. 写法实际　D. 时间性强

10. 礼仪性公文写作的结构一般包括（　）部分。

A. 标题　B. 称谓　C. 正文　D. 结尾

三、简答题

1. 简述电子文件整理的要求。

2. 简述事务性公文写作的要点。

四、案例分析题

结合自身的工作，针对下季度的工作写一份工作计划。

参考答案

一、术语解释

1. 文件签收

文件签收是指行政事务人员收到外部文件后在对方文件投递单（或传真接收单）或送文簿上签字或加盖公章，以示收到。

2. 文件登记

文件登记是按照文件的特征和办理情况进行记载，对文件收进、运转、处理的过程进行完整的记录。

二、选择题

1. D　2. A　3. C　4. C　5. B

6. ABCD　7. ABCD　8. ABCD　9. ABCD　10. ABCD

三、简答题（略）

四、案例分析题（略）

第7模块

后勤管理

第 1 单元　车 辆 管 理

1.1　车辆定编购入管理

1. 车辆定编

行政事务人员应当了解本单位实际用车需求，明确现有车辆状况、费用预算等，根据单位各部门的主要职责、内设机构、领导职数、人员编制和实际工作的需要，核定公务用车编制。

行政事务人员办理本单位车辆定编，需先办理小汽车定编通知单，报上级领导审核，领导审核通过后才能按照新申编车辆数量办理定编证。

（1）办理小汽车定编通知单

办理小汽车定编通知单，应报送如图 7-1 所示的材料（一式两份、A4 纸）。

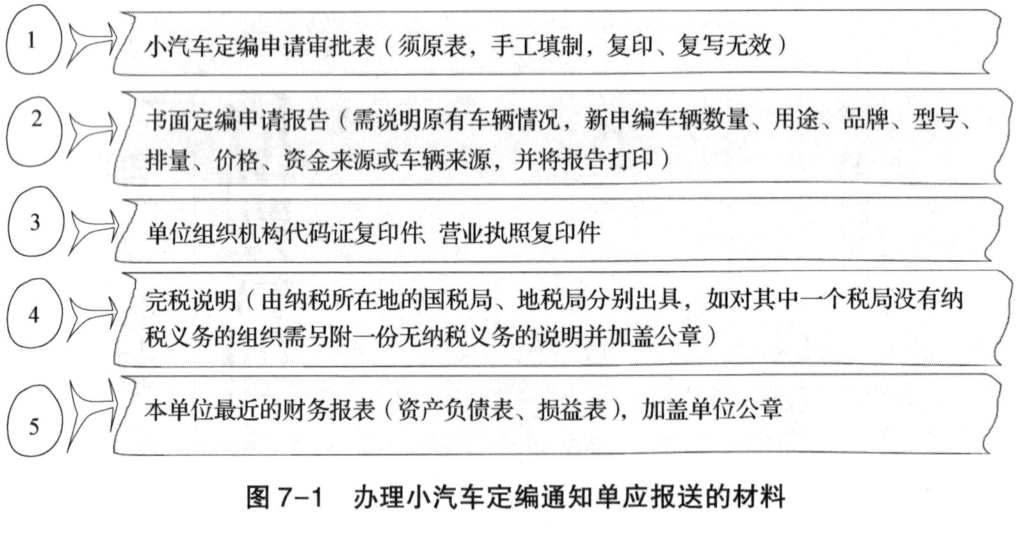

1. 小汽车定编申请审批表（须原表，手工填制，复印、复写无效）
2. 书面定编申请报告（需说明原有车辆情况，新申编车辆数量、用途、品牌、型号、排量、价格、资金来源或车辆来源，并将报告打印）
3. 单位组织机构代码证复印件、营业执照复印件
4. 完税说明（由纳税所在地的国税局、地税局分别出具，如对其中一个税局没有纳税义务的组织需另附一份无纳税义务的说明并加盖公章）
5. 本单位最近的财务报表（资产负债表、损益表），加盖单位公章

图 7-1　办理小汽车定编通知单应报送的材料

（2）办理定编证

办理定编证，应报送如下材料（复印件一式两份）。

1）定编通知单（单位留存联）。

2）行驶证（正证、副证、照片）。

3）购车发票。

2. 车辆购入

(1) 车辆购入前注意事项

对于单位来讲，车辆购入涉及的用款数额较大，是应该引起重视的用款事项，行政事务人员在给单位购置车辆前，应考虑如图 7-2 所示的几个方面的问题。

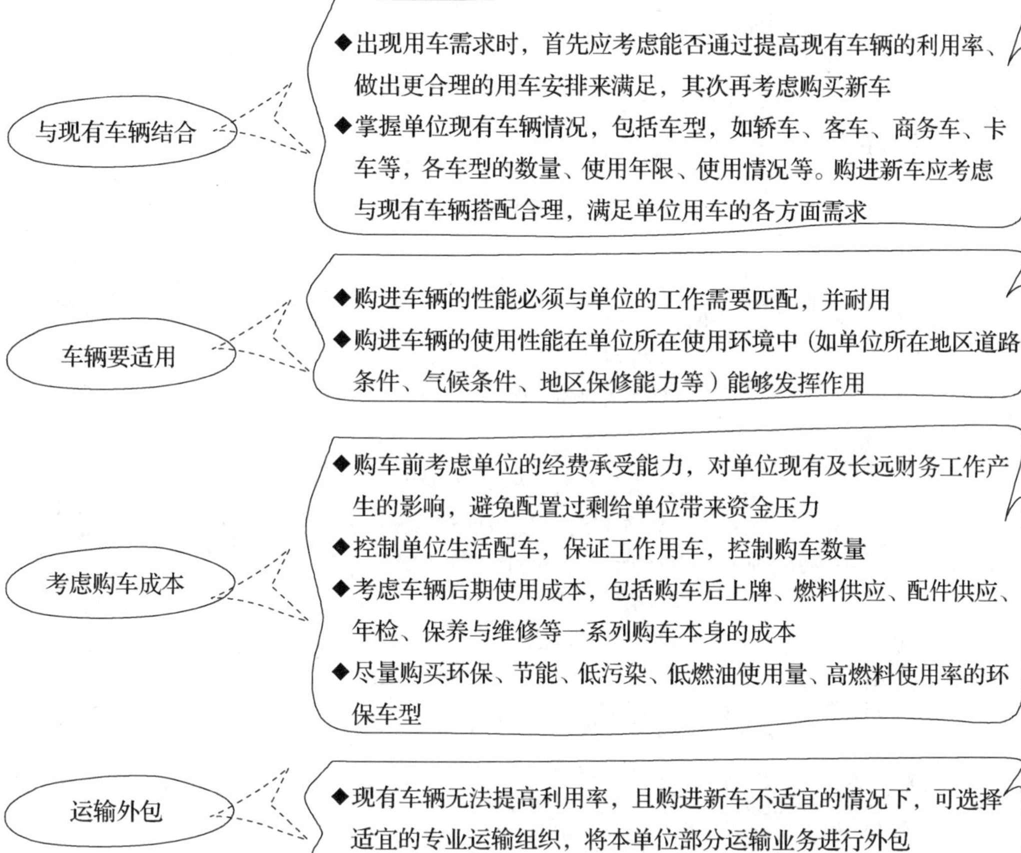

图 7-2 单位购进新车注意事项

(2) 车辆购进登记手续

按照国家规定，新车购进后必须办理相关手续才可使用。行政事务人员需遵守国家及地方规定，对新购进车辆办理相关手续，具体手续主要包括表 7-1 所列几个方面的内容。

表 7-1 购进新车需办理手续一览表

序号	事项	办理地点	所需提交材料	领取证件、单据	费用说明
1	工商验证	市场监管局	◇购车发票联、注册登记联 ◇合格证原件或机动车进口凭证	◇加盖印章	无
2	缴纳交强险	保险公司或车管所代办点	◇发票联 ◇合格证或者机动车进口凭证 ◇身份证或单位组织机构代码 ◇经办人身份证明	◇机动车交通事故责任强制保险凭证	视需要而定
3	办理车辆移动证	交通大队	◇机动车交通事故责任强制保险相关手续（复印件） ◇车主身份证或单位组织机构代码证 ◇购车发票 ◇经办人身份证明	◇车辆移动证	3 元左右
4	缴纳购置附加税	办税服务厅	◇发票报税联 ◇合格证原件或机动车进口凭证 ◇身份证或单位组织机构代码 ◇车辆信息表 ◇经办人身份证明	◇购置税证明 ◇购置税发票	车款除以增值税部分的 10% 左右
5	验车、车辆拓号	所属区机动车检测场	◇合格证原件 ◇技术参数表 ◇发票联 ◇身份证及复印件（本人办理）、单位购车须持法人代码证 ◇购置税凭证或免税凭证	◇环保绿标 ◇车辆外观检测单 ◇拓印号 ◇检验标	车型不同有区别
6	取号、上牌拍照	车管所	◇车主身份证或单位组织机构代码证 ◇经办人身份证明	◇行驶证 ◇注册登记证 ◇机动安装牌照	共 200 元左右
7	附加税备案建档	车辆购置附加税征稽管理处	◇附加税凭证、行驶证	◇建档	无

续表

序号	事项	办理地点	所需提交材料	领取证件、单据	费用说明
8	车船使用税	地税局或车管所内的代办点、指定征收网点	◇行驶证 ◇车主身份证或单位组织机构代码证 ◇经办人身份证明	◇完税证	每年约200元，第一季度缴纳

（3）新车购进后的工作事项

单位购进车辆并进行相关登记后，就可合法使用。新车购进使用过程中，行政事务人员应加强车辆购进后的车辆及相关人员管理工作，监督和确保车辆的正常使用，所需做的工作事项如图7-3所示。

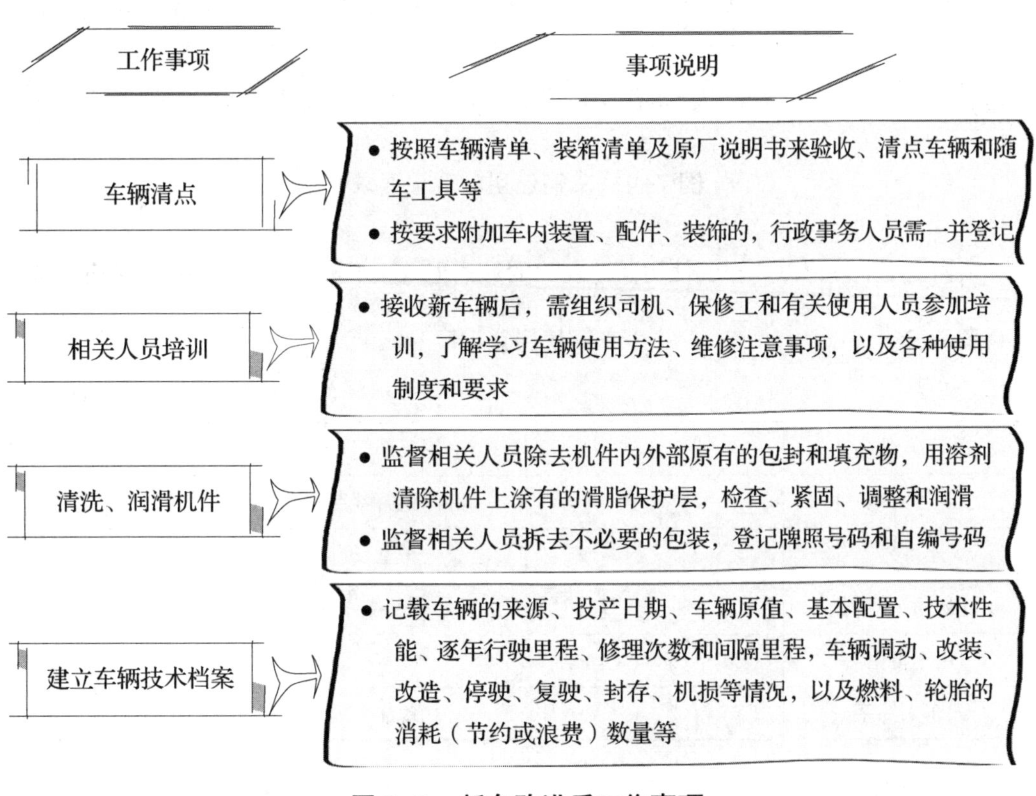

图7-3 新车购进后工作事项

1.2 车辆使用管理

1. 车辆使用登记

(1) 使用前登记

单位所有车辆使用前，行政事务人员须做好用车登记，核实用车情况，保证其在规定范围内使用。车辆使用前的登记能帮助行政事务人员审核用车需求、掌握车辆去向，为车辆使用和调度提供依据，车辆使用前登记要求如图 7-4 所示。

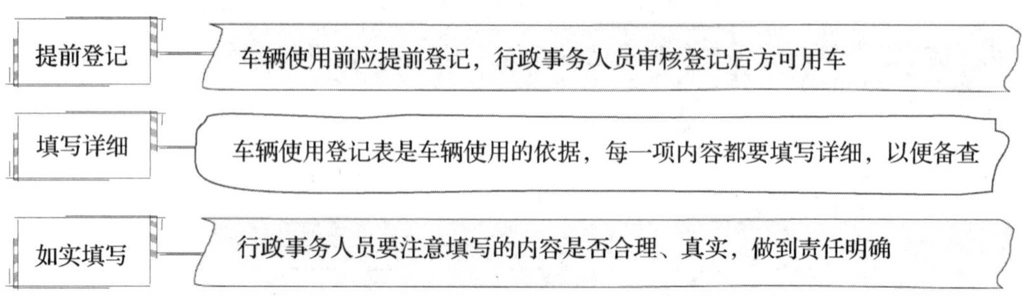

图 7-4 车辆使用前登记要求

车辆使用前登记以“车辆使用登记表”的形式记录，车辆使用登记表示例见表 7-2。

表 7-2 车辆使用登记表

填写日期：年 月 日

用车人姓名		用车部门	
随行人数		部门主管签字	
车牌号		车型	
计划用车时间	日 时至 日 时	目的地及经停地	
用车事由			
派车人签字		备注	

(2) 使用后登记

车辆使用后登记一般由行车司机填写，使用人签字，相关行政事务人员检查行车记录表，核查行车信息。一般来说，车辆使用后记录的内容如图 7-5 所示。

行政事务人员应编制“行车记录表”规范行车记录，行车记录表示例见表 7-3。

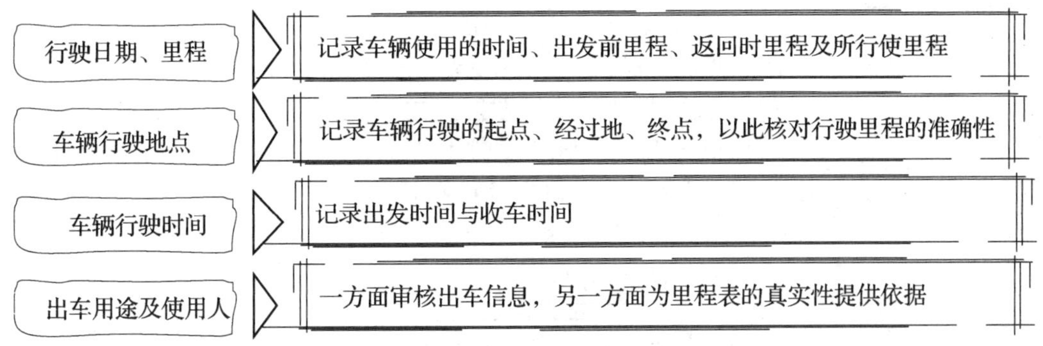

图 7-5　车辆里程记录表内容及作用

表 7-3　　　　　　　　　　　　　行车记录表

车牌号：　　　　　　　　　　　　司机：

日期	里程数（km）			时间（小时）			目的地	用途	使用人
	起	止	合计	起	止	合计			

2. 车辆使用调度

车辆调度是指根据单位车辆使用管理规定和当天用车需要，对单位车辆的使用进行分配和安排。目前许多单位普遍存在用车量大、供需矛盾突出的问题，行政事务人员应充分发挥车辆调度的功能，协调用车部门和车队之间的关系。

（1）车辆调度流程

行政事务人员在进行车辆调度时，可按照如图 7-6 所示的流程进行。

（2）车辆调度要求

为了充分发挥汽车的使用效益，最大限度满足各方面的用车要求，行政事务人员需按照车辆调度的要求进行用车调度。车辆调度的要求如下。

1）把握原则。

①坚持按制度办事，不徇私情，不因人用车。

②按照先主后次、先紧急后一般等处理原则和方法来调度。

1. 做好用车申请

◎坚持做到当班用车 1 小时前申请，下午用车上午申请，次日用车当日申请，夜间用车下班前申请，集体活动用车 3 天前申请

2. 车辆用车安排

◎根据掌握的用车时间、用车地点、乘车人单位和姓名、乘车人数、行车路线等情况，做好车辆用车安排

◎将执行任务的司机姓名、车号、出车地点等在调度栏公布或直接口头通知司机本人

3. 做好解决工作

◎对于未能安排车辆的，或变更出车时间的，应及时说明情况，做出合理解释，避免误会

图 7-6　车辆调度流程

2）调度合理。

①选择最佳路线，避免绕弯路或绕道行驶，一条路线不重复派车。

②车辆不能一次全部派完，需留有备用车辆，以备应急。

3）灵活机动。

①紧急情况下从实际出发，灵活处理，不误时、不误事。

②注意协调用车人的关系，需要时讲明调度原因，不引起人员矛盾。

1.3　车辆油耗管理

1. 制定油耗标准

行政事务人员应制定相应的油耗标准，以作为对车辆油耗管理的参照。车辆油耗标准应根据不同的车辆情况来制定。具体的油耗标准方法如图 7-7 所示。

磨合期车辆油耗标准

◎新车行驶 5000 公里内为车辆磨合期，耗油量最大

◎可在新车投入运营后第一周测试油耗，参照车辆使用标准理论值，结合同品牌车型正常油耗增加20%的方法制定新车油耗标准

磨合期后车辆油耗标准

◎磨合期后车辆油耗将逐渐趋于稳定

◎由于车内使用空调、车辆负重、机械原因等会造成油耗增加，因此磨合期后车辆油耗标准液应根据实际情况并考虑一定的浮动进行制定

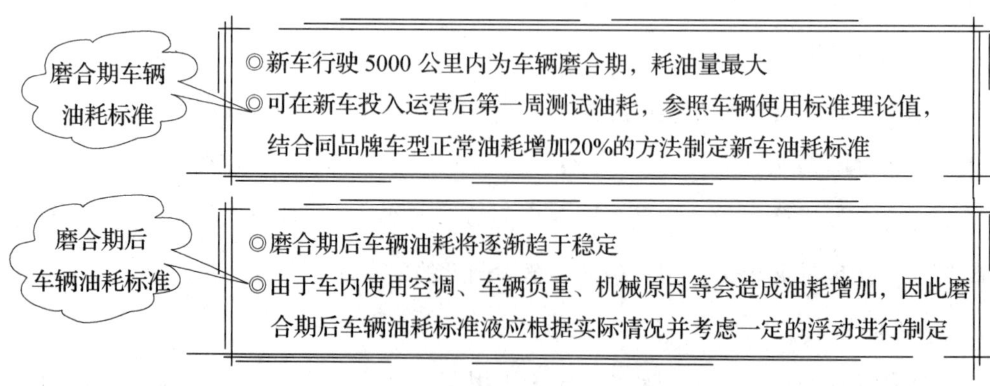

图 7-7　油耗标准制定方法

行政事务人员使用车辆油耗标准表，来明确油耗标准，油耗标准表的示例见表 7-4。

表 7-4　　车辆油耗标准表

编号	车型	车牌号	空调类型	使用年限（年）	行驶里程数（公里）	油耗标准（公升/公里）
1						
2						
3						
4						
…						

制表人：　　主管：　　制表日期：年 月 日

2. 实施油耗考核

（1）收集油耗统计数据

行政事务人员需要收集被考核者的油耗统计数据，以作为被考核者在考核期内的考核依据。考核期内油耗统计数据通常填入油耗统计表内，油耗统计表示例见表 7-5。

表 7-5　　油耗统计表

车牌号：　　制表人：

日期	公里底数	累计行驶公里	油耗总量	油耗金额	加油次数	平均每公里油耗

（2）油耗考核实施

行政事务人员应结合车辆管理要求，参照油耗考核标准表以及驾驶员实际油耗记录表，考核驾驶人员是否达到油耗标准，油耗考核标准通常根据油耗标准制定。

（3）油耗考核奖惩

行政事务人员根据被考核者的油耗考核结果进行考核奖惩。油耗考核奖惩包括奖罚程度和奖罚措施两部分内容，具体如图 7-8 所示。

油耗考核奖惩办法具体的实例如下。

1）油耗考核奖罚办法示例 1（见表 7-6）。其中，奖罚金额也可根据单位实际情况改为绩效奖罚或其他奖罚。

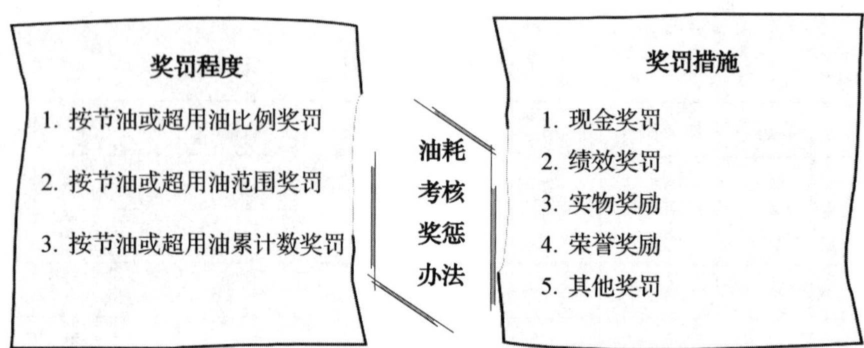

图 7-8　油耗考核奖惩办法

表 7-6　　油耗考核奖罚办法示例 1

项目	奖罚金额（元）
奖励	（标准油耗-实际油耗）（公升/公里）×公里数×油价（元/公升）×奖金比例（%）
惩罚	（实际油耗-标准油耗）（公升/公里）×公里数×油价（元/公升）×罚金比例（%）

制表人：　　主管：　　制表日期：年 月 日

2）油耗考核奖罚办法示例 2（见表 7-7）。

表 7-7　　油耗考核奖罚办法示例 2

节油奖励（元）	超用油惩罚（元）
$\frac{标准油耗-实际油耗}{标准油耗}$（公升/公里）×100%×奖金全额	$\frac{实际油耗-标准油耗}{实际油耗}$（公升/公里）×100%×罚金全额

说明：

1. 有车辆用油超过标准比例的 20%以上，车辆暂停使用，经维修至用油正常后再继续使用。
2. 车辆油耗与油耗标准相差 3%以内的，不予相关人员奖罚。
3. 连续一个月受到节油奖励，另奖励奖金____元。

制表人：　　主管：　　制表日期：　年　月　日

3）油耗考核奖罚办法示例 3（见表 7-8）。其中，节油奖励物品也可视单位实际情况改为绩效、现金奖励或其他奖励。

表 7-8 油耗考核奖罚办法示例 3

序号	节油比例	节油奖励标准
1	4%～7%	
2	8%～11%	
3	12%～15%	
4	16%～19%	
5	20%以上	

制表人： 主管： 制表日期： 年 月 日

说明：节油比例 $=\frac{\text{标准油耗}-\text{实际油耗}}{\text{标准油耗}}$（公升/公里）×100%

3. 油耗管理附加规定

为了完善车辆油耗管理，行政事务人员还需制定一系列的附加规定（见表 7-9），以便油耗管理工作的实施，保证用车能节约油耗，减少不必要的损失。

表 7-9 油耗管理附加规定

序号	项目	规定内容	举例
1	加油办法	规定加油申请、充值、报销的办法	◇本单位实行油卡充值，一车一卡，行政部负责登记发放，凭卡到加油站加油
2	统计办法	车辆油耗的统计责任人、统计周期和统计办法	◇每月行政事务人员统计车辆行驶里程数、油耗数、加油次数及数量，报上级领导审批
3	车辆使用规定	制定车辆耗油项目相关的使用规范	◇车辆等待时间久，如堵车、等人等必须熄火 ◇车内温度低于　度时不得开空调 ◇严禁车辆超载、超重行驶
4	故障处理规定	规定车辆出现故障导致油耗统计出现异常的处理和计算办法	◇车辆故障导致油耗出现重大变动的，经维修厂和行政事务人员核实后，可作调整 ◇里程表损坏，司机当日返回及时报修，当日报修至安装新表之前所行使的里程按照派车单所前往的目的地的距离计算，由行政事务人员进行核实，并在燃料登记表、日报表备注签名

1.4 车辆维修保养管理

1. 车辆检查

(1) 明确车辆检查的时间

车辆的检查是行政事务人员对司机、用车人对单位车辆的使用进行的监督检查，从而保证单位车辆正常使用、按期维护与维修的重要工作。一般来说，对车辆的检查时间分为4种，行政事务人员可根据单位实际情况及相关制度进行车辆检查（见图7-9）。

出车前检查

◎出车前行政事务人员需监督司机对车辆进行检查，检查车辆安全性能是否良好，配置是否齐全，燃料是否充足，是否足以安全上路并满足用车需要

收车后检查

◎用车结束后行政事务人员需监督司机检查车辆是否有损坏、剐蹭、非正常磨损等，及时查清车辆非正常损坏的原因，明确责任人

定期检查

◎行政事务人员需定期对车辆大小部件保养、维护情况及整体车况进行检查，监督相关人员维修相关部件，维护和保养车辆

不定期检查

◎对车辆使用及保养、维修情况不定期检查，保证车辆使用和管理人员对车辆的使用、维护、管理正常，遵守相关制度

图7-9 车辆检查时间

(2) 编制车辆检查记录表

检查人员可根据车辆检查情况填写车辆检查表，对检查情况进行记录，车辆检查表示例见表7-10。

表7-10 车辆检查表

<table>
<tr><th rowspan="3">项目
日期</th><th rowspan="3">洗车</th><th colspan="3">加油记录</th><th colspan="5">车况记录</th><th colspan="2">维修记录</th><th rowspan="3">备注</th></tr>
<tr><th>汽油</th><th>机油</th><th rowspan="2">金额</th><th colspan="3">配件</th><th rowspan="2">外观</th><th rowspan="2">运行</th><th rowspan="2">维护内容</th><th rowspan="2">金额</th></tr>
<tr><th>加油量</th><th>加油量</th><th>轮胎</th><th>音响</th><th>冷气</th></tr>
<tr><td></td><td></td><td></td><td></td><td></td><td></td><td></td><td></td><td></td><td></td><td></td><td></td><td></td></tr>
<tr><td></td><td></td><td></td><td></td><td></td><td></td><td></td><td></td><td></td><td></td><td></td><td></td><td></td></tr>
<tr><td></td><td></td><td></td><td></td><td></td><td></td><td></td><td></td><td></td><td></td><td></td><td></td><td></td></tr>
<tr><td>合计</td><td></td><td></td><td></td><td></td><td></td><td></td><td></td><td></td><td></td><td></td><td></td><td></td></tr>
</table>

（3）建立车辆检查细则

行政事务人员应根据出车、收车、定期检查和不定期检查内容的不同，制定相关的检查细则并张贴，规定车辆检查的每一项具体步骤与要求，规范车辆检查工作。

以出车前的车辆检查细则为例，车辆检查细则如下所示，供读者参考。

<table>
<tr><td rowspan="2">制度名称</td><td rowspan="2" colspan="3">出车前的车辆检查细则</td><td>编号</td><td></td></tr>
<tr><td>受控状态</td><td></td></tr>
<tr><td colspan="6">第1条　目的是保证出车前单位车辆状况良好，规范出车前检车工作，保证出车人员人身安全及车辆安全，顺利完成出车任务，特制定本细则。
第2条　适用范围
本细则适用于出车前相关人员对车辆的各项检查工作。
第3条　检查车辆，保证燃料、润滑油、冷却液充足，制动器、离合器总泵油量符合要求，各连接管不漏油。
第4条　检查并保证手、脚制动器性能良好。
第5条　检查并保证轮胎气压符合标准，轮胎螺丝紧固。
第6条　检查并保证方向盘、转向器、传动轴及转向横直拉杆连接紧固、有效。
第7条　检查并保证喇叭、车灯、雨刷均正常，电瓶搭线牢固、有效。
第8条　检查并保证上路单、票据、证件齐全，随车工具齐备。
第9条　核对上路单记录的里程公里，确保车里程表公里和计费器储存记录的数字相符。
第10条　装好测速卡片，打开对讲机开关。
第11条　车辆发动后，各种仪表、指示灯工作必须正常，如发现有故障应马上熄火并向行政事务人员汇报。
第12条　通过自检，司机确认技术性能良好后，方可出车。
第13条　本制度由行政部门制定，其解释权、修订权归行政部门。
第14条　本制度经总经理批准后颁布执行。</td></tr>
<tr><td>编制日期</td><td></td><td>审核日期</td><td></td><td>批准日期</td><td></td></tr>
<tr><td>修改标记</td><td></td><td>修改处数</td><td></td><td>修改日期</td><td></td></tr>
</table>

2. 车辆保养

(1) 车辆三级保养内容

单位车辆的保养可分为一级保养、二级保养和三级保养。一般来说，单位自身可进行一级保养，而二级保养和三级保养应到车辆维修点进行。

对于行政事务人员来说，应明确车辆三级保养分别包含的内容，监督车辆负责人对车辆进行及时的保养工作，单位车辆三级保养的具体内容如图 7-10 所示。

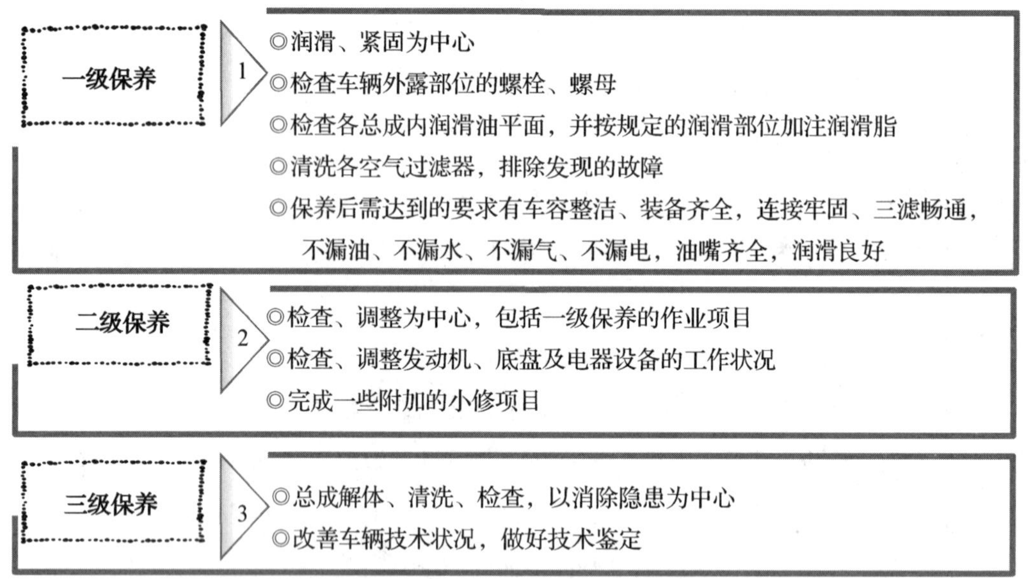

图 7-10 单位车辆三级保养

(2) 车辆保养的程序

单位在进行车辆保养时，应遵循如下说明的程序进行。

1) 车辆保养申请。司机发现车辆故障或需要保养时，应先填写车辆保养单交行政事务人员，行政事务人员需交行政主管进行审核。

2) 审核预算费用。行政事务人员拿到车辆保养单后，需确定是否需要保养及保养费用限额。

3) 确定保养厂家。行政事务人员根据车型、保养项目，确定合作的车辆保养厂家。

4) 车辆保养审批。行政事务人员确定保养厂家之后，请行政部经理在“车辆保养单”上签字。

5) 车辆保养。司机将待保养的车辆送到指定的保养厂家进行保养。

6）车辆保养鉴定。保养完毕后，司机及行政事务人员应对车辆的保养结果进行鉴定，核定保养费用的合理性、准确性，鉴定合格后，收回更换的旧部件并签字确定。

7）车辆保养验收。保养后的车辆，行政事务人员需进行再次验收，司机应将车辆保养单及保养项目清单及时交回行政主管。

8）重新保养。行政事务人员验收后，发现有些保养项目存在问题或需要追加保养项目的，应按照以上程序重新申请。

9）费用结算。行政事务人员对保养费用实行统一结算，结算前，行政事务人员应再次检查车辆保养手续的规范性，并再次核定费用的合理性。

（3）车辆保养记录

车辆保养后，行政事务人员应填写车辆保养记录，将车辆保养的情况进行登记并归档保存。车辆保养记录表的格式及内容见表 7-11。

表 7-11　　车辆保养记录表

<table>
<tr><td colspan="2">车牌号码</td><td colspan="2"></td><td>引擎号码</td><td></td><td>部门编号</td><td colspan="2"></td></tr>
<tr><td colspan="2" rowspan="2">使用部门</td><td colspan="3" rowspan="2"></td><td>主要使用人</td><td></td><td></td><td></td></tr>
<tr><td>主要驾驶员</td><td></td><td></td><td></td></tr>
<tr><td colspan="9">保养修理记录</td></tr>
<tr><td colspan="2">年</td><td rowspan="2">项目</td><td rowspan="2">金额</td><td colspan="2" rowspan="2">保养前里程表数</td><td rowspan="2">经手人（签字或盖章）</td><td colspan="2" rowspan="2">主管（签字或盖章）</td></tr>
<tr><td>月</td><td>日</td></tr>
<tr><td></td><td></td><td></td><td></td><td colspan="2"></td><td rowspan="4"></td><td colspan="2" rowspan="4"></td></tr>
<tr><td></td><td></td><td></td><td></td><td colspan="2"></td></tr>
<tr><td></td><td></td><td></td><td></td><td colspan="2"></td></tr>
<tr><td colspan="2">合计</td><td></td><td></td><td colspan="2"></td></tr>
<tr><td colspan="3" rowspan="2">本月费用</td><td colspan="2">汽油金额</td><td>保养金额</td><td>修理金额</td><td colspan="2">合计</td></tr>
<tr><td colspan="2"></td><td></td><td></td><td colspan="2"></td></tr>
</table>

3. 车辆维修

（1）车辆维修类型

根据车辆维修对象和作业范围的不同，车辆维修可分为 4 种类型（见表 7-12）。行政事务人员应根据车辆需要维修的程度，确定维修类型，再确定进一步的车辆维修管理工作。

表 7-12　　车辆维修的 4 种类型

四种类型	具体说明
车辆大修	◇新车或经过大修后的汽车，行使一定里程后机件会严重磨损，技术性能下降。对于这种情况，经过技术鉴定后，可对各总成进行一次恢复性的修理 ◇大修是恢复汽车的动力性、经济性、坚固性和原有的配置状态，使汽车的技术状况和运行性能达到规定的技术要求，从而延长汽车的使用寿命
总成大修	◇总成经过一定的使用里程后，其基础件和主要零件会破裂、磨损、变形，因此需要拆散进行彻底修理，以恢复其技术性能
车辆小修	◇车辆小修是运行性的修理，主要是消除汽车在运行中发生的临时故障和局部损伤 ◇有些按自然磨损规律或根据总成的外部征象能预先估计的小修项目，可集中组织有计划性的小修作业，并结合实施相应的一、二、三级保养
零件修理	◇零件修理是指对磨损、变形或损伤而不能继续使用的零件的修理，是节约原材料、降低保养费用的一项重要措施 ◇零件修理应考虑到可靠性和经济性的原则

（2）车辆维修管理要点

行政事务人员在进行车辆维修管理时，应及时监督受损车辆的修复，消除故障，恢复车辆正常使用性能，保证车辆完好安全运行，满足单位用车需要。行政事务人员在对车辆维修进行管理的过程中，需注意如图 7-11 所示的要点。

维修原因核查
◎核查车辆是否属于正常磨损，故障是否必须维修
◎核查维修是否按规定申报，维修是否值得

维修实施核查
◎核查维修地点是否为正规维修点，可保证维修合乎规范
◎核查维修费用、流程是否合理，并尽量促使其合理化

维修结果核查
◎检查维修后是否达到预定维修要求
◎检查维修对车辆的长期影响
◎将维修记录记入车辆技术档案

维修报废处理
◎对于值得维修的车辆，在考虑了维修成本、安全性、耗油量、维修后使用时间等因素后，选择作报废处理的可对其进行报废

维修赔偿处理
◎新车在保用期限内出现故障，由修理厂作出技术鉴定后，可向制造商申请索赔，赔偿处理后记入档案
◎车辆属于人员操作不当或其他人为原因造成车辆需维修的，按有关规定要求责任人赔偿并维修

图 7-11　车辆维修管理要点

(3) 车辆维修管理流程

行政事务人员应规范单位车辆维修的流程，相关人员应按流程规定进行车辆维修，车辆维修的流程如图 7-12 所示。

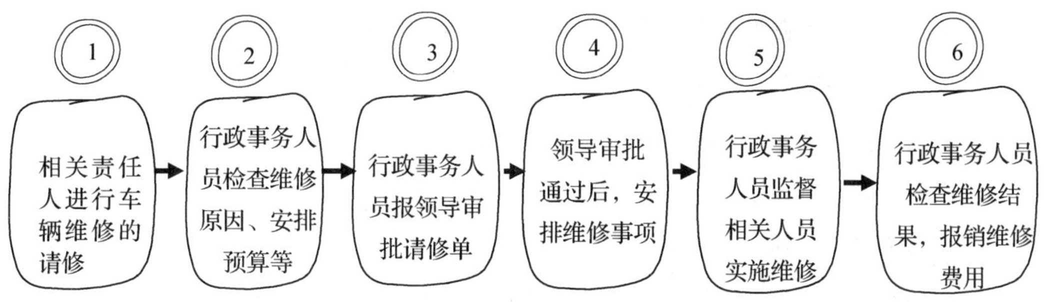

图 7-12 车辆维修操作流程

(4) 车辆请修单

车辆请修单是车辆维修及费用报销的依据，表 7-13 是车辆请修单示例，供读者参考。

表 7-13 车辆请修单

编号： 填写日期： 年 月 日

车号		里程数		责任人	
请修项目					
预计金额			修理厂		
损坏原因					
主管审核 意见及签字	□同意 □不同意			签字： 年 月 日	
复核人 意见及签字	□同意 □不同意			签字： 年 月 日	
管理人 意见及签字	□同意 □不同意			签字： 年 月 日	
请修人 意见及签字	□同意 □不同意			签字： 年 月 日	

1.5 司机安全教育管理

1. 明确司机安全教育的内容

司机的安全意识在很大程度上决定了行车安全，而行车安全涉及单位的财产安全与员工个人的生命安全。因此，相关行政事务人员应定期和不定期地组织司机进行交通安全教育，加强其安全意识，提高车辆安全管理水平。司机安全教育的主要内容包括但不限于下列 5 个方面。

（1）车辆检查方法

车辆检查方法教育包括出车前检查、收车检查、定期和不定期车辆安全和维护检查教育等。

（2）日常行车原则

日常行车原则教育包括安全第一、注意礼让、爱护车辆，还应加强避免不必要损失等原则的教育。

（3）职业道德

职业道德教育包括培养司机职业道德意识，形成良好的职业行为规范，树立典范行为的教育。

（4）交通规则

交通规则教育包括强化交通规则，教育司机严格遵守交通规则以保证自己和他人安全的教育。

（5）奖罚措施讲解

奖罚措施讲解包括安全奖罚措施的公布、讲解，激励司机学习和遵守安全规范方面的教育。

2. 制定司机安全教育管理规范

行政事务人员应制定司机安全管理教育规范并张贴，时刻提醒司机加强安全防范，树立“安全第一”的思想。司机安全责任书示例如图 7-13 所示，供读者参考。

1.6 车辆肇事管理

1. 规范肇事处理流程

单位车辆出现肇事现象，行政事务人员首先应当冷静，肇事发生后，应及时妥善

司机安全责任书

目的

为加强本单位行车安全管理，贯彻“安全第一、预防为主、综合治理”的方针，明确“谁主管谁负责，谁失职追究谁”的原则，保证员工人身安全、车辆安全，特制定本责任书。

适用范围

本责任书适用于司机驾驶组织车辆的安全管理工作。

司机责任

1. 树立“安全第一”的思想，本着对自己和他人生命及财产安全高度负责的精神，时刻把安全行车放在第一位。
2. 积极参加业务学习和安全学习，自觉遵守交通规则，服从交通管理人员指挥，做到文明行车、安全礼让、无违章、无事故。
3. 时刻保持车辆的完好状态，对车辆勤检查，发现隐患要及时处理，做到各部件牢固、灵敏，尤其是制动、转向部分，必须可靠、有效。
4. 不带病开车，严禁工作时间饮酒，不酒后驾车，不开与证照不符的车辆。
5. 在驾驶过程中要礼让三分，谨慎驾驶，避免开违章车、赌气车、疲劳车、“英雄车”等。
6. 要时刻保持车辆的完好状态，对车辆勤检查，发现隐患要及时处理，做到各部件牢固、灵敏，尤其是制动、转向部分，必须可靠、有效。
7. 熟悉并学习必要的安全救护知识，掌握行车安全应急预案，配备必要的车载消防及急救器材，遇事要沉着冷静，及时报告，将损失降到最低。

责任追究

1. 违反上述规定，有失职行为的，经领导会议研究后给予适当处理。
2. 严重失职者，发生恶性交通事故，经研究给予严肃处理，严重的报更高级部门及司法机关处理。
3. 本责任书一式两份，负责人和司机各执一份，自签订之日起生效。本责任书直至责任人离职时失效。

图 7-13 司机安全责任书示例

处理，把损失降到最低。车辆肇事处理流程如图 7-14 所示。

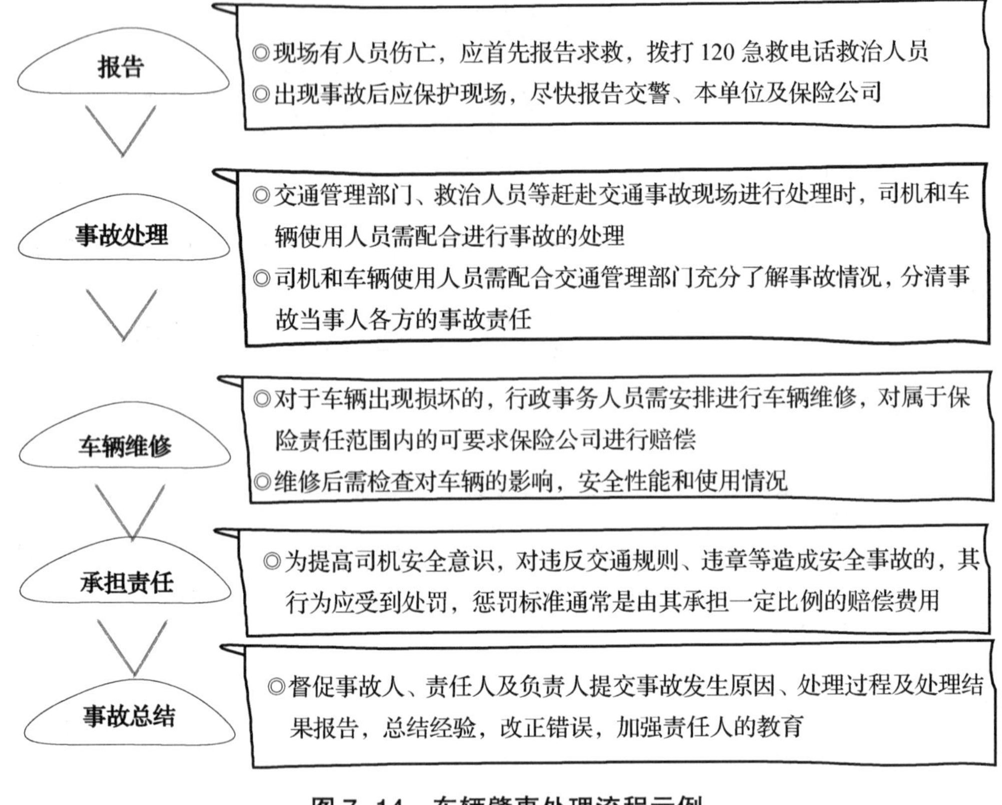

图 7-14　车辆肇事处理流程示例

2. 设计交通事故表单

行政事务人员应设计交通事故处理表单，肇事发生后，司机应及时填写交通事故处理单，示例见表 7-14。

1.7　车辆保险缴纳管理

为避免车辆肇事后为单位带来的巨大经济损失，行政事务人员应为机动车辆缴纳保险。

1. 车辆保险种类

机动车辆的保险可分为交强险和商业保险。

(1) 交强险

交强险是保险公司对被保险机动车发生道路交通事故造成对方的人身伤亡、财产损失进行责任限额内的赔偿的保险，是国家法规强制性要求必须缴纳的，也是购车后

表 7-14　　交通事故处理单

<table>
<tr><td colspan="2">事故描述</td><td colspan="7"></td></tr>
<tr><td colspan="2">发生时间</td><td colspan="7"></td></tr>
<tr><td colspan="2">发生地点</td><td colspan="7"></td></tr>
<tr><td colspan="2">见证人签名</td><td colspan="7"></td></tr>
<tr><td colspan="2">处理结果</td><td colspan="7"></td></tr>
<tr><td colspan="5">我方</td><td colspan="4">对方</td></tr>
<tr><td colspan="2">驾驶员姓名</td><td></td><td>年龄</td><td></td><td>姓名</td><td></td><td>车型年份</td><td></td></tr>
<tr><td colspan="2">住址</td><td></td><td>部门</td><td></td><td>车号</td><td colspan="3"></td></tr>
<tr><td colspan="2">驾驶原因</td><td colspan="3"></td><td>身份</td><td colspan="3">□驾驶员□行人□其他</td></tr>
<tr><td colspan="2">同车者</td><td colspan="3"></td><td colspan="2">同车者</td><td colspan="2"></td></tr>
<tr><td rowspan="2">驾照</td><td>种类</td><td colspan="3"></td><td rowspan="2">驾照</td><td>种类</td><td colspan="2"></td></tr>
<tr><td>编号</td><td colspan="3"></td><td>编号</td><td colspan="2"></td></tr>
<tr><td colspan="2" rowspan="2">取照时间</td><td></td><td rowspan="2">车型年份</td><td></td><td rowspan="2">公司</td><td>名称</td><td colspan="2"></td></tr>
<tr><td></td><td></td><td>地址</td><td colspan="2"></td></tr>
<tr><td colspan="2">损坏部分及程度</td><td colspan="3"></td><td colspan="2">损坏部分及程度</td><td colspan="2"></td></tr>
<tr><td colspan="2">意见</td><td colspan="3"></td><td colspan="2">意见</td><td colspan="2"></td></tr>
<tr><td rowspan="8">损坏程度</td><td rowspan="5">车辆</td><td>钣金</td><td colspan="2"></td><td rowspan="8">损坏程度</td><td rowspan="5">车辆</td><td colspan="2">钣金</td></tr>
<tr><td>烤漆</td><td colspan="2"></td><td colspan="2">烤漆</td></tr>
<tr><td>零件</td><td colspan="2"></td><td colspan="2">零件</td></tr>
<tr><td>其他</td><td colspan="2"></td><td colspan="2">其他</td></tr>
<tr><td>合计</td><td colspan="2"></td><td colspan="2">合计</td></tr>
<tr><td>身体</td><td colspan="3"></td><td>身体</td><td colspan="2"></td></tr>
<tr><td>物体</td><td colspan="3"></td><td>物体</td><td colspan="2"></td></tr>
<tr><td>其他</td><td colspan="3"></td><td>其他</td><td colspan="2"></td></tr>
</table>

总经理：　　　　　　　　主管：　　　　　　　　填写日期：　年　月　日

的第一道手续。否则车辆不能办理验车、上牌等事项，也不能合法上路。

（2）商业险

商业险是交强险的补充险，根据车辆所有者意愿自行补充购买。一般车辆商业保险的构成由四方面组成（见图 7-15）。

四个商业基本险种可单独或任意组合，一般车辆损失险和第三者责任险为较基本

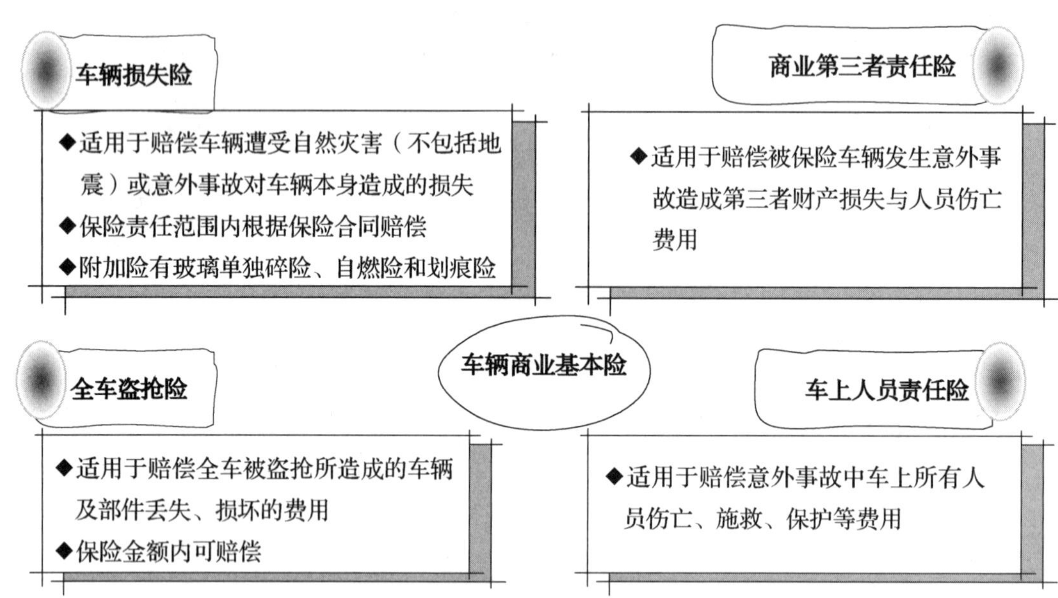

图 7-15　车辆商业基本险

的险种。另外还有司机乘客座位责任险、新增设备损失险、车载货物掉落责任险、车上货物责任险、不计免赔险等附加险种。行政事务人员应根据单位性质、车辆运输情况、单位要求和实际情况为车辆购买保险。

2. 车辆保险缴纳注意事项

（1）选择保险单位，警惕假保单

行政事务人员在为单位选择保险公司时须选择正规的保险公司，有正规的营业执照、保险资质，保险代理人也须是经培训并有上岗资质的。

一些假代理公司使用的保单和发票仿真效果好，与正规的保险公司无异，行政事务人员应格外注意。真代理保单单证第三联是白色无碳复写纸印制，并加印有“中国银行保险监督管理委员会监制”字样的浅褐色防伪底纹，右上角印有：“限在××省市自治区销售”字样，行政事务人员须明确区分。

（2）险种要实用

行政事务人员应根据本单位实际需要购买保险，一般来说，只有交强险是国家规定强制购买，其他险种不得强制搭配。如果单位认为交强险保障能力有限，需要购买车辆商业险，原则是购买车上人员险后再购买车损险。可先购买足额第三者责任险、车上座位责任险等人员保险，应付重大人员伤亡事故；其他车损附加险种自行根据情况购买，如车损险、自燃损失险等。

（3）注意免赔条款

车辆商业保险有些情况下保险公司拒绝赔付，行政事务人员在签订车险合同前须仔细阅读各项条款。例如购买第三者责任险，车辆撞到自己人，有些保险公司的条款规定不赔偿。再例如购买盗抢险，在有些情况下被盗是不赔的，例如本单位内司机盗车就无法赔偿。

免赔条款是在车辆保险理赔业务中，车主与保险公司经常出现纠纷的方面，行政事务人员在缴纳时应格外注意，以适当避免此类问题的发生。

（4）保险金额注意事项

投保金额、理赔金额是行政事务人员为单位办理车辆保险时需要注意的事项，具体要注意的问题见表 7-15。

表 7-15　　保险金额注意事项

序号	注意事项	具体说明
1	投保定额	◆按新车购置价投保是指按机动车同类新车（含车辆购置税）的价格购置保险，属于足额保险，车辆发生部分损失时按实际损失足额赔偿，全部损毁时按车辆折旧后的实际价值赔偿，该保险较为实用 ◆按协商价定保额是由投保人和保险人通过协商的方式确定保额，保险公司按照保额和新车购置价的比例来确定赔偿比例 ◆按实际价值投保是指按投保时新车购置价减去折旧金额后的价格来投保，属于不足额投保，按实际价值与新车价格之比按比例赔偿
2	是否足额投保	◆不足额投保是保险合同约定的保险金额低于新车购置价，车辆损失后按照保险金额与现车购置价的比例承担赔偿责任，按比例赔付 ◆足额投保是车辆损失后保险公司按照实际损失全额赔偿 ◆一般来说按新车购置价足额投保，第三者责任险足额投保，通常车险分成两大类，即基本险和附加险。基本险包括车辆损失险、第三者责任险和全车盗抢险，附加险包括风挡玻璃单独险、自然损失险、划痕险等 ◆其他险种根据实际情况选择足额或不足额投保
3	其他须知事项	◆重复保险的保险金总额和超过保险标的保险价值的，各保险赔偿金额的综合不得超过保险价值，多投保不会得到超价值赔款 ◆4S 店代理车险，手续简单，但有一定代理费用，相较于保险公司的手续费用更高，且注意银保监会规定车险产品折扣不允许低于七折 ◆保险公司遵循的原则是“补偿性原则”，赔偿数额不能超过财务的实际价值

第2单元　食堂管理

2.1　从业人员管理

为提高从业人员的从业水平，建设环境清洁、饭菜可口、服务优良的单位食堂，行政部应做好食堂工作人员的管理工作。

1. 食堂工作人员仪容仪表管理

食堂工作人员的仪容仪表是食堂留给就餐者的第一印象，良好的仪容仪表能够增加就餐者对食堂的信任感。图7-16所示为××单位食堂工作人员仪容仪表要求，供读者参考。

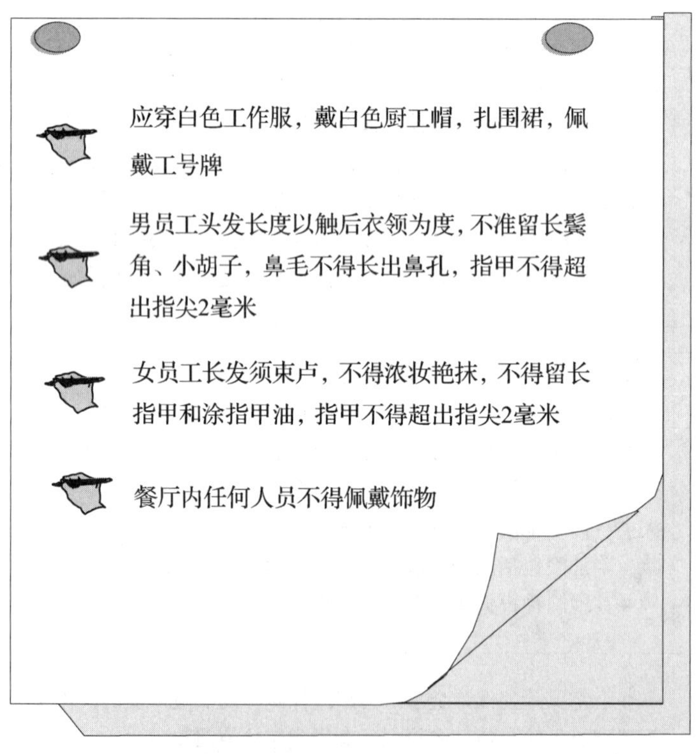

图7-16　食堂工作人员仪容仪表要求

2. 食堂工作人员卫生管理

为保证食品卫生安全，食堂工作人员应严格遵守有关卫生管理要求示例（见表 7-16）。

表 7-16 食堂工作人员卫生要求

操作阶段	卫生要求
食品加工处理前	◆用肥皂及流动清水洗手，接触直接入口食品之前应洗手消毒 ◆穿戴清洁的工作衣、帽，并把头发置于帽内，摘掉戒指、手链等首饰
食品加工处理中	◆由专门人员对原材料进行加工制作，非操作人员不得擅自进入操作间 ◆任何人员不得在操作间内抽烟、饮食及进行其他有可能污染食品的行为 ◆检查待加工食品，发现有腐败变质迹象或者其他感官性状异常的，不得使用 ◆切配好的半成品应避免污染，与原料分开存放，并应根据性质分类存放 ◆已盛装食品的容器不得直接置于地上，以防止食品污染 ◆在烹饪后至食用前需较长时间存放的食品，应在规定条件下存放，以免变质
食品加工处理后	◆食品加工所用的各项工具、容器使用后应洗净并保持清洁 ◆食品加工过程中废弃的食用油脂应集中存放在有明显标志的容器内，定期处理

2.2 食堂卫生管理

为全体员工提供卫生、放心、优质的饭菜和优良的用餐环境，维护和确保员工的身体健康，行政部应规范食堂质量卫生。食堂质量卫生要求如图 7-17 所示。

2.3 食堂采购管理

相关行政事务人员应随时与食堂管理人员沟通，掌握库存情况，结合当前市场行情，拟定采购计划，以保证食堂所需主、副食品的供应。

1. 食堂采购项目

员工食堂所需采购产品主要包括：食品原料、厨房日用品、餐饮用具等。任何产品的采购必须由供应商提供正规发票、送货单、收据等凭证。

2. 原料采购注意事项

为保障食品安全，单位相关采购人员在对食品原料进行采购过程中，必须遵守以下注意事项，详情如图 7-18 所示。

序号	项目	要求
1	原材料质量卫生	采购员不买腐烂变质的原料，食堂专员不收腐烂变质的原料，加工人员不用腐烂变质的原料；食堂不出售腐烂变质的食品
2	饭菜加工质量卫生	加工人员无任何有碍食品卫生的疾病，并严格遵守食品加工处理规范；厨房要经常清扫，保持干净、卫生的环境
3	成品存放质量卫生	生食与熟食隔离，成品与半成品隔离，饭菜食品与杂物、药物隔离，食品与天然冰隔离
4	餐具卫生	严格执行“一洗二刮三冲四消毒五保洁”的规定。其他用具容器和抹布也要经常进行消毒
5	食堂环境卫生	食堂进行定人、定物、定时间、定质量的清洁；用餐后的剩菜剩饭要有专用污物桶存放，并要加盖，由专人处理，做到垃圾污物日产日清，防止再次污染

图 7-17　食堂应遵循的质量卫生要求

注意事项	相关说明
严控采购质量	①不得采购霉变、腐败、虫蛀、有毒、超过保质期或卫生法禁止供应的食品 ②采购大批主食或副食要求供货单位提供卫生许可证以便查验，不得采购三无产品 ③把握气候季节变化情况，主动听取就餐员工意见，采购时鲜菜品，扩大花色品种
把好验收关	①采购食品原料坚持验收、结算、移交的交接办法，做到单据清、手续清、账目清 ②由验收员进行验收对不合格食品拒收，退回并要求重新配送 ③严禁腐烂、变质的原料入仓，以防止食物中毒

图 7-18　原材料采购注意事项

2.4　食堂外包实施方案

随着时代的发展，食堂外包逐步成为许多单位的选择，下面是某单位的食堂外包实施方案，仅供读者参考。

方案名称	食堂外包实施方案	编号	
		执行部门	

一、食堂外包的目的

将食堂外包给专业的餐饮公司，主要有以下三个方面的目的。

1. 节约经营管理成本。

2. 与餐饮公司的费用结算简易。

3. 便于对餐饮公司的服务、伙食质量等进行监督。

为确保以上三个目的的顺利达成，单位综合管理部经理及总务管理员应全力配合食堂外包工作，从单位经营效益和员工利益出发，选择优质的承包商并对其工作进行严格的监督，确保伙食标准的提升。

二、食堂外包的实施

（一）承包商资质调查

对承包商资质调查的指导规范如下。

1. 承包商必须有食堂承包经营经验，最好目前有已承包的食堂可供单位做实地调查。

2. 调查项目主要包括以下五个方面的内容，即承包商经济实力（资本）、外包餐厅的卫生及饭菜品质、外包单位就餐员工对承包商满意度调查、承包商目前承包的合同复印件、承包商的采购途径。

3. 调查前，综合管理部经理可指导总务管理员根据调查内容制作《承包商资质调查表》（见下表），然后组织3~6名部门员工根据上述五点对承包商资质进行调查，并将调查所得记录于调查表上。

承包商资质调查表

承包商名称			责任人				
外包单位地址			公司人数				
承办用餐人数		联系电话		调查日期			
调查状况（评分）	权重（%）	分值（在相应分值下方的“□”内打“√”）					
		10分	7分	5分	3分	0分	
1. 食堂卫生状况	15	□	□	□	□	□	

续表

调查状况（评分）	权重（%）	分值（在相应分值下方的“□”内打“√”）				
		10分	7分	5分	3分	0分
2. 饭菜品质	15	□	□	□	□	□
3. 菜的分量及品种	10	□	□	□	□	□
4. 食堂人员的衣着	10	□	□	□	□	□
5. 食堂人员的服务态度	10	□	□	□	□	□
6. 承包商的采购与贮存管理制度	10	□	□	□	□	□
7. 员工满意度	10	□	□	□	□	□
8. 该单位总务管理员对承包商的评价	10	□	□	□	□	□
9. 厨工对老板的意见	5	□	□	□	□	□
10. 该单位对承包商的监督工作	5	□	□	□	□	□
合计						
调查人备注事项						

调查人：　　　　　　　　总务管理员：

4. 被调查的承包商，最少应有5家以上，然后对各家实力统计总分，选取得分排前三位的承包商进行合作谈判。

（二）试承包经营

1. 合作谈判事宜完成后，综合管理部经理可向主管领导请示外包试行的日期，并通知承包商做好试承包经营准备。

2. 在试承包经营期间，单位应与承包商签订“食堂外包试经营协议书”（可参考《食堂外包协议书》制定）。

3. 试承包经营期至少持续2个月，以便对承包商的实力做合理、公正的评估。

4. 试承包经营期结束后，综合管理部总务管理员仍然可根据“承包商资质调查表”的评价项目对承包商的资质进行评价。

（三）签订长期合同

当承包商的试经营期通过后，单位就可以与其签订食堂外包协议书。在协议书中，需要就单位供水供电量的限定等事项作出详细规定，以避免承包商日后滥用水电。

食堂外包协议书

甲方：××单位　　　　　　　　地址：

乙方：××餐饮公司　　　　　　地址：

因业务需要，××单位（以下简称为甲方）食堂决定对外承包，经过 2 个月的调查显示，××餐饮公司（以下简称乙方）最具有承包能力，现经双方共同协商，达成以下承包协议。

（一）自×年×月×日至×年×月×日，甲方将食堂外包给乙方运营，其间乙方若表现良好，双方可另行签订长期合同；若乙方的运营被甲方否认，协议则到时终止。

（二）乙方应备足 5 万元保证金，于承包前交甲方财务部保管，以防乙方有违约或失职行为。

（三）乙方应保证足够的人力，以确保食堂的正常运行。

（四）乙方的员工在甲方食堂上班，应严格遵守甲方有关规定，对蓄意破坏或闹事者，甲方有权要求乙方对其进行解雇处理。

（五）承包期间，甲方会派人监督食堂的运作，监督范围包括采购验收、餐厅卫生，对不符合甲方标准的事项，甲方有权责令乙方改进，不听规劝造成后果的，由乙方负全部责任。

（六）乙方应确保饭菜品质，若出现食物中毒现象，情节轻微每次处罚 5 000 元；导致员工住院，乙方除应支付所有医疗费用外，另按 2 万元/次的标准缴纳罚金。

（七）乙方所有员工都应持健康证上岗。

（八）食堂应保持整洁，做到一天一小洗、一周一大洗。

（九）爱护甲方设施，损坏按价赔偿。

（十）甲方每周要对乙方的运作现状做总结，乙方责任人应按时出席，对甲方提出的需改善事项，乙方应遵照落实。

（十一）节约能源，餐后关好水电，对于有意浪费能源现象者，甲方有权对乙方作出罚款处理。

（十二）本协议一式两份，双方各执一份。

<table>
<tr><td colspan="6">（十三）本协议解释权在甲方，双方若有争议，向本市人民法院提起诉讼。
甲方代表：　　　　　　　　　　乙方责任人：
单位盖章：　　　　　　　　　　身份证号码：
日期：×年×月×日　　　　　　　　日期：×年×月×日</td></tr>
<tr><td>编制人员</td><td></td><td>审核人员</td><td></td><td>批准人员</td><td></td></tr>
<tr><td>编制日期</td><td></td><td>审核日期</td><td></td><td>批准日期</td><td></td></tr>
</table>

第3单元　宿舍管理

3.1　宿舍安全管理

宿舍安全关系到每个住宿员工的人身安危及单位的利益，主管行政部门必须重视起来。通常，单位加强宿舍安全管理主要有5大措施。

1. 规范住宿资格管理

单位必须明确员工申请住宿的条件，只有符合条件的员工才能允许住宿，从而最大限度地节省单位成本费用支出，有效保障员工宿舍安全。图7-19所示为××单位员工申请住宿的条件，供读者参考。

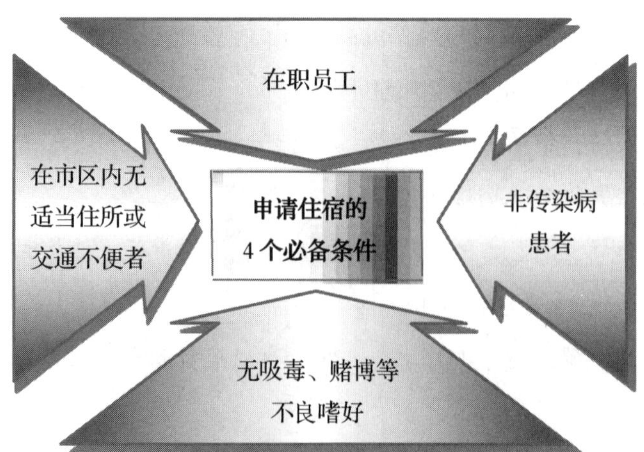

图7-19　××单位员工申请住宿的条件

当员工出现图 7-20 所示行为或情况之一时，单位应取消该员工的住宿资格。

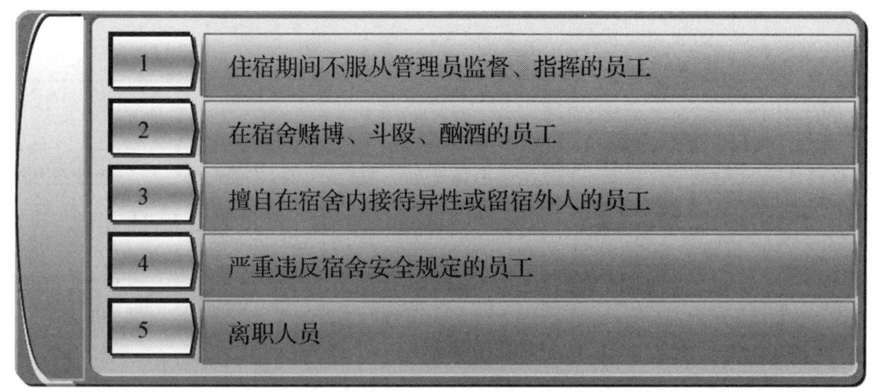

图 7-20 住宿资格取消的行为或情况

2. 设置宿舍管理员

宿舍管理员负责所管辖宿舍内的一切事务，主要有加强宿舍秩序管理，防止酗酒闹事、打架斗殴、赌博盗窃等现象的发生；发现危险或有安全隐患时，及时向上级汇报，并采取必要的防范措施。

3. 完善住宿登记、来访登记制度

建立、完善住宿登记管理制度，及时登记、更新住宿员工的信息，防止不法人员进入员工宿舍。实施宿舍来访人员登记制度，相关管理人员要做好交接班记录。

4. 开展宿舍安全教育

定期对住宿人员、服务人员、宿舍员工进行安全教育，对宿舍的锅炉工、电气工进行专业安全技术培训，经考核合格，才能上岗操作。

5. 落实安全责任制

制定安全责任制，明确规定住宿管理员、服务人员、设备操作者的安全责任。宿舍管理人员应定期检查安全责任落实情况，发现问题及时处理。

3.2 宿舍卫生管理

宿舍管理人员及宿舍员工应共同做好宿舍卫生管理工作，确保员工住宿环境整洁、规范，以使员工获得更充分的休息，保持良好的工作状态。

1. 划分宿舍卫生区域

为保证宿舍卫生管理工作得到有效落实，单位应做好卫生区域划分及管理工作，

明确各责任区域的管理人员，并对人员职责进行明确划分。图 7-21 为××单位宿舍卫生区域划分示意图，供读者学习和参考。

◎ 宿舍卫生区域划分为公用楼梯间卫生、走廊通道卫生、公用厕所卫生、浴室卫生、宿舍室内卫生、阳台卫生等

◎ 除了室内和阳台卫生由住宿员工自行负责外，其他地方皆由专职清洁人员打扫

◎ 清洁人员不仅要做好卫生工作，在发现各种设备设施毁损的情况要及时上报，发现员工有违纪事件，要及时制止并通报宿舍管理员

◎ 每个宿舍设一名宿舍长，由宿舍长制定宿舍值日排班表，并于每月底 30 日前将下月排班表送宿舍管理员处

图 7-21　××单位宿舍卫生区域划分示意图

2. 制定宿舍卫生标准

为保证宿舍的清洁卫生，行政部还应制定明确的卫生标准，并监督宿舍管理人员参照执行。表 7-17 为××单位制定的宿舍卫生标准，供读者学习和参考。

表 7-17　　××单位宿舍卫生标准

卫生区域	卫生标准
楼梯间	◆每天早晚两次进行地面清扫，保证地面无烟头、果皮、纸屑等 ◆定时擦洗，保证楼梯间无蜘蛛网、无积尘、无污痕、无水渍
走廊通道	◆走廊通道无纸屑垃圾、无污迹杂物 ◆扶手、栏杆要擦洗干净
公用厕所	◆墙壁干净，坐便器、小便器等卫生洁具清洁无黄渍 ◆无异味、无积粪、无尿垢、无蝇蛆 ◆地面无烟头、纸屑、积水等
浴室	◆每日清扫，无积水、无异味 ◆洗漱用品整齐排列，摆放一致
宿舍室内、阳台	◆地面不准有污迹。室内清理的垃圾必须装袋，每天及时送到垃圾桶里 ◆墙壁清洁，无蜘蛛网，无污迹，无手、脚印；无乱钉钉子、乱挂杂物、乱贴字画、乱扯绳子 ◆被子按标准叠放，整齐排列，方向一致

3. 开展宿舍卫生检查

为抓好宿舍卫生管理工作，必须设立宿舍卫生检查小组，落实宿舍卫生检查制度。宿舍卫生检查小组定期或不定期对各宿舍卫生进行检查，发现问题及时处理。

3.3 宿舍防火管理

员工宿舍人员比较集中，一旦发生火灾事故，极易造成重大财产损失和人员伤亡，因此，做好员工宿舍火灾隐患的预防，避免火灾事故发生，已成为主管行政部门不容忽视的重要工作之一。

1. 宿舍防火管理的日常措施

为做好宿舍防火管理，及时消除火灾隐患，单位主管行政部门及相关管理人员可从 6 个方面加强日常管理（见图 7-22）。

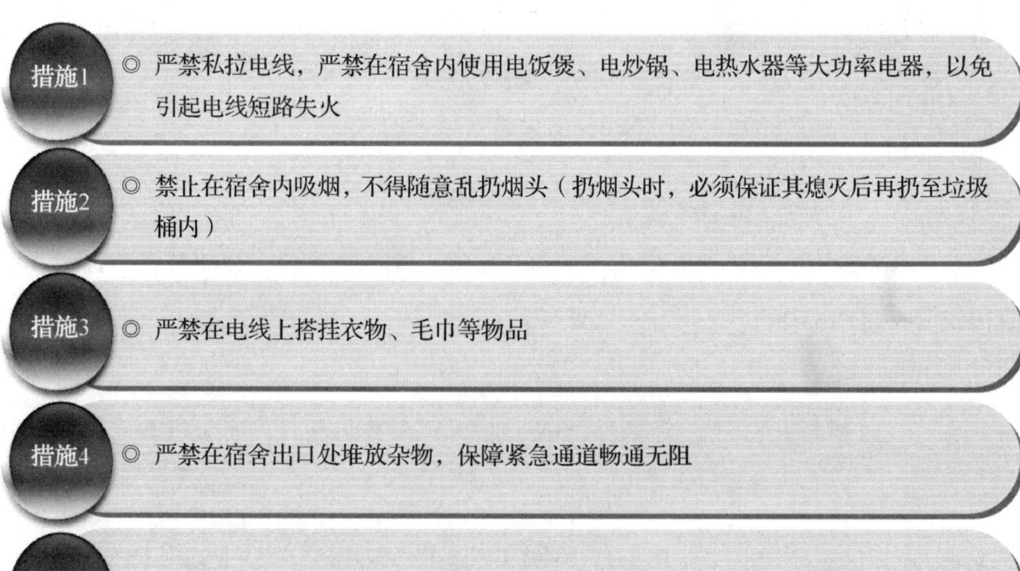

图 7-22 宿舍防火管理的日常措施

2. 做好宿舍防火教育培训

（1）宿舍防火教育培训内容

宿舍防火教育培训的内容包括 5 项（见图 7-23）。

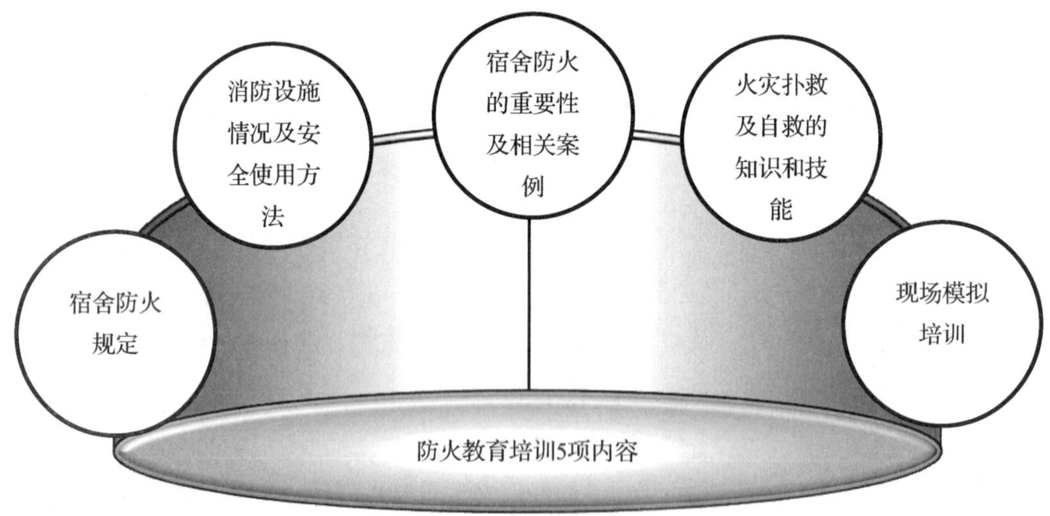

图 7-23　防火教育培训的内容

（2）宿舍防火教育培训方式

防火教育培训的方式主要包括：学习、演练、宣传等 3 种，各种教育培训方式的具体说明（见图 7-24）。

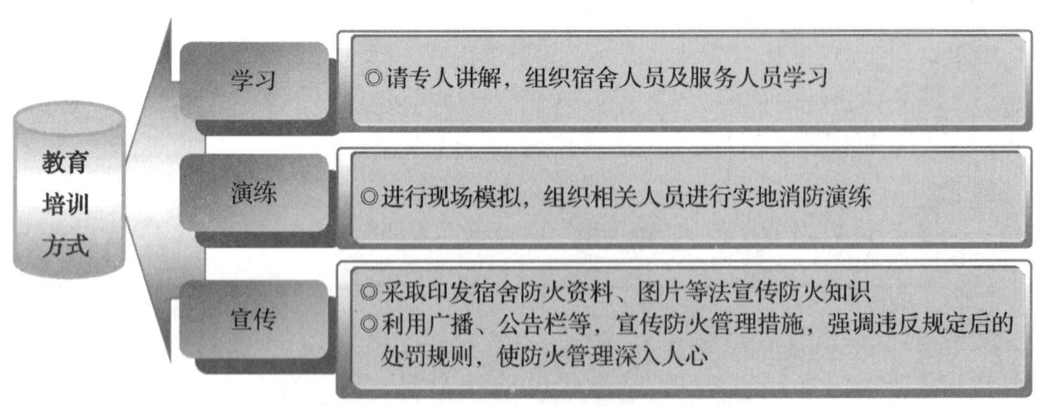

图 7-24　防火教育培训的方式及说明

3. 定期或不定期开展防火安全检查

单位相关管理人员要保持高度的警惕，经常巡视宿舍，检查防火设备设施的完好性及防火规章制度的落实情况，发现危险因素要及时发出整改通知书，并敦促相关人员消除隐患。

3.4 宿舍水电管理

水电是员工生活必不可少的物质资源，为保证水电设备安全、水电合理使用，减少浪费，主管行政部门及管理人员应做好员工宿舍水电管理工作。

1. 宿舍用电管理

宿舍用电管理主要应从 4 个方面抓起，即节约用电、确保电路安全、损坏赔偿管理及防止盗电等（见表 7-18）。

表 7-18 宿舍用电管理措施

管理措施	详细说明
节约用电	◆节约用电，做到随手关灯，人走灯灭，杜绝长明灯现象 ◆实行规定用电指标管理办法，对超指标用电的宿舍按规定加收电费 ◆尽量使用节能型电力设备，如用节能灯替代白炽灯
确保电路安全	◆严禁私搭电路，确保用电安全 ◆严禁使用违规电器，如热得快、电饭煲、电暖气等大功率电器，一经发现，立即没收 ◆电路管理人员定期或不定期检查电路安全情况，定期维修、保养宿舍电源开关等设备
损坏赔偿	◆灯泡、插座及其他电路设施坚持“谁使用谁保管，谁损坏谁赔偿”的原则 ◆宿舍管理员及时发现损坏的用电设施，并督促相关人员整改
防止盗电	◆采用防盗电配电盘、防盗电表表盖等防止越表窃电，同时要对窃电者实行经济制裁，责令其补缴电费及罚款 ◆任何人不得擅自开锁，拆卸、修理电表，违者按盗电处理

2. 宿舍用水管理

宿舍用水管理主要应从 3 个方面抓起，即节约用水、注重检查、损坏赔偿等（见表 7-19）。

表 7-19　　宿舍用水管理措施

管理措施	详细说明
节约用水	◆节约用水，随手关闭水龙头，做到人走水停 ◆沐浴的水用后即关闭
注重检查	◆及时检修给水管路和用水，着重检修阀门、水龙头等 ◆抽水马桶水箱等容易漏水的部位，要经常巡视、检查、维修
损害赔偿	◆水龙头、高低水箱、水阀等设施要坚持“谁使用谁保管；谁损坏谁赔偿”的原则 ◆损害给水、排水设施的，要求责任人照价赔偿

第 4 单元　卫 生 管 理

4.1　清洁用品及工具管理

1. 清洁用品管理

清洁用品主要是指各种清洁剂、空气清新剂、香皂、卫生纸等消耗性用品。清洁用品由行政部门按规定分发给单位保洁人员使用。使用时必须厉行节约，避免浪费，同时应做到清洁用品清洁专用，不能挪为他用或私用。

2. 清洁工具管理

清洁工具的管理主要可分为清洁工具领用管理和清洁工具使用管理，具体的管理措施见表 7-20。

表 7-20　　清洁工具的管理措施

清洁工具管理	具体措施
清洁工具领用管理	◆清洁工具领用前必须填写领用登记表 ◆领用清洁工具时，领用人需自行检查其完好性，因检查不周造成带病工具出库而影响工作的，由领用人自行负责

续表

清洁工具管理	具体措施
清洁工具 使用管理	◆清洁工具使用前要了解其性能、特点、耗电量等 ◆操作清洁工具前，使用人先清理厂区场地，防止接线板、电机进水或因电线卷入正在操作的工具中而损坏工具 ◆擦地机、抛光机、地毯清洗机、吸水机、吸尘器等均需按照使用说明正确操作使用 ◆高压水枪不能在脱水情况下操作 ◆使用清洁工具时如发生故障，使用人不得强行继续操作 ◆因工具使用不当造成机具、附件损坏者，由使用人按规定标准进行赔偿 ◆清洁人员应按要求做好清洁工具的清洗、保养工作

4.2 保洁工作管理

1. 保洁工作原则

单位保洁工作要注意以下3个基本工作原则。

（1）保持单位区域内每一个角落的干净、整洁。

（2）保证保洁人员专业、礼貌地提供保洁服务。

（3）保证保洁工具和清洁用品的合理使用。

2. 保洁人员纪律规定

保洁人员要遵循单位的保洁纪律规定，通常包括以下内容。

（1）遵纪守法，遵守本单位的各项规章制度。

（2）按时上下班，不迟到不早退，不无故擅离职守。

（3）上班穿工作服，戴工作牌，仪表整洁，精神饱满。

（4）讲文明，有礼貌，服从领导，团结同志。

（5）不得在工作时间做与本职工作无关的事。

（6）不做有损单位形象的事。

（7）不准擅自拿用单位物品，损坏、遗失的工具要按规定赔偿。

3. 日常保洁工作规定

单位可以根据自己的实际情况制定具体的日常保洁工作规定，通常包括以下内容。

（1）电梯保洁每天两次。

（2）每天清扫、拖抹楼道一次。

（3）擦抹楼道内的公共设施设备每周一次。

（4）在 8：00—17：30，要保持地面无杂物，公共设施无灰尘。

（5）一天两次清扫道路、公共场地等。

（6）及时清运垃圾桶、果皮箱内的垃圾。

（7）在 8：00—17：30，要保持道路、公共场地等场所无杂物。

（8）定期对雨污水井、化粪池、垃圾中转站、绿化带等易引发和滋生蚊蝇虫鼠的发源地和聚集地喷药、投药。

第 5 单元　环境绿化管理

5.1　绿地的设计

1. 设计影响因素

绿地设计人员在设计和规划单位总体绿地时，应综合考虑气候条件、土壤状况、绿地面积、厂区布局、绿化诉求和成本预算等因素，各因素的具体说明如图 7-25 所示。

2. 绿地设计思路

在进行总体绿地设计时，绿地设计人员应根据单位实际情况，并会同相关专业人员，合理开展绿地设计工作。一般而言，绿地设计人员可从生态和景观两个维度开展绿地设计工作，具体设计思路如下。

（1）生态设计思路

在进行绿地设计时，绿地设计人员应结合本单位所处区域的地理位置和环境特点，根据植物种群的共生、循环和竞争等生态原理，因地制宜地规划、设计绿地形式和植物搭配模式，进而充分利用阳光、空气、土地等资源，有效营造和谐、美观、有序和长期共存的立体植物群落，最大程度发挥绿地的生态效益，有效提高员工的舒适性、满意度和工作效率。

（2）景观设计思路

景观设计思路是在有效满足单位绿地使用要求的基础上，结合园林艺术，不断丰富景观效果，努力创造出实用、美观、富有意境的绿化区域。绿地设计人员在应用该

气候条件	一定的气候条件是植物生存的重要基础之一。绿地设计人员应准确掌握当地的季节变换、平均温度和湿度、光照时间以及降雨量等内容，根据当地气候特征合理选择最佳的植物种类和绿地模式
土壤状况	土壤状况也是植物生存的重要条件之一。绿地设计人员应根据组织周边土壤的实际状况灵活选择适合的绿化植物
绿地面积	不同的绿地设计要求不同的绿地面积。在进行总体绿地设计时，绿地设计人员应明确掌握单位可供绿化的土地形状和面积，进而选择最佳的绿化设计模式
厂区布局	不同的布局需要不同的绿地设计。绿地设计人员应深入调查和考虑单位建筑物分布、建筑物高度和道路位置等，灵活选择与现有布局相匹配的绿地模式
绿化诉求	不同的绿地设计具有不同的绿化功能。绿地设计人员应根据领导要求和单位环保需要，准确把握办公楼的绿化诉求，并根据不同的诉求内容设计最佳的绿地方案
成本预算	绿地设计人员应充分考虑绿化预算，准确核算绿地建设的成本费用，确保在预算范围内，顺利完成单位的绿化工作

图7–25 绿地设计影响因素

思路开展总体绿地设计时，应重点做好绿地的意境创造和空间处理工作（见图7–26）。

3. 绿地设计流程

为确保总体绿地设计工作有条不紊地进行，并最大限度地提高设计质量，绿地设计人员应合理规范和优化绿地设计的步骤和流程。一般而言，绿地设计的基本步骤有6步（见图7–27）。

5.2 绿植的选择和养护

1. 绿植选择

在确定单位总体绿地设计方案后，环境绿化管理人员应依据当地气候和土壤条件，以及单位对绿地的功能要求和观赏要求，合理选择和搭配适当的绿地植物。一般而言，绿地植物选择的维度和方法如下。

（1）高低协调下的植物选择

高低错落、起伏变化的绿地景观可有效增加自然之感，丰富员工的视觉感受，并

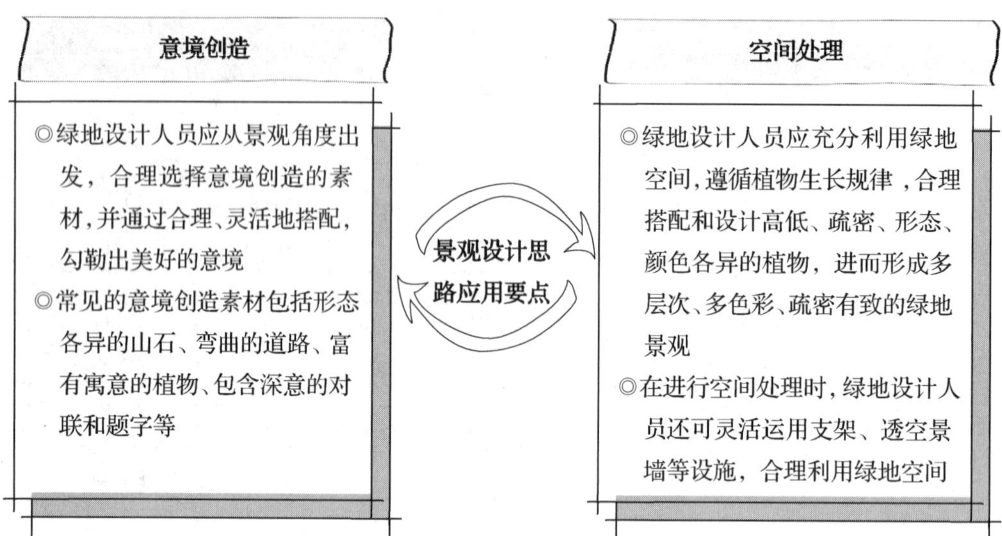

图 7-26　景观设计思路应用要点

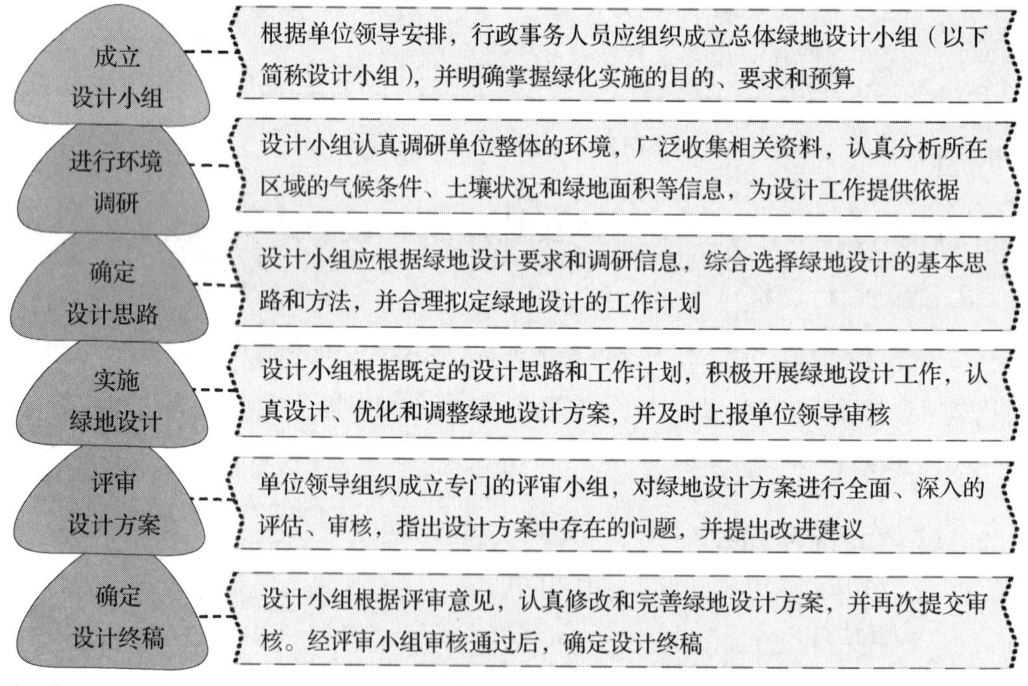

图 7-27　总体绿地设计流程示意图

起到良好的美化和环保作用。为达到这种效果，环境绿化管理人员应根据单位的具体情况，合理选择高低不同、错落有致的植物。一般而言，高度由高及低的绿地植物依次是乔木、灌木和地被植物。

1）乔木。乔木有明显、高大的树干，树干和树冠有明显的区分，是主要的绿化树种之一。乔木生命力强，寿命较长，株型整齐，具有较高的观赏价值和抗烟尘能力。常见的绿化乔木主要有松树、天竺桂、银杏、樱花树和小叶榕等。

2）灌木。灌木没有明显的主干、呈丛生状态，高度一般在 6 米以下，是常见的绿化树种之一。灌木耐寒、耐旱、对土壤要求不高，适应性强、生长较快，具有良好的观赏价值、园林绿化价值和经济价值。常见的绿化灌木主要有垂榕、夹竹桃、杜鹃花、红叶石楠、栀子花、丝兰、大叶黄杨等。

3）地被植物。地被植物是指株丛密集、低矮，经简单管理可代替草坪覆盖在地表，具有一定净化空气、防止水土流失作用的植物。地被植物的高度一般低于 1 米，品种繁多，生长习性各异，具有良好的绿化环保和观赏价值。常见的地被植物主要有美女樱、萱草、金边吊兰、假龙头、麦冬、银边草、铺地柏和花蔓草等。

除以上植物外，环境绿化管理人员还可将灌木修剪、编织成整齐的绿篱，进而装饰绿地，凸显人与自然的融合。

（2）色彩搭配下的植物选择

在选择绿地植物时，环境绿化管理人员应特别注意植物色彩的搭配和调和。为营造和谐、舒适、活泼的办公气氛，绿化管理人员在选择常绿植物为主色调的基础上，灵活、合理地选择具有其他色彩的植物，来丰富绿地色彩，点缀和烘托单位周边区域的气氛。

一般而言，色彩搭配常选择的植物，如图 7-28 所示。

（3）季相变换下的植物选择

季相是指植物随气候变化而表现出的不同外观景象。对大多植物而言，其季相是伴随四季的交替循环而有序变化的。丰富、连续的植物季相景观，可以让本单位区域一年四季都生机盎然、花开不断，进而让员工更加接近自然，更加舒适、放松。

因此，在选择绿地植物时，环境绿化管理人员应充分考虑植物的季相变换，结合当地气候规律和土壤条件，合理、灵活地选择在不同时令开花、生长的植物，进而使单位的绿地随时间的推进而呈现出丰富多彩的景象。

一般而言，环境绿化管理人员可选用木棉、凤凰木、大叶紫薇、杜鹃、美人蕉、栀子花、腊梅、秋菊等植物，利用其不同时间的开花规律来实现不同季节的季相变换。

（4）特色植物选择

这里的特色植物是指具有特定环保功能、对人体有益的植物。在单位周边绿地种

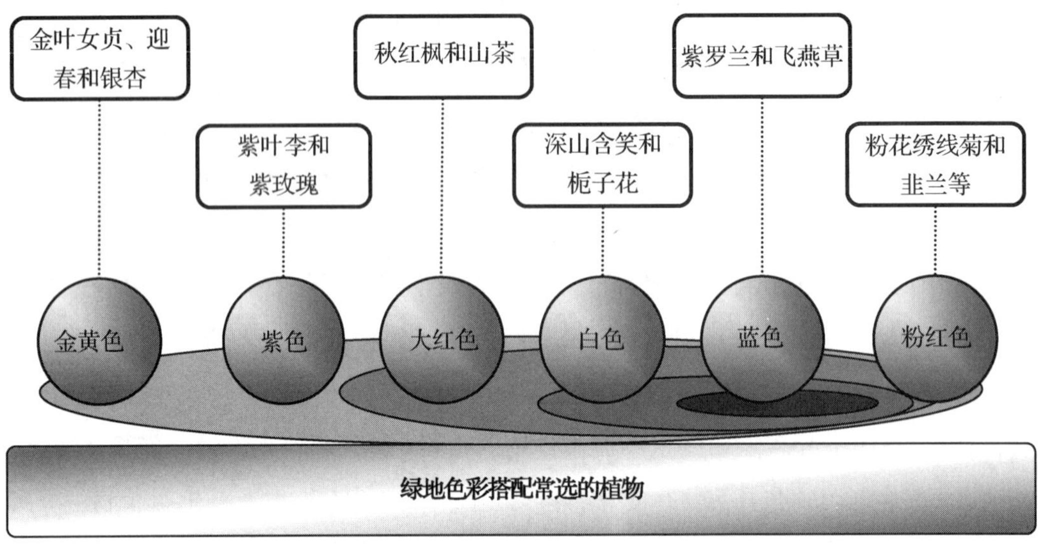

图 7–28　绿地色彩搭配常选的植物

植合适的特色植物，不仅能美化环境、利于观赏，还能对员工起到医疗保健的作用，进而改善员工的身心状态，提高其工作质量和效率。

2. 绿植养护

绿地规划和建设完毕后，环境绿化管理人员还应认真学习和掌握绿地植物的养护标准和要求，积极组织做好绿地植物的养护工作。一般而言，绿植养护工作主要包括浇水、施肥、修剪、病虫害防治、松土除草、补栽和绿地保护工作，具体内容如下。

（1）浇水

环境绿化管理人员应根据绿地植物的习性、树龄，以及季节、土壤干湿程度的不同，适时、适量、不遗漏地对绿地植物进行浇水。

（2）施肥

环境绿化管理人员应根据植物的生长规律，定期对绿地植物进行施肥。

（3）修剪

环境绿化管理人员应根据绿地设计意图、植物生长习性和景观要求等内容，定期、适当地修剪绿地植物，进而达到植物生长协调，形态均衡美观、整齐划一的效果。一般而言，植物修剪包括常规修剪和整形修剪两类，具体做法如图 7–29 所示。

（4）病虫害防治

为确保绿地植物的健康生长，环境绿化管理人员应贯彻“预防为主、综合防治”

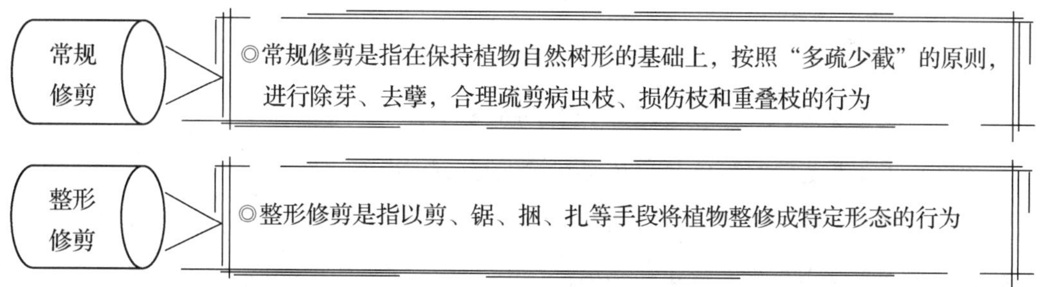

图 7-29 绿地植物修剪的两种类型

的方针，根据各类植物的病虫害发生规律，及时、有效地预防和治理病虫害。对此，环境绿化管理人员应依据绿地植物的类别、病虫害种类和具体环境条件，准确选择预防、治理药物及其浓度和施用方法，最大可能发挥药效，降低药物对植物和人员的伤害。

（5）松土除草

环境绿化管理人员应定期查看绿地的土壤板结程度和杂草情况。当土壤板结程度严重时，环境绿化管理人员应及时松土。此外，环境绿化管理人员应本着“早除、除小、除了”的原则，随时将各种杂草连根去除。

（6）补栽

环境绿化管理人员应合理保持绿地植物的种植量和种植密度，对缺株、断行、草坪秃斑等不良现象应适时进行补栽，以确保绿地植物的完整。

（7）绿地保护

除以上工作外，环境绿化管理人员还应根据单位相关规定，切实做好办公楼周边绿地的保护工作。具体工作内容包括但不限于以下 4 个方面。

1）在绿地明显位置竖立警示牌，劝勉员工不得伤害绿地植物。

2）对于出现倾斜的植物应及时、合理地进行支撑和扶正，确保植物顺利生长。

3）及时清理修剪下来的树枝、草屑和枯死的树苗。

4）加强绿地巡查，严禁向绿地倾倒垃圾、废物和废水。

除认真做好对绿地植物的养护外，环境绿化管理人员还应妥善做好相关养护设备工具的维护保养工作，通过规范使用、细心维护和认真保管，有效延长养护设备和工具的使用寿命。

5.3 卫生控制

卫生控制是单位绿化工作的基本内容和重要基础。一个脏乱差的环境，即使绿化工作再好，也很难起到良好的美化环境和愉悦身心作用。

因此，环境绿化管理人员在妥善做好绿化工作的同时，务必要严格做好卫生管理工作。一般而言，卫生控制的工作事项包括但不限于如图 7-30 所示的 4 点内容。

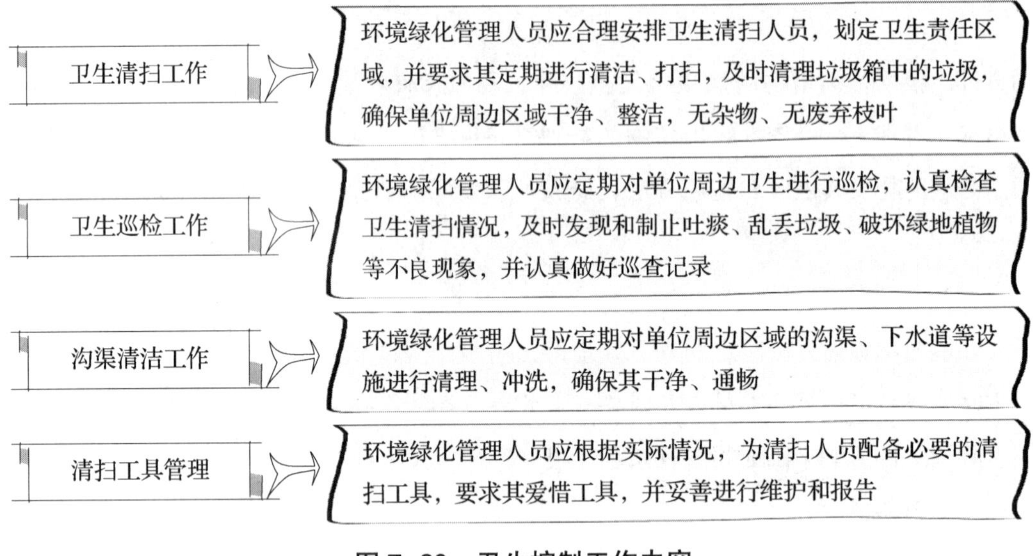

图 7-30　卫生控制工作内容

第 6 单元　安 全 管 理

6.1 安保人员管理

安保人员是单位安全管理工作的执行主体，只有做好安保人员管理工作，才能真正落实安保工作，提高工作效率和质量。

1. 安保人员教育培训

对安保人员进行教育和培训是为了提高安保人员的文化素质、思想素质、身体素质，保证上岗的安保人员都能胜任工作。安保人员的培训主要包括岗前培训和岗位培训，具体的培训内容见表 7-21。

表 7-21　　安保人员培训的主要内容

培训内容	具体内容
岗前培训	◆单位的基本情况，如发展史、组织结构、规章制度 ◆《中华人民共和国治安管理处罚法》《物业管理条例》等相关法律法规知识 ◆单位内部的各种管理制度，如员工手册、工作纪律、门卫制度等 ◆所辖区域的基本情况，如写字楼的构造、布局、监控、消防等情况 ◆警具的配备、使用和保管规定，对讲机的使用、管理规定，治安、消防、应急的电话号码 ◆职业道德教育、文明礼貌用语、服务规范用语等 ◆发生治安、火灾等紧急情况的处理办法 ◆队列训练
岗位培训	◆详细学习单位制定的治安工作手册内容，包括职责权限、规章制度、规范、标准等 ◆常规队列训练 ◆简单擒拿格斗训练 ◆交通指挥训练

2. 巡逻值勤管理

单位安保人员的岗位职责要求坚守岗位，特别是对单位的重要地段应实行 24 小时监控，以维护本单位安全。

(1) 巡逻注意事项

安保人员在巡逻过程中，需注意的事项如图 7-31 所示。

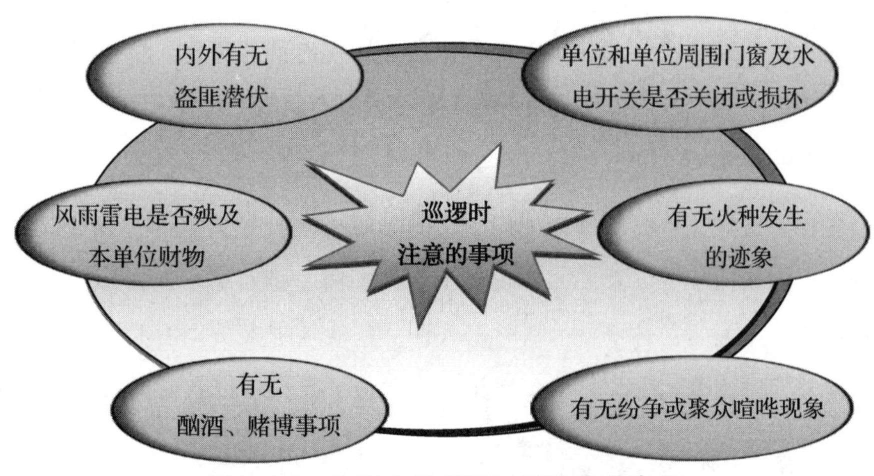

图 7-31　安保人员巡逻时需注意的事项

（2）巡逻工作要求

执行巡逻任务的安保人员，在巡逻过程中应严格遵守6点要求，如图7-32所示。

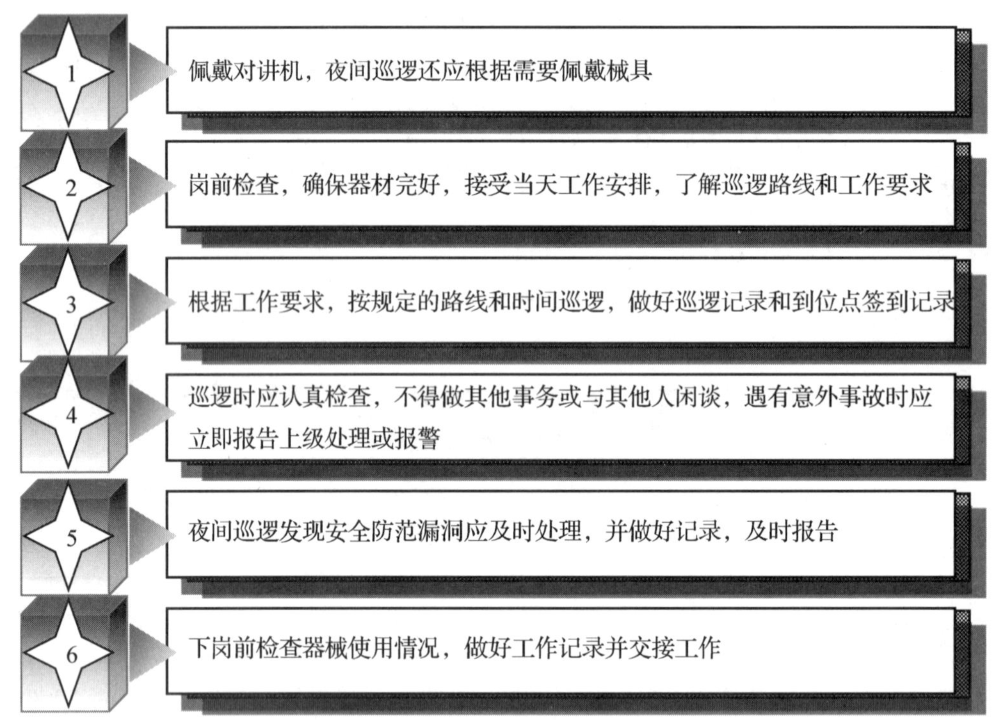

图7-32　巡逻工作要求

6.2　人员出入管理

人员出入管理是指安保人员对出入单位的人员所进行的管理。单位对人员出入所进行的管理包括：查验出入单位人员的身份和证件，严格履行登记手续。

1. 人员出入证件类型

单位安保人员应礼貌提示进入大门者主动出示合法有效的证件，如身份证、工作证、介绍信、出入门证等。其中，单位员工出入大门，必须出示工作证；外包工、基建工、临时工出入大门，必须出示临时出入证；其他外来人员确有必要进入时，安保人员要依照规定办理登记手续，认真登记名、单位、事由、进入时间以及携带的物品后方可入内。

2. 无出入证件人员处理

无有效证件、不履行登记手续或经确认无进入必要的，单位安保人员应禁止其入内；出入人员与安保人员发生冲突时，安保人员应主动向上级报告，并请单位有关领导出面处理。

6.3 车辆出入管理

车辆出入管理是指安保人员对出入单位车辆及物资所进行的管理。单位对车辆出入所进行的管理包括检查和登记。单位安保人员对出入车辆及物资可采用的查验方法如图 7-33 所示。

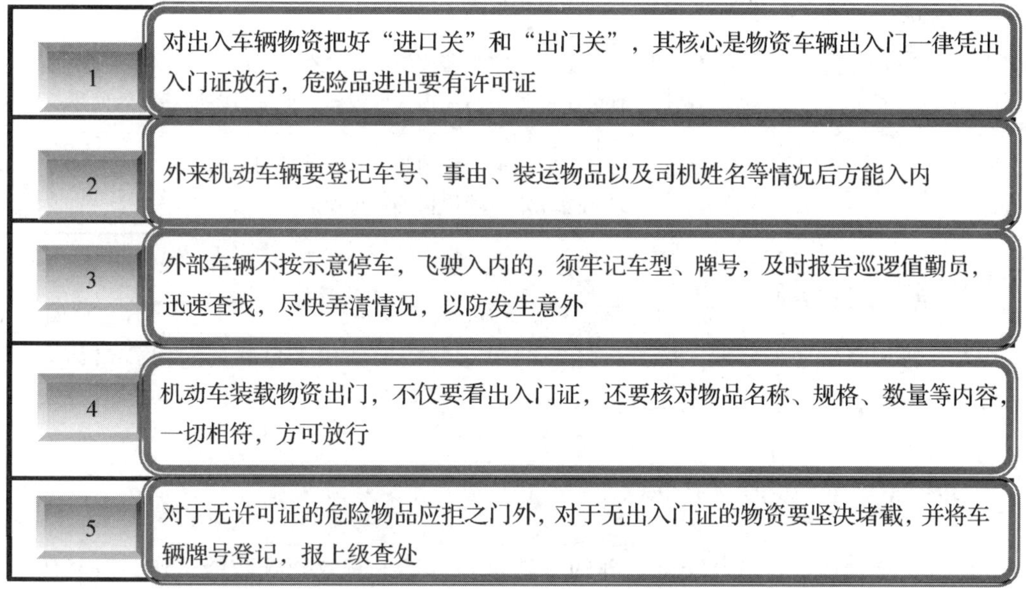

图 7-33 出入车辆物资的查验方法

6.4 消防安全管理

单位一旦发生火灾事故，可能会对生命、财产造成巨大的损失。因此，主管行政部门必须做好本单位的消防管理工作，确保单位及自身的生命财产安全。

1. 消防安全管理要求

单位消防安全管理的工作内容很复杂，但消防安全管理也有其基本的要求（见表 7-22）。

表 7-22　　单位消防安全管理的基本要求

消防管理项目	消防管理要求
新建或改建的建筑消防安全要求	◆不得擅自搭建易燃违章建筑，不得随意改变建筑的使用性质，不得在防火间距内堆放易燃物品，不得破坏已有的消防安全设施 ◆时刻保持消防通道、安全门、疏散通道畅通
易燃易爆厂房、设备、电气的消防安全要求	◆易燃易爆厂房、设备、电气附近要严禁烟火 ◆设备要勤于保养，防止跑气、冒气、漏气 ◆危险品要有可靠的管理人员，防止剧烈震动、撞击、倾倒
电气设备的消防安全要求	◆设备安装时如有明火作业，要有防火安全措施，在消除火灾、爆炸等安全隐患后，方能动工 ◆定期检查电气设备防雷、防静电等工作 ◆避免在电气设备附近堆放可燃物品
消防设备与火灾报警设施要求	◆单位内部消防设备与火灾报警设施应放置在明显的位置，便于使用 ◆定期维修、保养消防设备与火灾报警设施，保证设备能够有效使用
火灾事故处理要求	◆及时切断电源，并及时向当地消防、公安等部门报警 ◆组织人员通过紧急通道、疏散楼梯等迅速撤离

2. 消防安全管理办法

为预防和减少火灾危害，创建良好的消防安全环境，相关行政部门应着重从 5 个方面加强消防安全管理（见图 7-34）。

6.5　防盗安全管理

防盗安全管理也是单位安全管理的一项重要内容，有效做好防盗工作，有利于避免单位财产损失，确保单位各项工作有序开展。

1. 防盗安全装置管理

为加强防盗安全管理，单位安保人员应定期或不定期检查单位周围围墙、篱笆、护栏的完好状况，并在关键区域安装闭路电视、报警系统等设备，监督设备的完好性，确保各项安全装置有效发挥作用。

2. 防盗安全管理办法

单位要做好防盗安全管理工作，可采取的办法，如图 7-35 所示。

加强消防安全培训	◆培训内容：国家的消防法规、单位安全消防制度；火灾的形成及灭火方法；火灾的预防措施，报警、逃生等演习；消防器材的使用与操作等 ◆培训方式：利用黑板报、标语、安全标志等进行宣传；通过授课、投影、录像等方式进行宣传；示范演练等
建立消防队伍	◆组建专门的消防队伍，专门负责单位各项消防工作的指导、检查、监督、落实，进行消防值班、消防培训和消防器材的管理与保养等 ◆组织选择的消防人员至少满足以下要求：年轻力壮，身体素质好；反映灵敏，行动迅速敏捷；责任心强，勇于献身；有较好的思想道德素质和一定文化水平
做好消防与设施器材的配备与管理	◆确保单位内部灭火器、消防栓、自动喷水灭火系统、火灾自动报警系统齐全，且处于良好的运行状态 ◆消防与设施器材的管理人员按规定进行设备器材保养、检查
制定消防管理规章制度	根据自身环境和条件，制定《消防管理岗位责任制度》《消防设施设备使用管理规定》《公共楼道、楼梯、出口等部位的管理规定》《房屋修缮、装修中的明火使用规定》《电气设备使用规定》《易燃易爆物品的存放、储运规定》等，并以此来约束和规范消防管理人员和员工的日常行为，避免火灾事故的发生
做好消防安全检查和整改	◆组织相关工作人员定期进行消防安全检查，检查前预先编制防火检查表，明确检查要求、检查依据、合格标准等，并详细记录检查结果 ◆检查过程中发现隐患，应制定切实可行的整改方案，并严格落实整改方案，及时消除引起火灾或爆炸危险的潜在不安全因素

图 7-34 消防安全管理工作内容

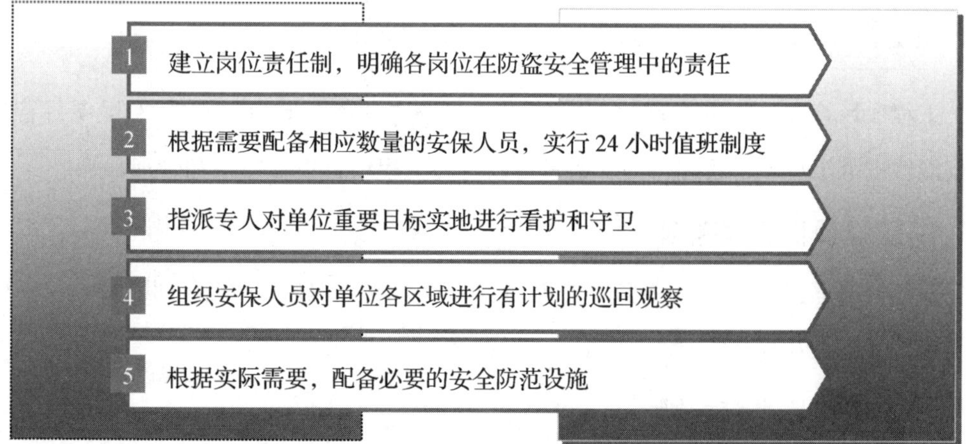

图 7-35 单位防盗安全管理办法

第7单元　物业管理

7.1　水电气暖维修管理

水电气暖事务人员应及时、妥善地做好水电气暖的维修管理，确保单位的正常运营。

1. 维修人员要求

水电气暖维修人员必须经过专业的培训并取得上岗证后才能正式上岗。维修人员培训的内容包括技能培训、安全作业训练、安全意识教育和安全作业管理等。

2. 维修实施原则

水电气暖维修实施的原则有3点。

(1) 维修人员开展维修作业时必须本着科学、规范、节约原则进行操作。

(2) 维修按先报先修、紧急先修的原则给予维修。

(3) 因报修项目较多而无法及时维修时，维修人员必须及时告知报修人员。

3. 维修管理程序

维修管理的一般程序如图7-36所示。

7.2　工程项目管理

工程项目管理是各单位行政部门的主要业务之一。行政部门做好工程项目管理，不仅能够规范工程项目管理行为，而且可以提高工程项目投资效益和管理水平。

1. 工程项目管理范围

通常情况下，行政部门负责的工程项目主要包括：房屋修缮，公共场所、公共部位及道路的施工和维修等。

2. 工程项目进度控制

工程项目的进度控制是指对工程项目各建设阶段的工作内容、程序、持续时间等方面所进行的控制。单位工程项目进度控制的方法见表7-23。

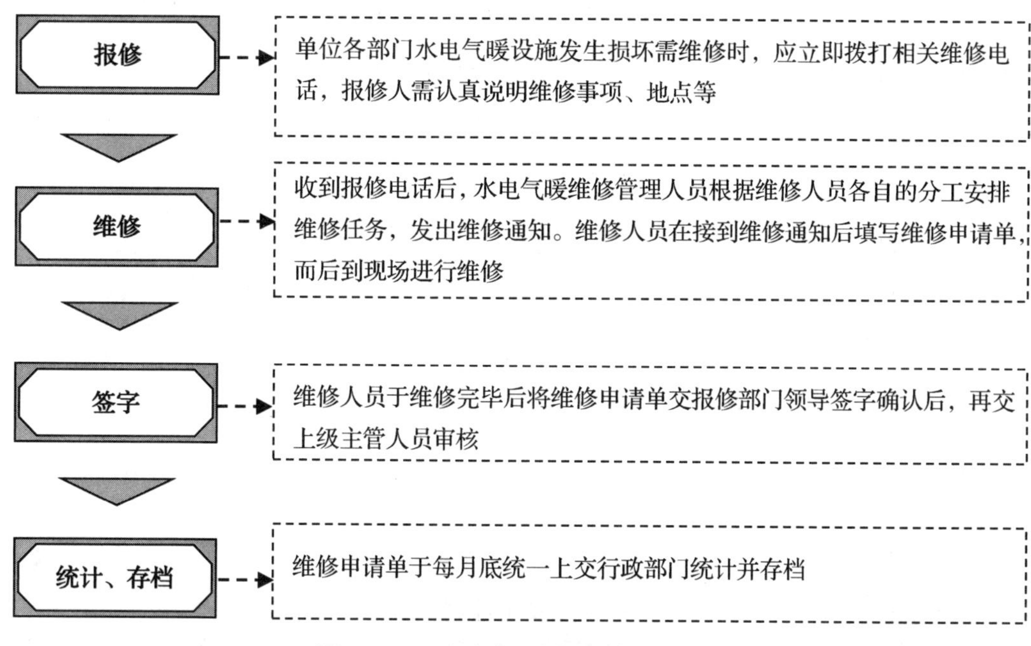

图 7-36　水电气暖维修管理的程序

表 7-23　工程项目进度控制方法

控制方法	详细说明
通过技术控制	采用先进方法编制工程进度表，并利用先进技术和手段，对工程项目的进度进行控制
通过合同控制	在签订合同时，明确工程项目进度控制要求，并将其写进合同中，以合同管理为手段保证工程项目进度目标的达成
通过奖惩控制	在保证工程项目所需资金、材料的前提下，对工期提前给予奖励，对工期延误给予惩罚，最大限度保证工程项目进度目标的达成
通过管理控制	明确工程项目进度控制人员的责任，建立各种有效的制度和程序，并经常检查实际进度是否按计划要求进行；对出现的偏差要分析原因，并采取补救措施，来确保工程项目进度目标的实现

3. 工程项目质量控制

工程项目质量控制是指行政部门为达到工程项目质量要求而采取的技术活动或措施。表 7-24 为工程项目不同阶段质量控制方法，供读者参考。

表 7-24 工程项目不同阶段质量控制方法

工程项目不同阶段	质量控制方法
可行性研究阶段	指派或聘请专门人员对设计方案、设计文件进行审查，对设计文件进行会审
施工阶段	认真审核施工有关的技术文件、报告和报表，并进行现场核对 定期或不定期对施工过程进行现场质量检查
质量验收与评定阶段	由建设、设计、施工、监理等单位代表共同完成质量验收和评定工作

4. 工程项目安全控制

工程项目安全控制是为工程项目施工安全所开展的各项管理工作。工程项目安全控制措施见表 7-25。

表 7-25 工程项目安全控制措施

控制措施	详细说明
落实安全责任管理	建立各级人员安全责任制度，明确各级人员的安全责任 做好监督管理工作，确保有工程项目施工渠道操作认可证，相关工作人员持证上岗
做好安全教育与训练	通过安全教育与训练，增强单位相关人员的安全生产意识，提高工程安全知识，有效防止不安全行为，减少人为失误
定期或不定期开展安全检查	工程项目管理及施工部门，应对工程施工的各个方面安全状况进行检查，发现安全隐患，必须果断消除
做好安全事故处理	发生安全事故后，不隐瞒、不虚报，不避重就轻，以积极的态度处理事故 分清造成事故的安全责任，总结生产因素管理方面的教训

思考与练习

一、术语解释

1. 车辆调度

2. 交强险

二、选择题

1. 单位所有车辆使用前，行政事务人员须做好（　　），核实用车情况，保证其在规定范围内使用。

A. 用车登记　　B. 车辆调度

C. 油耗管理　　D. 用车规范管理

2. 车辆使用前登记以（　　）的形式记录。

A. 车辆购置申请表　　B. 车辆使用登记表

C. 车辆使用申请表　　D. 车辆维修申请表

3. 行政事务人员应制定相应的（　　），以作为对车辆油耗管理的参照。

A. 管理标准　　B. 使用标准　　C. 里程标准　　D. 油耗标准

4.（　　）不属于宿舍卫生管理的工作。

A. 划分宿舍卫生区域　　B. 制定宿舍卫生标准

C. 开展宿舍卫生检查　　D. 食堂环境卫生

5.（　　）主要是指各种清洁剂、空气清新剂、香皂、卫生纸等消耗性用品。

A. 劳保用品　　B. 防护用品　　C. 清洁用品　　D. 保洁用品

6. 对车辆的检查时间分为（　　）。

A. 出车前检查　　B. 收车后检查　　C. 定期检查　　D. 不定期检查

7. 根据车辆维修对象和作业范围的不同，车辆修理可分（　　）类型。

A. 车辆大修　　B. 总成大修　　C. 车辆小修　　D. 零件修理

8. 宿舍用水管理主要应从以下 3 方面抓起，即（　　）等。

A. 节约用水　　B. 注重检查　　C. 损坏赔偿　　D. 制定标准

9.（　　）是绿地设计人员在设计和规划单位总体绿地时，应综合考虑的因素。

A. 气候条件　　B. 土壤条件　　C. 单位布局　　D. 成本预算

10. 环境绿化管理人员在妥善做好绿化工作的同时，务必要严格做好卫生管理工作。一般而言，卫生控制的工作事项包括但不限于（　　）这几项工作。

A. 卫生清扫工作　　B. 卫生巡检工作

C. 沟渠清洁工作　　D. 清扫工具管理

三、简答题

1. 车辆调度有哪些要求?

2. 简述车辆保养的程序。

四、案例分析题

单位计划为后勤部门的所有驾驶员进行一次培训，由您来负责，您将如何去做?

参考答案

一、术语解释

1. 车辆调度

车辆调度是指根据单位车辆使用管理规定和当天用车需要，对单位车辆的使用进行分配和安排。

2. 交强险

交强险是保险公司对被保险机动车发生道路交通事故造成对方的人身伤亡、财产损失进行责任限额内的赔偿的保险，是国家法规强制性要求必须缴纳的。

二、选择题

1. A　2. B　3. D　4. D　5. C

6. ABCD　7. ABCD　8. ABC　9. ABCD　10. ABCD

三、简答题（略）

四、案例分析题（略）

第8模块

行政事务管理制度

第 1 单元　规章制度的建设

1.1　规章制度的种类

单位规章制度是单位为完成某项任务或目标，要求相关人员共同遵守的办事规程或行为准则，主要包括单位制定的各种章程、制度、守则、规程、程序、办法、标准等。单位设计制度的目的是为了使单位的员工能够按照制度的规定开展工作，确保工作的规范化和标准化。

1. 制度的特点

根据制度的定义，制度一般具有以下 3 个特点。

（1）制度必须按照单位内部规定的程序制定，并且不能违背法律法规对单位规章制度制定的规定。

（2）制度必须以有效的方式向员工公示。

（3）制度的设定是就有关权利义务的规定。

2. 制度的种类

单位的规章制度种类繁杂，不同的单位有不同的规章制度。通常情况下，从单位事务角度出发，单位规章制度主要有以下几类。

（1）组织与战略规划制度。包括组织结构管理制度、组织发展规划制度、经营目标管理制度等。

（2）市场营销管理制度。这类制度主要针对经营性单位而言，包括营销渠道管理制度、营销订单合同制度、产品品牌管理制度、销售回款管理制度、销售售后服务管理制度、销售提成制度等。

（3）产品生产管理制度。包括生产计划管理制度、生产调度管理制度、生产统计管理制度、在制品管理制度、质量检验管理制度、不合格品处理制度、安全生产防护制度、安全事故处置制度、员工职业病防范制度等。

（4）采购供应管理制度。包括供应商管理制度、采购申请管理制度、采购合同管理制度、采购到货验收制度、采购验收退货制度等。

(5) 仓储物料管理制度。包括物资出入库制度、仓库存储保管制度、库存盘点核算制度、物流配送管理制度等。

(6) 组织财务管理制度。包括财务预算管理制度、财务收支管理制度、成本核算管理制度等。

(7) 人力资源管理制度。包括人员招聘管理制度、绩效考核管理制度、员工薪酬管理制度、人员培训管理制度、员工关系管理制度等。

1.2 规章制度的制定

1. 规章制度的设计程序

规章制度是单位进行规范化管理的基础。通常情况下，单位规章制度设计应按照如图 8-1 所示程序进行。

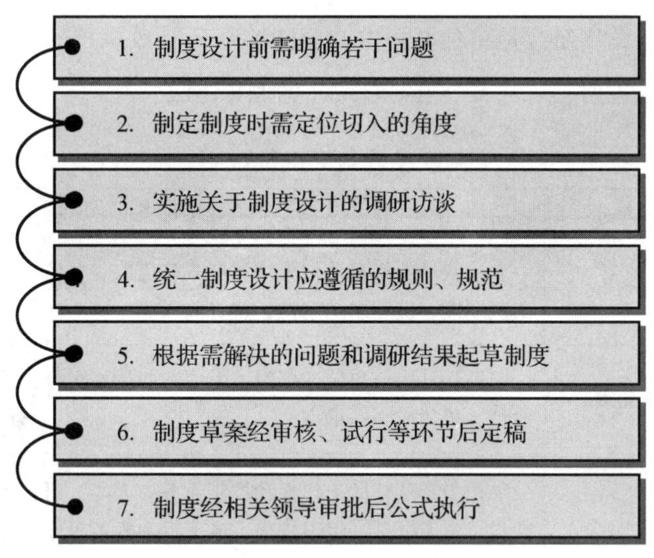

图 8-1 单位制度设计程序图

(1) 明确问题

单位制定管理制度的目的在于预警性地规避问题的出现或将已发生问题的危害控制在最小范围内，以避免或减少不必要的损失，保证单位内部各项经营管理活动正常、有序进行。制度不同，要考虑的问题也不尽相同。经过归纳总结，单位的制度设计至少应明确 6 个问题（见图 8-2）。

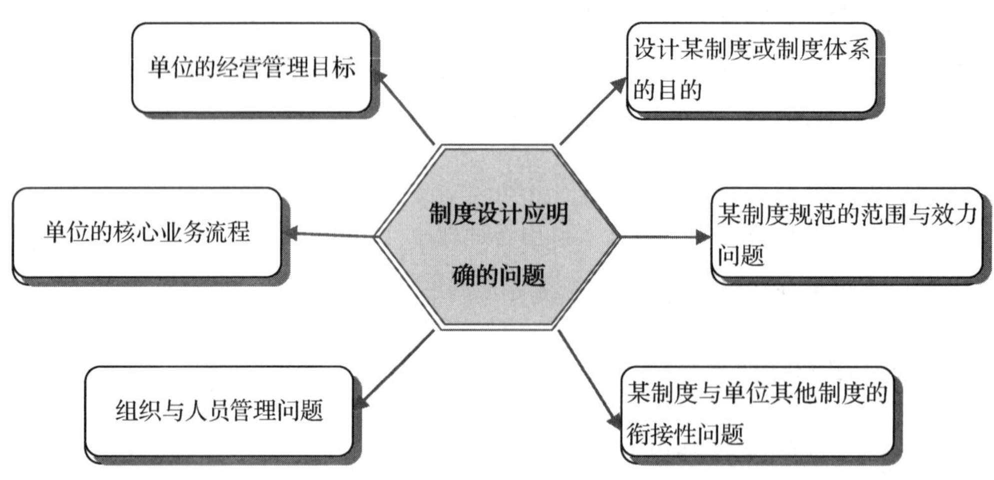

图 8-2　制度设计应明确的问题

（2）角度定位

准确、清晰的角度定位是单位的规章制度能够得到有效执行的前提条件。单位在设计或修订规章制度时，可从 5 个角度切入（见表 8-1）。

表 8-1　制度设计角度定位说明

角度分类	设计角度	角度定位说明
制度设计依据	战略角度	制度设计要符合单位整体发展战略需要，并依据单位战略发展需要明确职能，确定组织结构、权责关系等
	职能角度	制度设计要与单位、部门、岗位的职能相契合，否则制度将会很难执行，最后成为一纸空文
制度所属层级	组织管理角度	单位为了从整体上把握和控制业务、人力、财务和物力等，对组织架构、资源配置、组织战略、员工行为规范等作出整体性、基础性的规定
	部门管理角度	若要对某一部门的管理制定规划，就要站在部门管理的角度进行制度设计，以明确部门级别、权限范围、规范内容等
	业务管理角度	即对业务处理的过程管理给出具体的规定

（3）调研访谈

不论是设计新的制度，还是对原有制度进行修订，要想让制度的内容更有针对性，制度设计人员就应进行调研访谈，以了解单位实际存在的问题，从而设计出真正能满足单位需求的合适制度。

进行调研访谈一般采用观察法、访问法、会议法、查阅法等。这几种方式并非是孤立存在的，一般不单独使用，而是根据具体的制度要求、特点等结合使用，以使获得的资料全面、准确、有用，为制度设计提供参考依据。

在采用上述方式进行调研时，依据受访对象不同，所获取的资料也有所不同（见表 8-2）。制度设计人员可参考确定谈话内容，进行问题准备。

表 8-2　　受访对象及其访谈重点

受访对象	访谈重点
制度发起者	了解制度制定的目的，需要达到的效果，管理者的管理思想与理念等
制度涉及部门的管理人员	从制度实施、落实的角度，了解相关管理人员的需求、当前工作中存在的问题、制度规范的要点、制度设计的意见或建议等
制度涉及的其他相关人员	了解制度涉及人员的意见、建议等，让他们都参与制度的设计工作，以推动制度的公示与执行

制度设计人员要对通过调研访谈所获得的资料进行整理、归纳、分析，找出规律性、本质性的东西，同时比较各项工作之间的联系与区别，总结制度应包含的内容，为制度的起草做充分的准备。

（4）统一规范

单位内部一套体系完整、内容合理、行之有效的制度应达到“三符合”的要求，即符合组织管理的科学原理，符合单位管理者最初设想的状态，符合单位组织行为涉及的客观事物发展规律。为使单位制度达到上述要求，制度设计工作必须遵循 3 个“规范”（见表 8-3）。

表 8-3　　单位制度设计应遵循的 3 个“规范”

3 个“规范”	规范的内容
规范制度的制定者	◆品行要好，能做到公正、客观 ◆要有较好的文字表达能力和分析能力 ◆要熟悉单位内部各部门的业务及具体工作方法 ◆要了解国家和地方相关法律法规

续表

3个"规范"	规范的内容
规范制度的内容	◆制度体系要完善、科学、系统 ◆制度内容要规范、有效、有的放矢 ◆不能违反国家和地方相关法律法规 ◆要符合单位的实际需要 ◆要充分考虑制度覆盖人员的意见 ◆制度的条款设计要明确、翔实，便于理解与执行 ◆要明确制度的制定、审批、修改、废止等程序及权限 ◆要明确培训及实施过程、公示及管理、定期修订等内容 ◆制度所依的资料必须全面、准确，能反映单位内部活动的真实面貌
规范制度的实施过程	◆营造规范的执行环境，减少制度执行中可能遇到的阻力 ◆制度的制定、执行与监督应由不同人员担当，并记录保留制度执行的情况

（5）制度起草

在制度的设计工作中，明确了需要解决的问题及所要达到的目的，找到了制度的角度定位，明确了制度规范化的程度后，就进入制度内容的起草阶段。在起草制度的过程中，制度设计人员应遵循如图 8-3 所示的步骤进行。

（6）制度定稿

制度草案制定完成，需要通过意见征询、试行等方式获得相关建议、意见，及时发现不足和纰漏，并对其进一步修改和完善，直到最终定稿。制度设计人员可通过 3 种方式征询意见（见图 8-4）。

通过上述方式进行意见征询后，制度设计负责人应综合分析意见征询结果，汇总各种修改意见，对制度进行修改和完善，最终形成正式的制度条文，提交单位的主管负责人或上级主管部门审批后执行。

（7）制度公示

制度一经制定，就要为单位的经营管理服务，而非束之高阁。因此，经批准后的各项规章制度，应以适当的方式向单位内部乃至公众公示，以便于单位内部员工对制度的遵守执行，以及单位外部的主管部门、公众对制度落实情况的监督。常用的制度公示方式有 4 种，单位可根据实际情况选择运用（见表 8-4）。

步骤	要点说明
明确制度类别	不同的制度有不同的风格和写作方法，因此，应首先明确制度类别，并在此基础上进行制度设计的其他操作
明确制度目的	在调研访谈的基础上，进一步明确制度制定的目的，并为制度内容设计、条款设置等提供指导方向
制度内容规划	对收集的各种资料归类、汇总后，在对单位内部存在的问题、管理要求等进行深入分析的基础上规划制度内容
形成纲要	针对所规划的每一项内容，进一步分析，明确其要点并形成内容纲要
拟订条文	根据上述内容纲要，结合单位特点、业务流程、管理需求等，对单位内部人员及各项工作等进行规范，拟订出具体的制度条文，要求语言简洁、逻辑清晰
形成草案	采用图示、表格及文字等形式，将各项制度条文正式书面化，形成制度草案，完成制度起草工作
制度格式标准化	统一规范各个制度中所使用的名词、编号体例等，统一各个制度的模板，包括字体、字号、目录排列方式、纸张大小及边距、页码格式等，确保各个制度的内容完整、格式规范、标识一致、记录清晰、必备要素齐全

图 8-3 制度起草步骤

提取管理人员意见	制度讲解会	一定范围试行
将制度草案的内容提交给单位的主管负责人，及与制度相关部门的负责人，征求他们对制度草案内容的修改意见	召开与制度相关的所有人员参加的制度讲解会，由制度设计负责人讲解其设计思路和每一条具体规定，并现场解答与会人员的疑问，及时发现遗漏、重复及不合理的条文	将初步拟订的制度草案在一定范围内试行，征求试行部门及相关人员对制度草案的修改意见，判断制度的可执行性以及需增删的条文内容

图 8-4 制度草案意见征询方式

表 8-4　　　　制度公示的方式

制度公示的方式	相关说明
发布公文	以行政公文的形式予以颁布实施
网站公示	在单位的相关网站或局域网上对制度全文进行公示
集中学习	由单位的主管部门组织全体员工进行集中学习和培训
传阅学习	将制度做成电子或纸质文本交由单位内部员工传阅，且在阅读后签字确认，确认方式包括在制度的尾页签名、另行制作表格登记等

2. 确定管理职责

管理职责是单位制度的组成部分。确定科学、准确的管理职责能够确保单位内部各项工作有序开展，同时也利于单位管理的规范化。

（1）管理职责的划分

管理职责是制度的重要组成部分，在设计制度时，必须明确单位内部不同部门、不同岗位之间管理职责的划分情况，否则制度无法得到有效的执行和监督。通常情况下，单位管理职责划分的主要依据有 5 个方面（见图 8-5）。

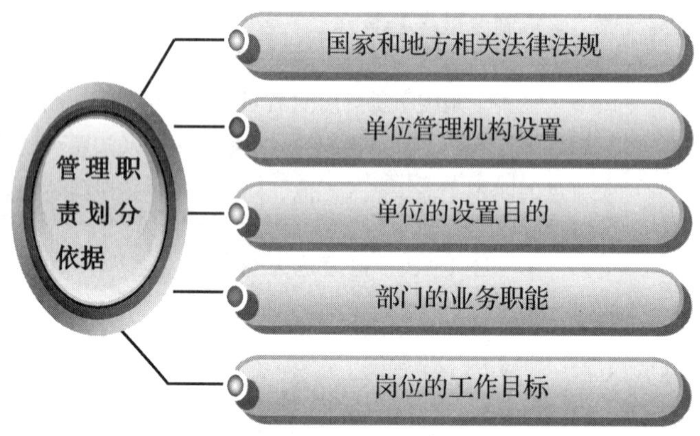

图 8-5　管理职责划分的主要依据

（2）管理职责的描述

在明确划分管理职责的基础上，制度设计人员需要详细描述管理职责的具体内容。一般来说，管理职责涉及的内容主要包括工作目标、职责范围、任务描述等，同时，还可根据需要注明管理人员的职级、责任程度等。

上述所列的内容一般可归纳总结在一张表或一张图中呈现（见表 8-5、图 8-6）。

表 8-5 管理职责描述模板（一）

基本信息	岗位名称		工作代号	
	工作部门		直接上级	
工作概述				
职责范围	1.			
	2.			
	3.			
	4.			
	5.			
任职条件	专业要求		学历要求	
	技能要求		工作经验	

	技能要求		工作经验	

职位名称

上级
下级

工作目标

主要工作关系
1.
2.
3.
4.

管理职责概述

主要工作内容
1.
2.
3.
4.
5.
6.

技能与经验要求
1.
2.
3.
4.

图 8-6 管理职责描述模板（二）

3. 设计制度

(1) 制度设计规范

在进行制度的设计时，必须遵循一定的编写规范。这些规范具体表现在5个方面（见图8-7）。

制度设计基本规范

合法合规
1. 制度的各项条款要符合国家和地方的法律法规等相关规定，不能超越法律、法规
2. 单位要赋予制定主体相应的职权，避免制度无效
3. 制度要经过法律程序审批生效并公示，加盖公章以示正式发布

内容完善
1. 制度的权利、义务、职责条款要服务于制度的目的，明确效力范围
2. 确保权利、义务、责任一致，有权利必有义务，有义务必有责任
3. 发挥制度的激励功能，即制度重在激发员工的积极性和责任心
4. 明确制度执行和解释部门
5. 制度要随着单位内外部环境的变化情况进行调整、逐步完善

形式美观
1. 制度框架要统一，如要有总则、主体内容、附件、相关制度与资料
2. 制度格式要统一，统一字体、字号、目录排列方式、纸张大小及边距、页码格式等
3. 制度要简明扼要，易于操作

语言简练
1. 语言简洁明白、通俗易懂，不产生歧义
2. 条理清晰、前后一致、不矛盾，符合逻辑规律
3. 对难以穷尽的事项用技术性术语概括规定

其他规范
1. 制度的可操作性要强
2. 注意与其他规章制度的衔接
3. 应规定制度涉及的各种文本的效力，并通过单位的网站、书面、电子文件的形式公示

图8-7 制度设计基本规范

(2) 制度结构形式

制度的内容结构常采用“一般规定——具体制度——附则”的形式，一个规范、

完整的制度需具备的内容要点包括制度名称、总则/通则、正文/分则、附则与落款、附件这5大部分。制度设计人员应注意每一要点，以使所制定的制度内容完备、合法合规。

需要说明的是，对于针对性强、内容较单一、业务操作性较强的制度，正文中不用分章，可直接分条列出，而总则与附则中有关条目不可省略。

根据制度的内容结构，现提供一份制度模板，供读者参考使用（见图8-8）。

制度名称				**发布日期**	
发布部门		**发文号**		**执行日期**	

第一章　总则

第一条

第二条

（一）

（二）

第二章

第三章

第四章　附则

附表1：

制度修订	1.
	2.

图8-8　制度模板

（3）制度名称拟定

制度名称拟定的基本要求是清晰、简洁、醒目。其命名模式一般为：受约单位（或个人）+基本内容+文种。在受约主体一目了然的情况下，也可略去受约单位（或个人)。

(4) 制度总则设计

总则是对制度的整体概述,具体内容主要包括但不限于图 8-9 所示的内容。

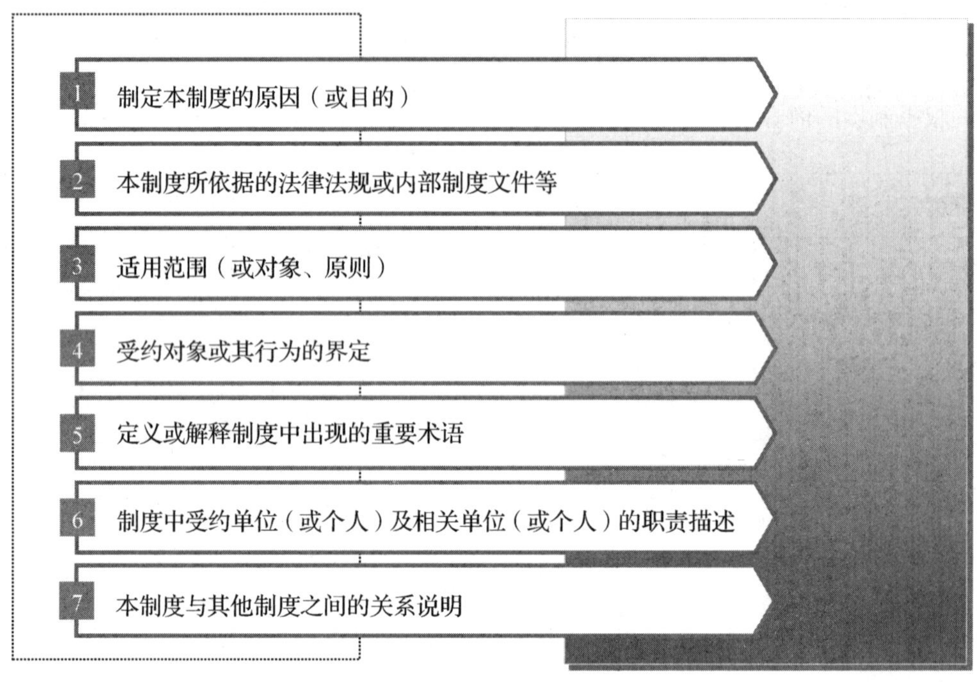

图 8-9 制度总则内容说明

对于受约单位(或个人)及相关单位(或个人)的职责描述,可根据制度的内容架构情况,将其编写成独立于总则之外的内容。但无论采用哪种处理方式,都要注意主要责任部门(或个人)、辅助责任部门(或个人)的先后逻辑关系,更要注意职责之间的逻辑关系。

(5) 制度正文设计

正文是制度的主体部分,主要包括对受约对象或具体事项的详细约束条目。其设计思路主要有两种。

1) 按对人员的行为要求分章分条,逐项规范。

2) 按具体事项的流程分章,对各具体事项分条予以规范。

无论采取哪种思路,在对制度正文分章、列条目时,一定要全面、符合逻辑,语言表述清晰,没有歧义。

(6) 制度附则设计

制度条文在自然结束的时候，应对制度的制定、审批、实施、修订、使用日期进行说明，以增强其真实性、严肃性。制度附则包括但不限于如图8-10所示4项内容。

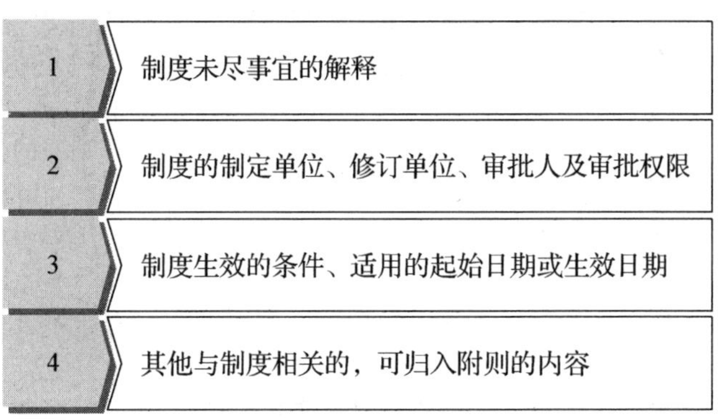

图8-10　制度附则内容说明

（7）制度附件设计

1）附件的内容。制度附件的内容一般主要包括制度执行中需要用到的表单、附表、文件等，主要有4个方面。

①制度的执行需要用到的表单、附表等。

②相关制度，即与本制度密切相关的制度体系内的其他制度。

③促进制度执行的方法及程序，包括行政措施、精神激励办法、经济激励措施等。

④相关资料，即与此项工作相关但更新频繁，且无须列入制度的文件。

2）设计附件的表单。在实践中不难发现，很多制度的附件中会出现一些表单，这些表单对于补充制度内容、丰富制度的形式、促进制度的落实与执行都起到重要作用。

①设计的原则。为了能将表单设计得清晰、简洁、直观，让人一目了然，设计人员需要遵循一个很重要的原则——将表单的行、列看成坐标的横轴、纵轴，把需要表达的内容置入其中予以展现。

在置入表单的内容时，应遵守简明扼要的原则，既要将意思表达到位，也要讲求表述的工整性，以使设计出来的表单简洁、美观、实用。

②表单的形式。表单的形式主要包括文字表、数量表、图表3种，制度设计人员应根据需要选择。

③表单的绘制。最常见的表单绘制工具有Word、Excel等，制度设计人员可根据工作需要选择使用。Word绘制表单的步骤如图8-11所示。

步骤1 创建表单	步骤2 输入表单内容	步骤3 设置表单属性	步骤4 表单形式的编辑与修饰
运用设定插入法、选择插入法、手绘法、复制法、文本转换法等方法创建所需表单	输入时，要运用关键词表达，既简明扼要、意思表达到位，也能实现表述工整的目的	具体包括套用表单的样式，设置表单本身的边框、底纹、列与行的属性、单元格的属性等	包括插入、删除单元格、行、列和表格，改变表单的行高和列宽，移动、复制行和列，合并、拆分单元格，表单的拆分，表单标题行的重复、对齐和调整，斜线表头的绘制等

图 8-11　Word 绘制表单步骤

1.3　规章制度的应用

1. 规章制度的作用

单位的规章制度制定之后，关键在于应用、执行，只有在应用、执行中，制度的作用才能显现出来。其具体作用如下。

（1）可以约束、调节全体员工之间的关系，保证单位有序、合法地运行。制度在应用中可以调节单位内部全体员工的人际关系和利益关系，实现员工之间的团结，从而实现单位的经营目标。

（2）可以起到强大的激励作用。完善的单位经营管理制度，尤其是单位人力资源管理制度，通过明确的权利、义务、责任的设置，使广大员工预测到自己行为和努力的积极后果，产生一种强大的激励作用，使得全体员工为实现单位的目标和使命而奋斗。

（3）合理健全的规章制度，有助于实现科学管理，提升工作效能，同时有效降低单位的运行成本。

2. 制度应用中存在的常见问题

规章制度非常重要，但在应用中却容易产生各种问题，使得规章制度的作用大打折扣。

（1）可操作性差。有的单位虽然也制定了相关事务的管理制度，但这些制度多是盲目移植其他成功单位现成的规章制度，没有与本单位的实际相结合，以至于在实践中规章制度的可操作性差，由此导致员工的不满。

（2）忽视员工的培训。规章制度制定之后，要想在实践中发挥应有的作用，单位必须做好与该制度相关的培训、教育工作。否则，规章制度在应用、执行过程中，不同的部门就可能有不同的理解，由此产生一系列问题。

（3）规章制度太陈旧。规章制度并不是一成不变的，而是要随着单位内外环境的变化而变化的。有的单位长时间沿用以前的“老办法”，规章制度十年不变，早已经与时代脱节，在应用中不但无法起到制度应该起到的作用，反而会产生一系列的弊端。

3. 制度应用中该做什么

俗话说“没有规矩，不成方圆”，完善、规范的规章制度对单位管理者和普通员工来说都是非常重要的。

在规章制度的应用、执行过程中，作为单位的管理者，要起到模范带头作用，以自己的一言一行和一举一动来引导、教育员工。有了管理者的带头作用，单位才能将制度顺利执行下去，形成一套成熟、稳定的运营机制。

对单位员工来说，要自觉遵守单位各项规章制度，为单位的发展贡献自己的力量，实现自己的人生价值。同时，也要注意利用相关的规章制度保护自己的合法权益。

第2单元　行政管理制度

2.1　行政办公制度

行政办公制度是从制度层面对行政办公管理工作进行规范，以防范和解决单位行政办公管理工作中出现的各种问题。

行政办公制度主要包括考勤管理制度、出差管理制度、会议管理制度、提案管理制度、公文管理制度、办公用品管理制度、文书资料收发管理制度、印章管理制度、会议室管理制度等，具体内容见表8-6。

表 8-6　　　　行政办公制度及目的

制度名称	目的
考勤管理制度	加强单位员工的管理，改进工作作风，提高办事效率
出差管理制度	规范单位员工出差行为，提高工作效率，加强对差旅费及相关费用开支的控制与管理
会议管理制度	规范单位会议事务管理，减少不必要的会议，缩短会议时间，提高单位会议决策的效率
提案管理制度	规范单位提案管理，调动员工工作积极性
公文管理制度	加强公文处理工作规范化、制度化，提高公文处理的效率和质量
办公用品管理制度	规范单位办公用品的采购、分发、保管，减少铺张浪费，节约成本，提高办公效率
文书资料收发管理制度	确保单位文书资料管理工作的正常进行，提高文书资料收发、处理的工作效率和质量
印章管理制度	规范单位印章管理，强化印章的权威性，避免因印章管理不当给单位带来法律风险
会议室管理制度	加强对单位会议室的管理，提高会议室的利用率

下面是单位实际工作中常用的几个行政办公制度，读者可以参照它们制定符合本单位实际的行政办公制度。

1. 员工考勤管理制度

以下是某单位员工考勤管理制度，供读者参考。

<table>
<tr><td rowspan="2">制度名称</td><td rowspan="2">员工考勤管理制度</td><td>编号</td><td></td></tr>
<tr><td>执行部门</td><td></td></tr>
<tr><td colspan="4">第 1 章　总则
第 1 条　目的
为了使员工明确工作和休息时间，严肃劳动纪律，保证工作效率，特制定本制度。
第 2 条　适用范围
本制度适用于单位部门主管级以下员工。</td></tr>
</table>

第2章　员工作息时间

第3条　单位实行每天8小时工作制，周一至周五为正常工作日，周六、周日休息。若有特殊情况，可另行安排作息时间。

第4条　上班时间为每天9：00—17：00，中午12：00—13：00为午餐时间。

第3章　员工考勤规定

第5条　打卡地点：单位行政部。

第6条　打卡时间：____—____及____—____，每天打卡两次。

第7条　员工上下班必须打卡，因故不能打卡者，须在当天向上一级领导陈述原因（出差者除外），并由部门领导签字报人力资源部备案，否则以旷工论处。

第8条　所有员工上下班须亲自打卡，任何人不得代替他人打卡或由他人代替打卡，违反规定者，一经发现，打卡者与持卡者每次各扣____元。

第9条　单位每天安排人员监督员工上下班打卡，监督人员负责将员工出勤情况报告值班领导，由值班领导报至行政部，行政部据此核发全勤奖金及填报“员工考核表”。

第10条　如考勤卡损毁或丢失，须及时向单位办公室备案。

第11条　各部门负责人为本部门考勤的第一责任人，考勤员由部门负责人确定。

第12条　各部门（或实体）于每月　日前根据考勤原始记载和打卡记录情况，对本部门上月的出勤情况进行如实汇总，经部门主要负责人审定、签字后报办公室汇总。

第13条　全体员工的年度考勤情况，由单位办公室在次年的元月10日前予以公示。

第4章　出勤管理办法

第14条　员工出勤管理办法见下表。

员工出勤管理办法

类别	说明	执行措施
迟到	×分钟以内	每次罚款×元，达到三次者，罚款×元
	×分钟以上×分钟以内	每次罚款×元
	×分钟以上	作旷工一天处理，罚款×元

续表

类别	说明	执行措施
早退	×分钟以内	每次罚款×元，达到三次者，罚款元
	×分钟以上×分钟以内	每次罚款×元
	×分钟以上	作旷工一天处理，罚款×元
旷工	未经请假，私自不来上班者按旷工处理	旷工一次罚款×元，一个月内累计三次将予以辞退
病假	员工病假须提前通知部门主管，并出具医院诊断证明	按员工日工资的×%计发
事假	1. 员工请事假须提前一天以书面形式向上级领导申请，经批准后方可执行；未经批准，擅自离岗者，以旷工处理 2. 超期请假须经单位总负责人批准，方可离岗；超期离岗者，按旷工处理；超期×天以上者，视为自动离职	事假期间扣除当天工资
外出	1. 员工外出办理与工作相关事宜前，须向部门主管请示，获得批准后方可外出，并应在办完事情后立即返回 2. 不得利用外出时间办理与工作无关的事宜	1. 因工作需要外出且获得部门主管批准的，按正常工作核发工资 2. 未经批准私自外出按旷工处理

第 5 章　休假

第 15 条　节假日

1. 一般公休日：周六、周日。

2. 法定节假日：元旦一天、春节三天、清明节一天、劳动节一天、端午节一天、中秋节一天、国庆节三天。

上述休假时间为一般执行标准，因单位工作需要，单位负责人可以调整和决定具体的放假时间及长短。

第 16 条　事假

1. 员工遇事必须在工作时间亲自办理时，应事先填写“员工请假表”，注明请假类别，经部门主管同意并把工作交代清楚后方可休假。

员工请假表

<table>
<tr><td>姓名</td><td></td><td>所属部门</td><td></td><td>请假日期</td><td></td></tr>
<tr><td>假期类型</td><td colspan="5">□事假□年休假□婚假□病假□丧假□产假□其他</td></tr>
<tr><td rowspan="2">请假时间</td><td colspan="2">开始时间： 年 月 日 时</td><td colspan="3">结束时间： 年 月 日 时</td></tr>
<tr><td colspan="2">申请假期时间： 天 时</td><td colspan="3">批准假期时间： 天 时</td></tr>
<tr><td>请假事由</td><td colspan="5"></td></tr>
<tr><td>直接主管签字</td><td colspan="5"></td></tr>
<tr><td>部门主管签字</td><td colspan="5"></td></tr>
<tr><td>人力资源部意见</td><td colspan="5"></td></tr>
</table>

填表说明：1. 请病假超过一天需附单位指定医院的证明；
2. 请假员工按请假原因在适当栏内划“√”即可；
3. 请假期间及准假权限按人力资源相关规定办理；
4. 假期核定后，经本部门登记后转送人力资源部备查。

2. 无法事先请假的，可以通过电话、微信、传真等方式请假。

3. 每月请假不得超过×天，全年请假累计不得超过×天，逾期者按旷工处理。

4. 事假不满一天者以实际请假时间计算。

5. 事假必须事前请准，不得事后补请。如因特别事项需要补请须申述充足理由，获准后方可补假。

6. 一般员工请假×天内由直接主管领导批准；×天至×天应由部门主管领导批准；×天以上事假必须报单位负责人批准。

7. 中层以上管理人员请假需经单位负责人批准，报人力资源部备案。

8. 员工请事假期间不享受正常工资和津贴。

第 17 条 病假

1. 因病或非因公受伤，凭单位指定的医院病休证明，予以休病假。

2. 员工病假期间的工资按其日工资标准的×%核发（累计病假在半年以内）。病假累计超过半年的，员工工龄为×年及以上的，按其日工资标准的×%核发；员工工龄为×年及以下的，按其日工资标准的×%核发。

第 18 条　婚假

1. 符合法定适婚年龄的员工可享受婚假 3 天；符合法定晚婚年龄的员工可增加至婚假 10 天。

2. 休婚假的员工需持结婚证办理休假手续，否则按事假处理。

3. 婚假期间享受岗位工资和津贴，但不享受绩效工资。

第 19 条　产假

符合国家计划生育政策规定的女员工，正常分娩者给予产假 98 天，难产者增加 15 天，多胞胎生育者每多育 1 个婴儿，增加产假 15 天。

第 20 条　其他假期

其他假期，按国家相关规定执行。

第 6 章　加班管理

第 21 条　加班类别及实施程序

1. 工作日加班，即指员工在正常工作时间 8 小时以外进行工作。员工加班，须在加班前一日填写“员工加班申请单”，一般员工经直接主管批准，主管级员工经部门经理批准。

2. 公休日加班，即指员工在周六、周日加班。员工在公休日加班须在周五下班前将填好的“员工加班申请单”交相关领导审批。

3. 节假日加班，即指员工在法定假日加班。员工节假日加班须在加班前的最后一个工作日内将“员工加班申请单”交相关领导审批。

第 22 条　加班待遇规定

1. 员工因加班而事后安排补休的，不予计发加班工资。

2. 员工因加班而事后未安排补休的，按照国家规定的加班工资计算标准计发工资。

3. 加班费连同员工工资于每月×日发放。

第 23 条　以下人员不得报销加班费

1. 出差已支领差旅费者。

2. 销售人员在任何时间从事工作，均不得支领加班费。

3. 门房、交通车司机、厨师等因工作内容有别，其薪资已包括工作时间因素在内，故不得支领加班费。

第7章 考勤管理

第24条 员工必须按时上下班，坚守工作岗位，听从指挥，服从分配，努力做好本职工作，保质保量地完成各项工作任务。

第25条 各部门考勤由行政部、部门主管监督执行，各部门主管于次月×日前将员工考勤统计汇总，上报单位行政部。

第26条 员工请事假、病假或休息和离岗前必须填写“工作交接单”，离岗人员与继任人员做好工作交接，以保证工作的连续性。未填写“工作交接单”者，处以×元/次的罚款。

第27条 员工外出前必须填写“员工外出登记表”，未填写者按旷工处理。

员工外出登记表

姓名		岗位		所属部门	
外出时间			预计返回时间		
外出事由					
部门经理意见					

第28条 员工全年的考勤结果将作为年度考核评定等级的依据之一，并与一次性年终奖金挂钩。全年累计迟到、早退×次以上者，年度考核不得评为优秀。其中，全年累计迟到、早退×次者，扣发×%的一次性年终奖金。

第29条 单位将对考勤情况进行不定期抽查，检查结果作为各部门年度考核内容之一。

第30条 对严重违反考勤制度，经教育不改者，除按上述规定予以处罚外，还将视情节轻重给予警告、记过直至辞退处理。

第31条 如各部门考勤统计严重失实，被查实后，考勤员、部门负责人将负连带责任，与当事人受到同等处罚。

第8章 附则

第32条 行政部对本制度拥有解释权。

第33条 本制度自公布之日起实行。

编制人员		审核人员		批准人员	
编制日期		审核日期		批准日期	

2. 员工出差管理制度

以下是某单位员工出差管理制度，供读者参考。

<table>
<tr><td rowspan="2">制度名称</td><td rowspan="2">员工出差管理制度</td><td>编号</td><td></td></tr>
<tr><td>执行部门</td><td></td></tr>
</table>

第 1 章　总则

第 1 条　目的

为规范出差管理流程，加强出差预算管理，特制定本制度。

第 2 条　适用范围

单位员工因公务需要在国内外出差（包括迁调）均依照本制度办理。

第 2 章　出差程序与审核权限

第 3 条　员工出差前应填写“员工出差申请表”。出差期限由派遣负责人视情况需要而定。

员工出差申请表

<table>
<tr><td>姓名</td><td></td><td>部门</td><td></td><td>岗位</td><td></td><td>职务</td><td></td></tr>
<tr><td>预计出差时间</td><td colspan="5">年　月　日—　年　月　日</td><td>共计</td><td>天</td></tr>
<tr><td>出差事由</td><td colspan="7"></td></tr>
<tr><td>费用预算</td><td colspan="7"></td></tr>
<tr><td>预借费用</td><td colspan="7"></td></tr>
<tr><td>部门经理审核</td><td colspan="7"></td></tr>
<tr><td>财务部审核</td><td colspan="7"></td></tr>
<tr><td>总负责人审核</td><td colspan="7"></td></tr>
</table>

填表说明：

1. 员工将填写好的“员工出差申请表”送人力资源部留存、记录考勤。
2. 员工在出差途中或生病、或遇意外、或因工作需要延长差旅时间时，应打电话向单位请示；不得因私事延长或无故延长出差时间，否则其差旅费不予报销。

第 4 条　出差的审核决定权限

1. 当日出差：出差当日可以往返的，一般由部门经理核准。

2. 远途国内出差：×日内由部门经理核准，×日以上由主管副总核准，部门经理以上人员出差一律由单位总负责人核准。

3. 国外出差：一律由单位总负责人核准。

第3章 出差费用报销

第5条 出差费包括的内容

1. 交通费。

2. 出差补贴。

3. 住宿费。

4. 伙食费。

5. 通信费。

6. 正当业务支用。

7. 其他。

第6条 出差人员凭核准的“员工出差申请表”向财务部暂支相当数额的差旅费，返回后×日内填具“差旅费报告单”，并结清暂支款。

第7条 当日出差

1. 员工当日出差每延误正餐时间一小时以上，按延误餐次支给误餐费每餐×元。但对外勤已支津贴人员，概不支给误餐费。

2. 当日出差的交通费及其他必要的开支凭相关证明实数支给。费用报销凭证丢失者，应说明丢失原因；使用单位提供的交通工具者，单位不支付交通费。

3. 当日出差员工必须于当日赶回，不得在外住宿。因实际需要不能于当日返回者，须事先通知部门主管，其发生的必要费用待返回单位后如数予以报销。

第8条 国内远途出差

1. 出差旅费分为交通费、住宿费、伙食费、业务支出及其他杂费等。

2. 随同高层人员出行的一般工作人员，其差旅费用可按高层人员的标准支付。

第9条 国外出差

1. 赴国外出差人员需凭核准的“员工出差申请表”编制出差费用概算，于出国前向财务部预借差旅费。

2. 出国人员如夜间恰在旅途中，不得报销当日住宿费。

3. 出国人员回国后×日内提交工作报告。

第 10 条　费用报销标准

费用报销标准一览表

单位：元

职别 费用标准		总经理	副总经理	部门经理及主管	一般员工
交通费		实报	实报	软卧实报或者报销飞机票价的×%	硬卧或软卧实报
每日住宿费		实报	实报	1. 经济特区×元以内 2. 一般地区×元以内 3. 境外地区×元以内	1. 经济特区×元以内 2. 一般地区×元以内 3. 境外地区×元以内
每日餐费	早餐	实报	实报	1. 经济特区×元以内 2. 一般地区×元以内 3. 境外地区×元以内	1. 经济特区×元以内 2. 一般地区×元以内 3. 境外地区×元以内
	午餐、晚餐	实报	实报	1. 经济特区×元以内 2. 一般地区×元以内 3. 境外地区×元以内	1. 经济特区×元以内 2. 一般地区×元以内 3. 境外地区×元以内
每日杂费		实报	实报	×元以内	×元以内
必要的业务开支		实报	实报	实报	实报

注：超出报销标准的费用必须提交书面说明，写明理由，经副总经理签字后方予报销，否则超出部分由报销人自己承担。

第 4 章　附则

第 11 条　行政部对本制度拥有解释权。

第 12 条　本制度自公布之日起实行。

编制人员		审核人员		批准人员	
编制日期		审核日期		批准日期	

3. 会议管理制度

以下是某单位会议管理制度，供读者参考。

<table>
<tr><td rowspan="2">制度名称</td><td rowspan="2">会议管理制度</td><td>编号</td><td></td></tr>
<tr><td>执行部门</td><td></td></tr>
<tr><td colspan="4">

第 1 章　总则

第 1 条　目的

为了使单位的会议管理工作规范化、有序化，减少不必要的会议，缩短会议时间，提高会议决策的效率，特制定本制度。

第 2 条　适用范围

本制度适用于单位内部会议管理。

第 2 章　会议组织

第 3 条　单位级会议，指单位员工大会、全单位技术人员大会及各种代表大会，应经单位总负责人批准，由各相关部门组织召开，单位领导参加。

第 4 条　专业会议，指单位性的技术、业务综合会，由分管单位领导批准，主管业务部门负责组织。

第 5 条　各部门、支部召开的工作会由各部门、支部领导决定并负责组织。

第 6 条　班组（小组）会由各班组长决定并主持召开。

第 7 条　上级或外单位在本单位召开的会议（如现场会、报告会、办公会等）或单位之间的业务会（如联营洽谈会、用户座谈会等）一律由单位组织安排，相关部门协助做好会务工作。

第 3 章　会议管理

第 8 条　会议准备

1. 明确参会人员。

2. 选择开会地点。会场环境要干净、整洁，安静、通风，照明效果好，室温适中等。

3. 会议日程安排。要将会议的举办时间事先告知与会人员，保证与会人员能准时参加会议。

</td></tr>
</table>

会议日程安排表

会议日期	时间	地点	内容	备注

4. 会场布置。一般情况下，会场布置应包括会标（横幅）设置、主席台设置、座位放置、台卡摆放、音响安置、鲜花摆设等。会场布置和服务如有特殊要求的按特殊要求准备。

5. 会议通知。会议通知应包括参加人员名单、会期、报到时间、地点、需要准备的事项及要求等内容。

会议通知单

召开会议部门		会议组织部门	
会议召开时间			
会议结束时间			
会议议题			
参会人员			
参会人员相关准备工作			
注意事项			
会议组织部门联系方式			

第 9 条　会中管理

1. 人员签到管理。会议组织部门编制“参会人员签到表”，参会人员在预先准备的“签到表”上签名以示到会。

2. 会场服务。会场服务主要包括座位引导、分发文件、维护现场秩序、会议记录、处理会议过程中的突发性问题等内容。

会议记录人员应具有良好的文字功底和逻辑思维能力，能独立记录并具有较强的汇总概括能力。会议记录应完整、准确，字迹应清晰可辨。

第 10 条　会后管理

1. 会后管理主要包括整理会议记录，形成纪要和决议等结论性文件，检查落实会议精神，分发材料，进行存档及会务总结等工作。

2. 会议记录人员应在×个工作日内草拟会议纪要，经行政部领导审核后，由会议主持人签发。会议纪要应充分体现会议精神，并具有较强的可操作性。

第 4 章 会议安排

第 11 条 为避免会议过多或重复，单位经常性的会议一律实行例会制，原则上按例行规定的时间、地点和内容组织召开。

部分会议内容说明

会议类型	内容
总负责人办公会	研究、部署行政工作，讨论决定单位行政工作的重大问题；总结评价当月单位行政工作情况，安排布置下月的工作任务
经营管理大会或员工大会	总结上季（半年、全年）工作情况，部署本季（半年、新年）工作任务，表彰和奖励先进集体、个人
经营活动分析会	汇报、分析单位计划执行情况和经营活动成果，评价各方面的工作情况，肯定成绩，指出问题，提出改进措施，不断提高单位效益
质量分析会	汇报、总结上月产品质量情况，讨论分析质量事故（问题），研究决定质量改进措施
安全工作会	汇报、总结上季安全生产、治安、消防工作情况，检查分析事故隐患，研究确定安全防范措施
技术工作会	汇报、总结当月技术改造、新产品开发、科研、技术和日常生产技术准备工作计划完成情况，布置下月技术工作任务，研究确定解决有关技术问题的方案
生产调度会	调度、平衡生产进度，研究解决各部门不能自行解决的重大问题
各部门例会	检查、总结、布置本部门工作

第 12 条 其他会议的安排

1. 凡涉及多部门负责人参加的会议，均须于会议召开前×日经部门或分管领导批准后，报办公室汇总，并由单位办公室统一安排，方可召开。

2. 行政部每周六应统一平衡编制会议计划并装订，分发到单位相关部门。

3. 对于已列入会议计划的会议，如需改期或遇特殊情况需安排其他会议时，会议召集部门应提前×天报请行政部并经单位相关领导同意。

4. 对于参加人员相同、内容接近、时间段雷同的会议，单位有权安排合并召开。

5. 各部门会期必须服从单位统一安排，各部门小会不应安排在与单位例会同期召开（与会人员不发生时间冲突的除外），应坚持小会服从大会、局部服从整体的原则。

第5章　会议注意事项

第13条　会议注意事项

1. 发言内容是否偏离议题。

2. 发言目的是否出于个人利益。

3. 全体人员是否专心聆听发言。

4. 发言者是否过于集中针对某些人。

5. 某个人的发言是否过于冗长。

6. 发言内容是否朝着结论推进。

7. 在必须延长会议时间时，应在取得大家的同意后再延长会议时间。

第14条　召开会议时需遵守如下要求：

1. 严格遵守会议时间；

2. 发言时间不可过长（原则上以×分钟为限）；

3. 发言内容不可对他人进行人身攻击；

4. 不可打断他人的发言；

5. 不要中途离席。

第6章　会议室日常管理

第15条　会议室由行政部指定专人负责管理，统一安排使用。

第16条　各部门若需使用会议室，需提前向行政部提交申请，由行政部统一安排。

会议室使用申请表

申请使用部门					
日期	召开会议时间	会议名称	主持人	参会人数	备注
行政部意见					

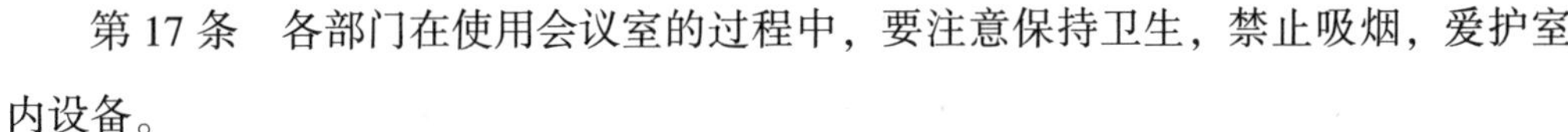

第 17 条　各部门在使用会议室的过程中，要注意保持卫生，禁止吸烟，爱护室内设备。

第 18 条　未征得单位同意，任何人不得将会议室内所使用的设备、工具、办公用品拿出会议室或挪作他用。

第 19 条　会议室的环境卫生由行政部派专人负责，在每次会议召开前后均要认真打扫，并做好日常清洁工作。

第 20 条　会议室使用完毕后，应随时关闭门、窗和全部设施设备电源，切实做好防火、防盗及其他安全工作。

第 21 条　会议室的钥匙由行政部派专人管理。

第 7 章　附则

第 22 条　行政部负责本制度的起草工作。

第 23 条　单位总负责人负责本制度的核准工作。

第 24 条　本制度自发布之日起实行。

编制人员		审核人员		批准人员	
编制日期		审核日期		批准日期	

4. 提案管理制度

以下是某单位提案管理制度，供读者参考。

制度名称	提案管理制度	编号	
		执行部门	

第 1 条　目的

为充分发挥广大员工的聪明才智，调动员工的工作积极性、主动性和创造性，鼓励员工对单位在经营管理过程中出现的问题和不足之处提出合理化建议，给单位带来更大的效益，特制定本制度。

第 2 条　权限机构及其职责

为审议员工建议或提案，单位特设置员工建议或提案审议委员会（以下简称审委会），并由各部门主管担任主要审议委员。其具体职责如下。

1. 关于员工提案的审议事项。

2. 关于员工提案评审标准的研讨事项。

3. 关于员工提案奖金金额的研讨事项。

4. 关于员工提案实施成果的研讨事项。

5. 其他有关建议制度的研究改进事项。

第 3 条　提案项目范围

1. 对于单位产品与各项服务，提出具体改进方案。

2. 对于产品维护技术，提出改进方法。

3. 对于单位各项作业方法、程序和报表等提出改善意见，具有降低成本、简化作业、提高工作效率等作用。

4. 对于单位未来经营的研究发展事项，提出具有采纳价值或实际效果的研究报告。

5. 适用于市场的新产品、新技术、新工艺和新材料。

6. 对引进的先进设备制造工艺和先进技术进行消化、吸收和改进。

7. 开拓新的生产业务。

8. 计算机技术在通信生产和管理领域的应用。

9. 生产中急需解决的技术难题。

10. 有关机器设备、维护保养的改善。

11. 为了提高原料的使用效率，改用替代品原料，节约能源等。

12. 新产品的设计、制造、包装及新市场的开发等。

13. 废弃能源的回收利用。

14. 促进作业安全，预防灾害发生等。

15. 对于单位各项规章、制度、办法提供具体的改善建议。

第 4 条　员工提出建议时应使用本单位规定的“提案建议表”。

提案建议表

姓名		岗位		所属部门	
提案改善类别	□工程类□产品类□管理类□其他（请注明）				
现状及存在问题					
建议改善的内容					

续表

改善后预期效果	
部门主管意见	
行政部意见	
总负责人意见	

第5条　审委会根据“提案审议表”中的各个审议项目，逐项研讨并评定分数后，以总平均分拟订等级及奖金金额。

第6条　提案经审委会审定认为不宜被采纳实施的，应将提案交由行政部主管据实核对签注理由，委婉通知原建议人。

第7条　提案经审委会审定认为可以采纳的，应由审委会召集人会同行政部主管，于审委会审定后3日内，以书面形式详细注明建议人姓名、提案内容、该提案实施后对单位的可能贡献、核定等级、奖金数额及理由，连同审委会各委员的“审议表”一并报请经营会议复议后，由总经理核定。

第8条　为避免审委会各委员对建议人的主观印象，影响审议结果的公平性，行政部主管在提案未经审委会审议前，对建议人的姓名应予保密，不得泄露。

第9条　提案如由两人以上共同提出，其所得奖金按人数平均分配。

第10条　有下列情形之一者，不得申请奖励。

1. 各级主管人员对其本身职责范围内的工作所提出的建议。

2. 被指派从事该工作而提出与该工作有关的提案者。

3. 同一建议事项，他人已经提出并已获得奖金的。

第11条本制度自公布之日起实行，行政部拥有解释权。

编制人员		审核人员		批准人员	
编制日期		审核日期		批准日期	

2.2　后勤管理制度

后勤服务制度是从制度层面对单位的后勤服务工作进行规范，以防范和解决后勤服务管理工作中出现的各种问题。

后勤服务制度主要包括车辆管理制度、内部治安管理制度、食堂管理制度、宿舍管理制度、医务室管理制度、消防安全制度等，具体内容见表 8-7。

表 8-7　　后勤服务制度及目的

制度名称	目的
车辆管理制度	加强单位车辆管理，解决单位公务用车的需要，做好安全行车，降低车辆费用，杜绝公车私用现象
内部治安管理制度	维护单位治安和正常的工作秩序，预防违法犯罪行为的发生，保护单位财产和工作人员生命安全，保障单位各项工作的顺利进行
食堂管理制度	规范单位的食堂采购、卫生工作，合理控制费用支出，降低采购成本，为全体工作人员提供安全、卫生、优质的饭菜和优良的用餐环境，提高后勤服务水平
宿舍管理制度	规范单位员工宿舍的管理，为员工提供优良的住宿环境，以保持良好的工作状态
医务室管理制度	规范单位的医务室，为员工提供及时、有效的医务服务
消防安全制度	规范单位消防管理，预防火灾和减少火灾危害，保护单位公共财产和工作人员生命安全

下面是单位在实际工作中常用的两种后勤管理制度，读者可以参照它们制定符合本单位实际的后勤管理制度。

1. 员工食堂管理制度

以下是某单位员工食堂管理制度，供读者参考。

<table>
<tr><td rowspan="2">制度名称</td><td rowspan="2">员工食堂管理制度</td><td>编号</td><td></td></tr>
<tr><td>执行部门</td><td></td></tr>
</table>

第 1 章　总则

第 1 条　目的

为了提高食堂管理的整体水平，为员工提供卫生、舒适、优质的用餐环境和氛围，维护和确保员工的身体健康，特制定本制度。

第 2 条　适用范围

本制度适用于食堂工作人员和在食堂用餐的全体员工。

第2章 采购与存储管理

第3条 严把采购质量关，不得采购霉变、腐败、虫蛀、有毒、超过保质期或法律禁止供应的其他食品。

第4条 采购大批主食或副食时，要求供货单位提供卫生许可证，以便查验，不得采购三无产品。

第5条 把好采购验收关，严禁腐烂、变质的原料入库，以防食物中毒。

第6条 坚持实物验收制度，做好成本核算。做到日清月结、账物相符。每周盘点一次，每月上旬定期公布账目，接受员工监督。

第7条 食堂的一切设备、餐具、食品均须有登记、有账目。

第8条 严格执行食品卫生制度，对存放的各类食品实行“隔离”，以免食品串味、走味或变质。

第9条 食堂库房整齐清洁，分类存放，防鼠防潮。

第10条 食品存放冰箱或冰柜时间不得多于×小时，严禁销售隔夜饭菜。

第3章 卫生管理

第11条 食堂工作人员的个人卫生管理

1. 要做好个人卫生，勤洗手，勤剪指甲，勤洗澡，勤换洗工作服。

2. 不得留长指甲、染指甲，工作时不得佩戴戒指、手镯和耳环等饰物。

3. 工作时要穿戴白色工作服、工作帽，分菜员或食堂打菜人员要戴口罩，不得用工作服或围裙擦手、擦脸。

4. 每半年进行一次健康检查，无健康合格证者不准在食堂工作。

第12条 食堂环境卫生管理

1. 要经常清扫厨房、食堂，保持干净、卫生的环境。

2. 食品餐具消毒要由专人负责，并严格执行“一洗、二刮、三冲、四消毒、五保洁”规定。其他用具、容器、抹布也要经常消毒。

3. 食堂在检、洗食品时所产生的废弃物要按规定存放，用餐后的剩菜剩饭要存放于专用的污物桶内并加盖，由专人处理，做到垃圾污物日产日清，防止再次污染。

4. 严禁非工作人员进入操作间。

第13条 食堂食品卫生管理

1. 严格分开使用生熟食及用具，做到“双刀”“双墩”“双碗”，专具专用，餐具、用具用完后随时清洗，每天消毒一次。

2. 对采购的主副食品和调味品要严把验收入库关，保证发霉变质食品不入库，保管好入库食品，发现霉烂变质等问题时要随时处理。

第4章　餐饮供应管理

第14条　工作餐供应管理

1. 食堂为单位员工提供早、中、晚三餐，要求在规定的开餐时间内保证供应，并保热、保鲜。

2. 食堂拟订每周食谱，按食谱做好充足的准备，尽量使一周内每日饭菜不重样。饭菜要讲究色、味、形。

3. 热情、礼貌地接待员工就餐，对有特殊口味的员工要尽量满足其要求。

4. 食堂负责为每位员工提供餐具，用餐完毕后由员工送到指定地点，并由食堂人员进行刷洗、消毒。

5. 为体现单位对员工的关心，食堂负责为带病坚持工作的员工做病号饭；医务人员根据病情及营养搭配制定食谱，由食堂人员负责制作。

6. 食堂工作人员在员工用餐后进行大清理，使桌、椅、餐具整洁有序，除就餐外，还可供员工休息。

7. 每月月底，食堂管理人员制作出“月度用餐统计表”，作为下月采购的依据。

月度用餐统计表

年　月

日期	员工用餐人数			客餐次数		
	早	中	晚	早	中	晚
合计						

第15条　加班餐供应管理

1. 加班餐的供应对象为晚间加班（晚上20时以后）的员工。

2. 加班餐的管理者为总务后勤主管。

3. 加班餐的供应办法为向员工配发餐券，以餐券领取加班餐。

4. 各部门主管在认定需要加班时，应于当日下午×时前向行政部提出供餐申请。事前无法预料的加班，应直接与食堂联系。

5. 原则上每日下班×时前不受理加班餐申请。行政部受理申请后，计算出需要的加班餐份数，并与食堂联系。行政部受理申请时，向各部门配发相应的餐券，作为领取餐食的凭证。

6. 加班员工应在指定时间内凭餐券到食堂领取加班餐。餐券均当日有效。餐券如丢失、污损等，将不再补发。

7. 食堂供餐时间为晚上×时至×时。在特殊情况下，部门主管应事先与食堂联系，协商供餐时间。

第16条 客餐供应管理

1. 凡申请客餐及业务招待餐的，须提前填写“招待申请单”。

招待申请单

申请部门		申请人	
招待对象		招待人数	
招待事由		作陪人数	
客餐招待 内容与标准			
款项预算			
部门审批			
单位审批			

2. “招待申请单”经相关经理批准后通知总务后勤主管就餐的具体人数、标准和时间。用餐完毕，申请人签字确认，按月由财务部核算费用。

第 5 章　员工就餐纪律					
第 17 条　员工食堂每日供应三餐，根据单位实际情况制定用餐时间。 第 18 条　单位员工进入食堂就餐须凭餐卡打饭，不许插队，不许替他人打饭。 第 19 条　就餐人员必须按自己的食量盛饭盛汤，不许故意浪费。 第 20 条　员工用餐后应将餐具放到食堂指定地点。 第 21 条　食堂内不准抽烟，不准随地吐痰，不准大声起哄、吵闹，做到文明用餐。 第 22 条　在食堂内，用餐人员须一律服从食堂的管理和监督，爱护公物、餐具。 第 23 条　就餐人员不准把餐具拿出食堂或带回办公室据为己有。 **第 6 章　附则** 第 24 条　本制度由行政部负责制定、解释和修改。 第 25 条　本制度报总经理审核批准后实行。					
编制人员		**审核人员**		**批准人员**	
编制日期		**审核日期**		**批准日期**	

2. 员工宿舍管理制度

以下是某单位员工宿舍管理制度，供读者参考。

制度名称	**员工宿舍管理制度**	**编号**	
		执行部门	
第 1 章　总则 第 1 条　目的 为保证员工拥有良好、清洁、整齐的住宿环境和秩序，保证员工得到充分的休息，以维护生产安全和提高工作效率，特制定本制度。 第 2 条　适用范围 本制度适用于单位所有住宿员工。 **第 2 章　住宿申请及宿舍管理** 第 3 条　员工在市区内无适当住所或交通不便者可填写“宿舍申请表”申请住宿。			

宿舍申请表

宿舍号码	住宿人员姓名	住宿时间

第 4 条　凡患有传染病或有吸毒、赌博等不良行为者不得住宿。

第 5 条　宿舍管理人员职责

1. 监督管理一切内务，分配清扫任务，保持室内及楼内整洁，维持秩序，保证水、电、煤气的使用安全。

2. 掌握住宿者如血型、紧急联络人等方面的资料，以备不时之需。

第 6 条　员工出入管理

1. 未经批准的外来人员或车辆一律不准进入宿舍楼。

2. 进入宿舍楼的人员、车辆必须出示有效证件，并服从值班人员的管理。

3. 带大件行李、物品出宿舍大门的员工须自觉接受管理员的检查。

4. 凡外出的员工必须在×时前回宿舍。

第 7 条　人员来访管理

1. 来访人员必须服从宿舍管理员的安排。

2. 来访人员须凭有效证件登记，经验证核实后方可进入。

3. 来访人员不得擅自进入非探访地段。

4. 来访接待时间为×-×。

第 8 条　员工宿舍卫生管理

1. 宿舍房间内的清洁卫生工作由住宿员工负责，实行轮值制度（如遇加班，当天不能清扫房间者，可找同房间内另一人代替），每天的卫生值班员负责卫生清洁工作。

2. 办公室每周检查、评比一次。

3. 废弃物、垃圾等应集中倾倒于指定场所。

第 3 章　宿舍设施与安全管理

第 9 条　宿舍管理员设置专人日常巡检维修工作，一旦发现问题应及时处理，确保员工的正常休息和住宿安全，保护单位财产。

第 10 条　对需维修的项目，由员工填写报修单，宿舍管理员应找两至三家维修单位报价，将各报价单整理后报行政部和总经理批准，按要求施工。

第 11 条　维修时，应尽量降低工本及其他费用的开支，施工时宿舍管理员要亲临现场监工，验收时认真检查施工质量，凭验收单据办理付款手续。

第 12 条　宿舍管理员每半月对员工宿舍的换气扇、空调进行一次检验。检查空调的运行情况，要求声音正常，隔层网洁净。如发现机械故障，应立即通知工程部处理。

第 13 条　宿舍管理员每半月派专人检查水电设备。

第 14 条　宿舍管理员每月对各房的电表进行抄录、核实，同时检查各分路开关有无超载、过热现象，如果发现应及时处理。

第 15 条　宿舍管理员每月检查一次员工宿舍房间的电器使用情况，验看灯具、开关、插头和接线盒是否完好，室内有无乱接乱拉电线现象，电风扇是否运转正常，扇叶是否干净无尘。

第 16 条　宿舍管理员每月检查一次各宿舍楼的楼梯、走廊的灯具、开关，测试各房间的限电器是否完好，发现问题及时解决。

第 17 条　宿舍管理员每月准时抄录各宿舍楼的总水表，检查总阀及各分路阀门，发现漏水及时处理。

第 18 条　宿舍管理员每季度检查一次各宿舍楼的总配电箱、柜、开关的接头、触点，检查其绝缘情况和设备卫生情况。

第 4 章　住宿人员管理

第 19 条　住宿人员职责

1. 住宿人员应服从宿舍管理员的管理、派遣与监督。

2. 遵守宿舍卫生和安全管理要求。

第 20 条　住宿人员对所居住宿舍，不得随意改造或变更。

第 21 条　员工宿舍楼一切设施属单位所有，员工必须从正门进入，不得爬阳台、翻越后墙，未经许可任何人不得把宿舍内的东西搬离宿舍楼。

第 22 条　员工所分钥匙只准本人使用，不得私配或转借他人。

第 23 条　员工不得将宿舍转租或出借他人使用，一经发现，即取消其居住资格。

第 24 条　对于宿舍内的器具设备（如电视机、玻璃镜、卫浴设备、门窗和床铺等），住宿员工有责任维护其完好。如出现损坏，酌情由现住人员承担修理费或赔偿费，并视情节轻重给予纪律处分。

第 25 条　员工要自觉保持宿舍安静，不得大声喧哗，同事之间应和睦相处，不得争吵、打架和酗酒，晚上×时后停止一切娱乐活动（特殊情况除外）。

第 26 条　自觉节约水电，爱护公物，损坏（浪费）公物按价赔偿。

第 27 条　自觉将室内物品摆放整齐，不准在墙上乱钉、乱写乱画、张贴字画或悬挂物品。

第 28 条　保持生活环境的整洁卫生，不随地吐痰，乱丢果皮、纸屑和烟头等。要将车辆（含自行车）按指定的位置摆放整齐。

第 29 条　禁止在宿舍区内的走廊、通道及公共场所堆放杂物，养鸟或其他宠物。

第 30 条　注意安全，不准私自安装电器和拉接电源线，不准使用明火炉具（或用电炉具）及超负荷用电。

第 31 条　员工必须负责所住房间的卫生，轮流值日，共同清洗室内厕所、洗手盆、阳台。下水道因卫生问题造成的堵塞由责任人承担维修费用，如无法明确责任则由所住房间的员工平均分摊。

第 5 章　取消住宿及退宿管理

第 32 条　住宿员工发现下列行为之一，即取消其住宿资格，并呈报其所在部门和行政部。

1. 不服从管理员监督、管理。
2. 在宿舍内赌博、打麻将、斗殴和酗酒。
3. 蓄意破坏公用物品或设施。
4. 擅自在宿舍内接待异性客人或留宿他人，情节严重的。
5. 经常破坏宿舍安静、屡教不改。
6. 严重违反宿舍安全规定。
7. 有偷窃等不法行为。

第 33 条　员工离职（包括自动辞职、被免职、解职和退休等），应于离职之日起×日内迁离宿舍，不得借故拖延或要求任何补偿费或搬家费。

第 34 条　员工退宿时，必须到行政部办理相关手续。

第 6 章　附则

第 35 条　本制度由行政部负责制定和解释。

第 36 条　本制度报总经理审核批准后实行，修改也需相同流程。

编制人员		审核人员		批准人员	
编制日期		审核日期		批准日期	

思考与练习

一、术语解释

单位规章制度

二、选择题

1. 制度（　　）的内容一般主要包括制度执行中需要用到的表单、附表、文件等。

A. 正文　　B. 条款　　C. 名称　　D. 附件

2. 行政办公制度是从（　　）层面对单位的行政办公管理工作进行规范，以防范和解决行政办公管理工作中出现的各种问题。

A. 管理　　B. 制度　　C. 运营　　D. 操作

3. 规范单位人员出差行为，提高工作效率，加强对差旅费及相关费用开支的控制与管理。一般在（　　）中会对上述内容进行规定。

A. 出差管理制度　　B. 固定资产管理制度

C. 考勤管理制度　　D. 食堂管理制度

4. 规范单位办公用品的采购、分发、保管，减少铺张浪费，节约成本，提高办公效率。一般在（　　）中会对上述内容进行规定。

A. 文书管理制度　　B. 会议室管理制度

C. 考勤管理制度　　D. 办公用品管理制度

5. 后勤服务制度主要包括车辆管理制度、内部治安管理制度、食堂管理制度、（　　）等。

A. 会议管理制度　　B. 培训管理制度

C. 岗位设置管理制度　　D. 宿舍管理制度

6. 不论是设计新的制度，还是对原有制度进行修订，要想让制度的内容更有针对性，制度设计人员应进行调研访谈。进行调研访谈一般采用（　　）等方式。

A. 观察法　　B. 访问法　　C. 会议法　　D. 查阅法

7. 管理职责涉及的内容主要包括（　　）等，同时，还可根据需要注明管理人员的职级、责任程度等。

A. 工作目标　　B. 工作要求　　C. 职责范围　　D. 任务描述

8. 一个规范、完整的制度需具备的内容要点包括（　　）及附件。

A. 制度名称　　B. 总则/通则　　C. 正文/分则　　D. 附则与落款

9. 制度公示的方式包括（　　）。

A. 发布公文　　B. 网站公示　　C. 集中学习　　D. 传阅学习

10. 下列（　　）属于行政办公制度。

A. 考勤管理制度　　B. 员工培训管理制度

C. 会议管理制度　　D. 车间管理制度

三、简答题

1. 制度的特点有哪些?

2. 简述规章制度的设计程序。

四、案例分析题

单位内部都会制定一套规章制度，但实践中，规章制度有时并不能得到有效的落实。如小黄所在的单位，其部门经理对待员工较为宽容，所以部门员工有时违反了单位的规章制度，就会找到部门经理，以各种理由为自己开脱，最后导致部门内部的很多制度都形容虚设。请对这一现象进行分析。

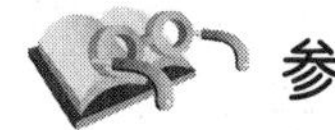

参考答案

一、术语解释

单位规章制度

单位规章制度是单位为完成某项任务或目标，要求相关人员共同遵守的办事规程或行为准则，主要包括单位制定的各种章程、制度、守则、规程、程序、办法、标准等。

二、选择题

1. D　2. B　3. A　4. D　5. D

6. ABCD　7. ACD　8. ABCD　9. ABCD　10. AC

三、简答题（略）

四、案例分析题（略）

第9模块

办公和办公自动化管理

第 1 单元　办公室管理

1.1　办公环境管理

办公环境的营造反映着单位的管理理念、形象，反映出员工的精神风貌等，良好的办公环境有助于提高工作效率和工作效果。

办公环境的要求可以通过 5S 管理法来体现，即整理（SEIRI）、整顿（SEITON）、清扫（SEISO）、清洁（SEIKETSU）、素养（SHITSUKE）。

1. 整理

整理活动是 5S 管理法实施阶段的第一步，单位通过整理活动可以减少非必要物品所占用的空间，确保必要物品所占用的空间。区分办公环境中适宜与不适宜的物品或要素，办公环境中只保留必需的物品或要素。

2. 整顿

整顿就是要对每个清理出来的“有用”的物品、工具、材料、电子文件，有序地进行标识和区分，按照工作空间以及工作的实际需要进行合理布局，并摆放在“伸手可及”“醒目”的地方，以保证“随用随取”。

整顿可使任何人都能立即找到所需要的东西，减少“寻找”时间上的浪费。

3. 清扫

为了创造一个干净、舒畅的工作环境，保证安全、愉快、高效率的工作，必须实施清扫工作。办公环境中的脏污、物料垃圾等应定期清理，不能影响员工的正常工作。

清扫工作实施前，需对各区域的清扫进行教育，以便让所有清扫实施人员明确清扫的标准、要求、方法和注意事项，以便顺利地实施清扫工作。

对于大型的设备，单位需对员工进行设备清扫教育，使员工了解如何减少设备老化、避免故障出现及降低相应损失。同时通过对设备基本构造的教育，使员工学习了解其工作原理，并能够对出现尘垢、漏油、漏气、震动、异常等状况出现的原因进行分析。

4. 清洁

清洁就是对整理、整顿、清扫后状态的保持，即保持工作场所没有污物，非常干净整洁的状态。

对于办公室卫生清洁工作应定期进行检查，保证清洁工作达到预期效果。在卫生检查前应制定相应的检查标准，对出现问题的单位和区域应进行及时整改。卫生检查工作具体操作见表9-1。

表9-1 卫生检查工作

阶段	关键节点	实施说明
制定卫生检查制度与标准	召集相关负责人	行政部门负责召集相关负责人对各岗位、各区域的卫生状况进行检查
	制定岗位卫生制度	制定卫生检查制度，明确卫生检查的标准，合理划分区域，并明确责任人
卫生检查与评定处理	执行检查	1）各岗位、各区域定期进行自检一次，对自检查出不合格的岗位或区域立即进行整改 2）定期举行卫生大检查，按清洁卫生评定标准百分制考核 3）岗位卫生合格线为90分，不满90分者按规定处理，相关行政事务人员对检查结果进行详细记录
	编写卫生检查报告	行政部门根据检查结果写出检查报告，涉及重大问题时，须报单位负责人对检查结果予以处理

为使卫生检查及其后期改进工作更具针对性，行政部门可通过制作卫生检查表，明确检查项目，逐项对卫生情况进行检查，具体可参照表9-2。

表9-2 卫生状况检查表

检查项目	良好	一般	较差	缺点事实	改善项目
茶杯、烟缸					
门					
窗					
地板					
办公桌椅					
电话					
办公用品					
工作桌椅					

续表

检查项目	良好	一般	较差	缺点事实	改善项目
楼道					
卫生间					
其他					

5. 素养

素养体现到工作上的就是工作素养。单位对员工进行工作素养培养，必须制定相关的规章制度和行为礼仪规范，对员工进行培训教育，并持续地推行5S中的前4S，直到员工形成习惯，这样才能提升员工的工作素养。

为了提高员工工作素养，单位可以通过美化、绿化办公环境，使员工在欣赏美丽的绿色办公环境中，自觉产生爱护环境的心态，在潜移默化中改变原来不良的行为。为了美化环境，行政部应制定相应的绿化标准，并根据绿化标准对办公环境进行改造，保证办公环境一直处于绿色的氛围中。

美化办公环境不仅能给员工带来好心情，还能提高工作效率。办公环境的美化工作也是相关行政事务人员的职责所在。办公环境美化的主要措施有3项（见表9-3）。

表9-3　　办公环境美化的3项措施

措施	具体内容
室内盆景维护与更换	1）绿植能够美化办公环境，适合办公室养的绿植有吊兰、富贵竹、仙人掌等 2）不定期检查绿植的生长情况，对于生长不好的绿植进行更换
调整室内办公格局	1）合理布置办公桌椅、卷柜的摆放，将文件分门别类放置到卷柜中，保持桌面干净 2）室内各种线路走向要简洁、整齐、安全，并用护钉固定 3）合理设计、布局室内墙壁张贴物、悬挂物，要求整齐、美观、规范 4）合理规划办公室光源，确保办公环境舒适、敞亮
美化办公区	1）定时修剪办公区的草皮、树木等 2）定期粉刷、油漆办公大楼 3）及时维护办公区围栏 4）保持标语、公告栏、文化走廊的美观整洁

1.2 办公用品管理

办公用品管理主要围绕办公用品的采购、保管以及领用等开展工作。办公用品管理的重点在于规范化、制度化各个工作环节。

1. 办公用品的采购

行政事务人员首先需进行办公资源的申购，具体程序如图 9-1 所示。

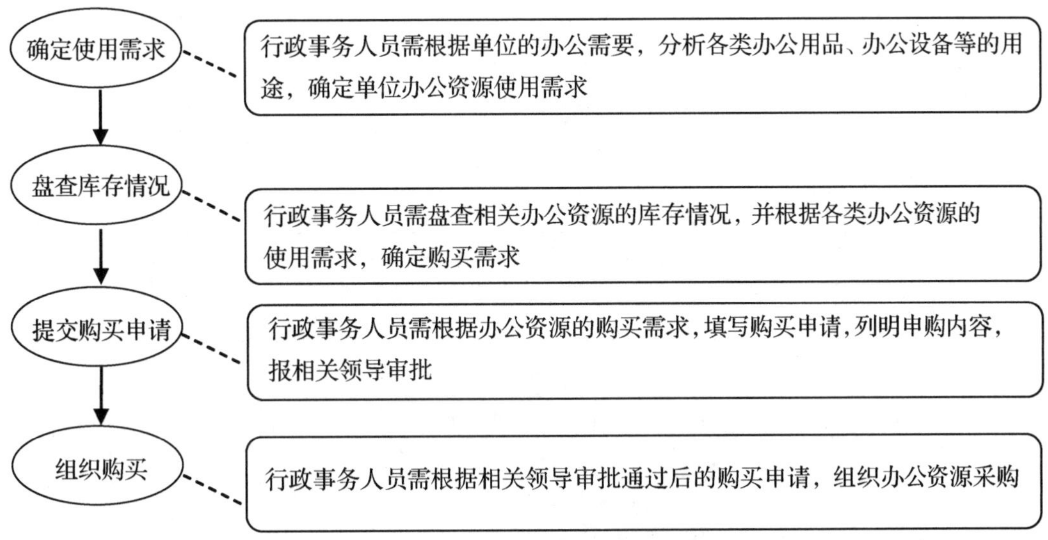

图 9-1 办公资源申购程序

行政事务人员在提交购买申请时，应填写申请单。申请单内应明确用品名称、规格、数量、用途、估价等内容（见表 9-4）。

表 9-4 办公用品采购申请单 填单日期： 年 月 日

财产名称	规格	用途	单位	数量	需用日期	估计价值		签注
打印机								
碎纸机								
装订机								
复印纸								
打印纸								
传真纸								
索引纸								

续表

财产名称	规格	用途	单位	数量	需用日期	估计价值		签注
书报架								
账册								
账本								
中性笔								
中性笔替芯								
即时贴								
笔记本								
草稿纸								
劳保用品								
文件夹								
票据夹								
……								

财务部经理意见	行政部经理意见	请购部门负责人意见
日期：　　年　月　日	日期：　　年　月　日	日期：　　年　月　日

部门主管：　　　　　　　　　经理：　　　　　　　　　经办人：

在采购办公用品前，行政事务人员须根据单位的实际情况及办公用品的采购特点，选择合适的供应商，以确保办公资源及时供应。行政事务人员在选择办公资源供应商时，须考虑供应商商品的质量、交货准时性以及供应商的服务和位置等因素（见表9-5）。

表9-5　　　　　　　　　供应商选择因素

因素	具体内容
供应商的商誉和条件	（1）在选购办公资源前，行政事务人员要了解各供应商的信誉情况，最好选择一家固定的、信誉度较高的供应商长期合作 （2）选择拥有自己的制造工厂的供应商。供应商有自己的工厂有利于保证产品的工期，有利于补货、小批量生产等

续表

因素	具体内容
供应商品的质量和交货	（1）购买办公资源要仔细检查、比较货品的质量，最好选择那些能够提供质量稳定的商品，并且可以更换不合格物品的供货商，保证购买后能够满足需求 （2）购买时要比较供应商的交货时间，确认其能否在需要时快速按约定准时交货，以保证物品供应，减少库存占用费用
供应商的服务和位置	（1）购买办公资源要比较供货商所提供的服务是否方便，如哪些可以满足单位所需要全部办公用品和易耗品的供应；哪些能电话或传真订购；哪些能订货后最快交货；哪些不用每次付费而定期结算；哪些能退货等。行政事务人员最好选择在本地有服务机构的供应商，这样有利于售前和售后服务，尤其是售后服务的开展 （2）供货商的所在地点也很重要，这将方便联络和交货
供应商的安全可靠性	购买办公资源要考虑供货商在送货整个过程中能否保证货品安全，同时仔细考查供货商卖货手续及相关发票、单据是否齐全

行政事务人员在确定供应商后，单位需同供应商洽谈并签订采购合同，订购办公资源。其中，不同规模单位的操作细节有所不同（见表 9-6）。

表 9-6　不同规模单位订购办公资源操作说明

单位规模	操作说明
小型单位	行政事务人员可将订购单直接发送给供应商
较大单位	所有物品订购由单位采购部统一进行，此时，行政事务人员须填写采购申请，详细说明需订购的货物，并交给采购部门实施采购

办公资源到货后，行政事务人员组织办公资源的接收，接收的具体程序如图 9-2 所示。

2. 办公用品的保管

办公资源到库后，行政事务人员须对在库办公资源进行合理、妥善的保管，确保在库办公资源的安全。行政事务人员在对办公资源进行保管时，须要完成 3 项工作，具体如下。

（1）填写库存记录

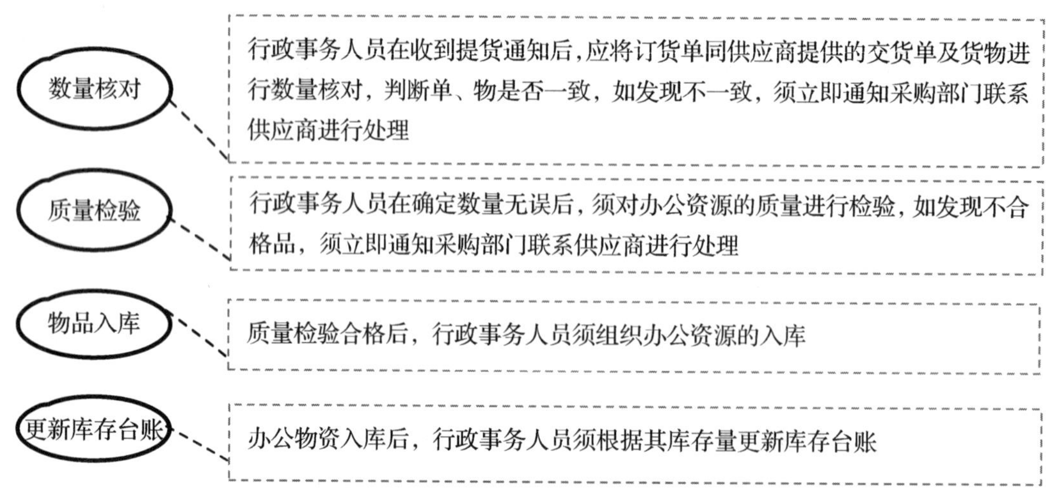

图 9-2　办公资源接收程序

在办公物资出入库时，行政事务人员须及时做好库存记录，以便及时记录办公物资的出入库及库存情况。行政事务人员在填写库存记录时，须注意如图 9-3 所示的要求。

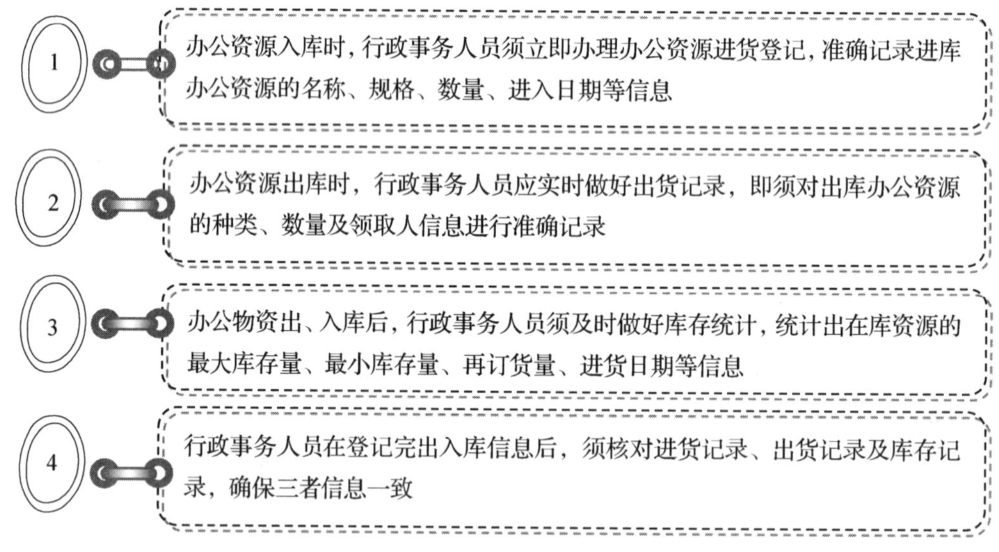

图 9-3　库存记录填写要求

（2）控制库存量

行政事务人员须对办公资源的库存数量进行有效控制，了解库存余额，并准确做出合理的进货决策。行政事务人员对库存量进行控制，即须对最大库存量、最小库存量、再订货量三个相关量进行确定和控制，库存量控制相关量的具体说明（见表 9-7）。

表 9-7　　库存量控制相关量说明

名称	说明
最大库存量	◎指物品应该存储的最大数量，通常由使用需求、存储费用空间及物品的保存期限决定
最小库存量	◎指物品应该储存的最小数量，其通常由物品的使用量、采购提前期等决定
再订货量	◎是单位事先制定的订货点，即当库存量达到此点后，单位需进行采购；而当库存量降至最小库存量时，所购物品刚好到达。其通常由办公资源使用量及采购到货时间确定

（3）做好在库资源维护

行政事务人员须定期做好在库资源的清点、检查等维护工作，保证在库资源的质量及安全，其具体要求如图 9-4 所示。

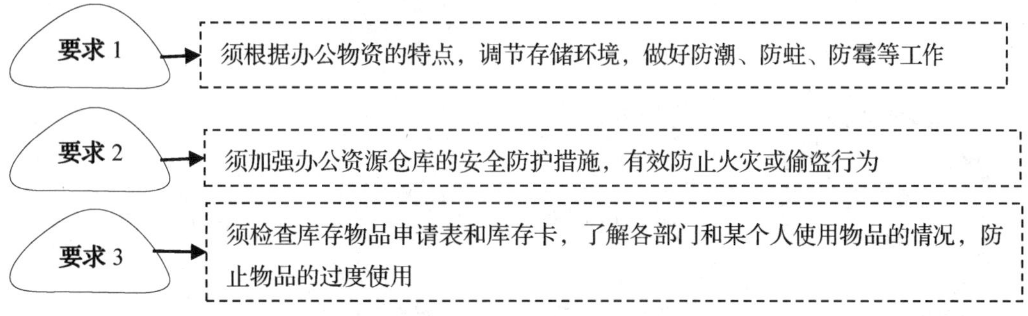

图 9-4　在库资源维护要求一览图

3. 办公用品的发放

办公资源调配安排完成后，行政事务人员可根据单位的相关制度规范要求发放办公资源，具体程序如图 9-5 所示。

为了将办公用品管理的各个环节进行统一规范化管理，需要建立一个统筹全局的制度指导工作。

1.3　办公印章管理

1. 印章管理的风险

加强对印章的管理，严格履行用印程序，是相关行政事务人员（通常为秘书）的重要职责之一。图 9-6 所示为印章管理风险图。

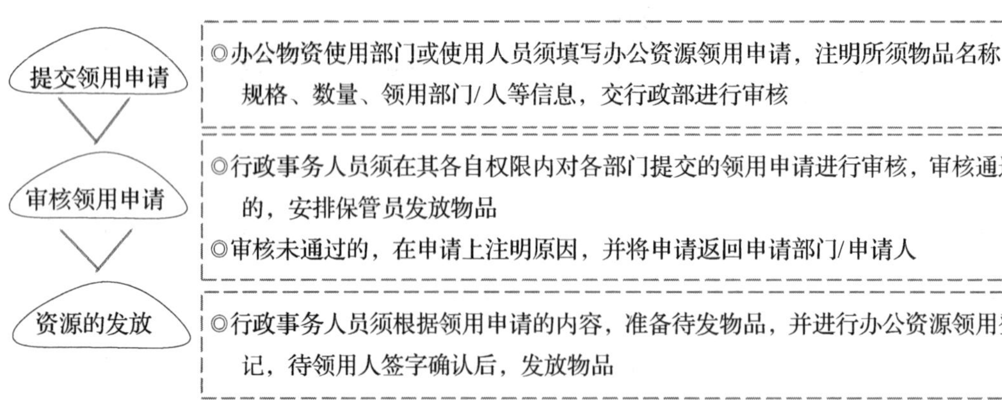

图 9-5　办公资源发放程序

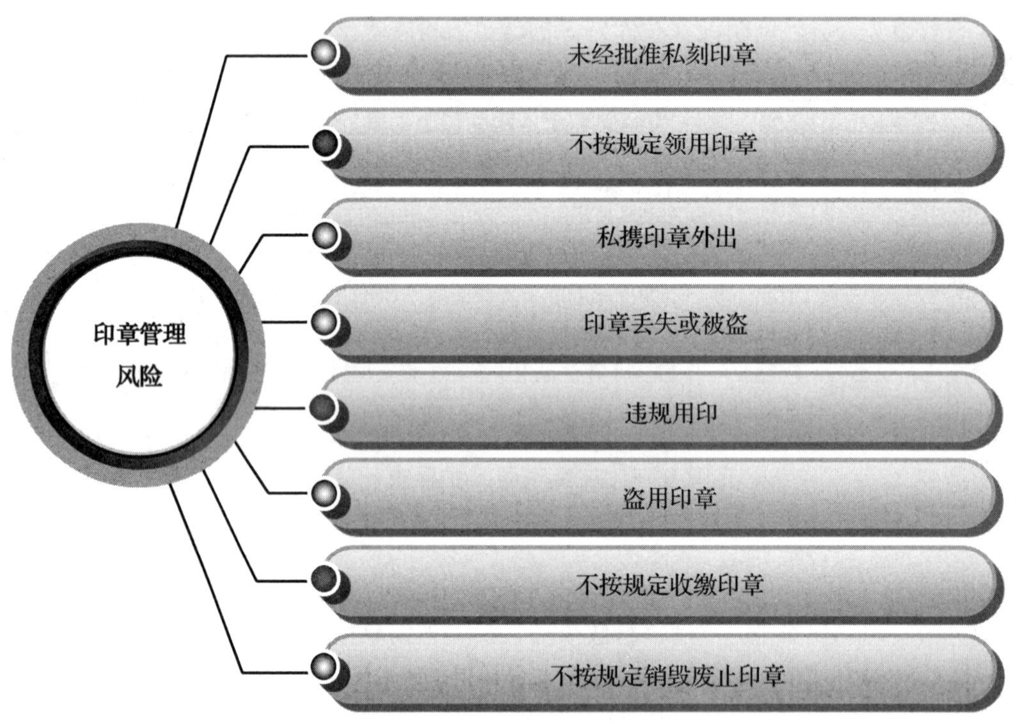

图 9-6　印章管理风险图

2. 印章管理的内容

印章代表了一个单位的权力和利益，一旦出现问题可能会使单位遭受重大损失，所以相关管理人员应将印章的管理作为一项十分重要任务。印章管理的具体内容如图 9-7 所示。

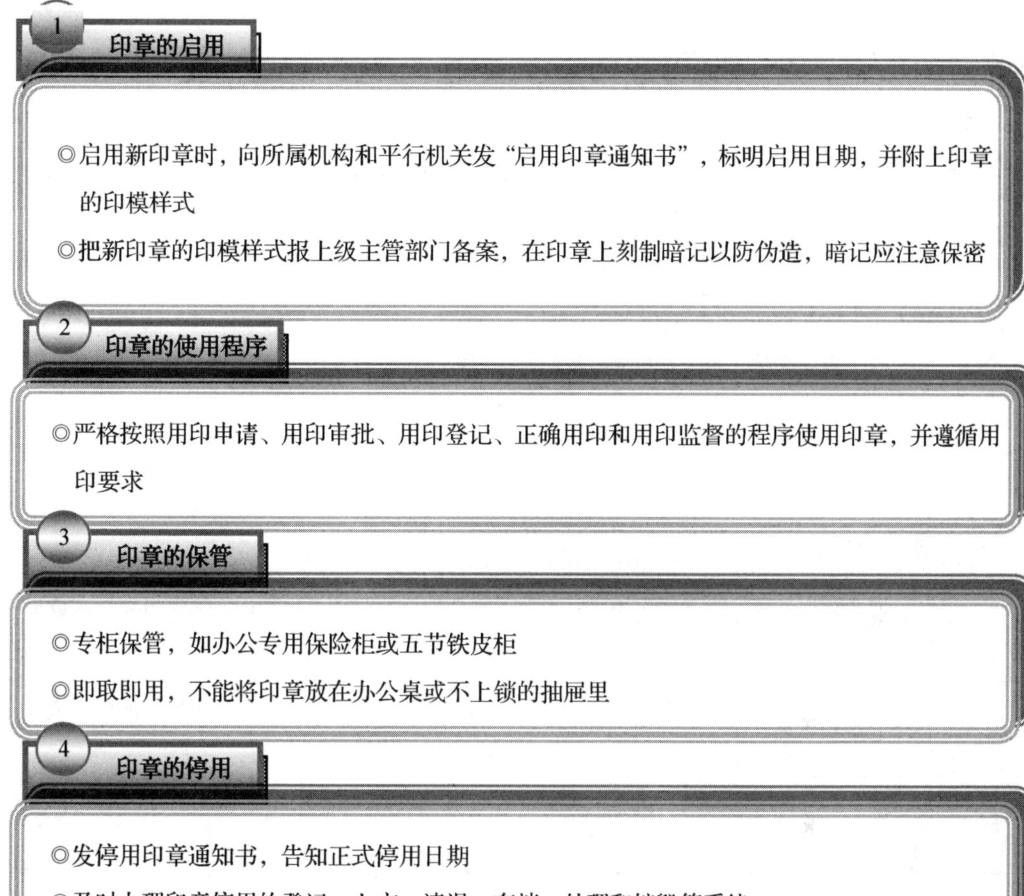

图 9-7　印章管理的内容

1.4　办公值班管理

值班工作是维护单位日常安全稳定的重要环节。值班人员认真履行职责是值班工作顺利进行的重要保证。为了能保证值班人员有效履行职责，单位行政部门应对值班工作进行合理安排，把握值班工作的流程和标准，抓住值班工作的关键点，使值班工作执行不马虎，交接不脱节，发现问题能及时汇报处理，从而保证单位的正常运营。

1. 安排值班工作

值班任务的合理安排，能保证值班人员始终处于精神饱满的状态。行政部门对于值班工作的安排可以根据值班时段的不同，如一般时段、节假日、人流高峰时段、夜晚等情况，结合具体值班人数进行。目前常采用的排班方法包括三班倒换、两班运转、一班三运转、一班两运转（见表 9–8）。

表 9–8　　值班排班方法

班次	轮休方式	说明
三班倒换	班内轮休	一天三班，分别为早班、中班、夜班，一班 8 小时，根据岗位情况，每一班内设多人，且班内多人可轮流休息
	专人顶岗轮休	一天三班，分别为早班、中班、夜班，一班 8 小时，每班是专人值班，各班人员按照轮休周期实行轮换休息，因轮休空岗的，另外安排有专人负责顶岗
两班运转	班内轮休	一天两班，分别为白班、夜班，一班 12 小时，每班设多人，班内可轮换休息
	专人顶岗轮休	一天两班，分别为白班、夜班，一班 12 小时，每班固定安排人数，一般情况不增设人数，需要轮换休息的，出现的空岗位另设专人负责顶岗
一班三运转	统筹轮休	所有人各值一班，每班 8 小时，一天分为早班、中班、夜班，所有人根据情况合理统筹安排倒班，轮换休息
一班两运转	统筹轮休	所有人各值一班，每班 12 小时，所有人根据情况合理统筹安排倒班，轮换休息

为了更有效地管理排班工作，值班管理人员可以编制排班表，明确排班任务。具体可参照表 9–9。

表 9–9　　值班管理排班表

日期		班次	时间	值班主管	值班人员	备注
	早					
	中					
	晚					
	早					
	中					
	晚					

2. 明确值班要求

（1）值班人员行为规范

行政部门应对值班人员的行为进行统一规范，在值班前做好仪容仪表检查，值班过程中认真履行职责，以热情又不失严谨的态度开展值班保卫工作，从而提高值班质量。对于值班人员的行为规范包括以下几个方面。

1）仪容仪表规范。值班人员在值班时必须穿戴单位配发的制服及工牌，保持容貌整洁，不留胡须，不留长发。

2）值班室内行为规范。值班室应保持干净、整洁，物品摆放有序，不能在值班室内吸烟、喝酒、听音乐、吐痰。严禁无关人员在值班室内逗留、闲聊、打闹。

3）对外行为规范。文明执勤，礼貌待客，对来宾要态度热情，服务周到；严禁故意刁难内部员工或外来人员，不打人、不骂人。

4）工作态度规范。值班人员应恪尽职守，听从指挥，严禁迟到、早退、中途离岗、上岗时打瞌睡等。

（2）出入检查规范

出入检查是值班工作中一个重要的环节。值班人员应做好值班期间人员、车辆、物品的出入检查工作，具体标准（见表 9-10）。

表 9-10　　出入检查标准

类型	标准	异常情况处理
人员出入检查	1. 本单位员工出入单位大门时，须检查其是否佩戴本单位统一配发的出入识别证，并将识别证进行核实确认后方可对其放行。对录入信息不符的员工则需说明情况，否则禁止其出入 2. 外部人员出入大门时，应认真检查外来人员的相关证件，并向被拜访人员核实信息，核实后放行，严禁不明身份的人员进入 3. 应对允许通过的外来人员进行登记。对于不接受登记或登记内容与事实不符的外来人员，有权拒绝其进入并做好解释工作 4. 外来人员信息登记内容应包括来访人员姓名、日期、时间、身份证号、事由、离开时间、受访人姓名及部门，等内容 5. 所有衣冠不整者，如穿背心、拖鞋或服装过于超前有失庄重者，拒绝其进入本单位内部	

续表

类型	标准	异常情况处理
车辆出入检查	1. 非本单位车辆进入时，须讲明进入事由，并出示相关证件，填写出入登记簿 2. 检查随车物品并对随车物品进行登记，随车人员应填写外来人员登记簿，危险车辆无单位主管部门通知拒绝入内 3. 对本单位内部车辆进入时要检查车上人员中是否有外单位人员以及是否带有危险物品 4. 对所有进入单位的车辆要准确记录其进入时间和随车人员及物品、车型、牌号、颜色等后，方可放行 5. 非本单位车辆出门时，须出示本单位出门证，装有货物的车辆须凭货物出门证才可放行 6. 检查随车是否带有物品，以及带有的物品是否与登记相符 7. 检查装有货物的车辆，对照相关单据，对于填写疏漏或不规范及其他物品有异常的，不得放行 8. 对出门的车辆登记出门时间，对照出入登记簿上的内容核对后才可放行 9. 本单位的车辆出门时须出示派车单，核实对照登记后方可放行	当进出单位的各种车辆、人员、货物登记不相符或存在可疑现象时，值班人员应及时核实或及时汇报有关领导处理
物品出入检查	1. 对进出本单位的外来人员携带的物品进行检查、登记，严禁将易燃易爆、剧毒、管制刀具、枪支等危险物品带入单位 2. 单位因业务需要购买的化学实验药品，必须由实验保管员带入并登记 3. 对带出单位的大宗物品要请示领导同意并查验登记后方可放行	

3. 做好值班记录

值班人员在规定时间内交接班时，应在交班前写好值班记录，分清责任，完成交接任务。若在值班过程中遇到在权限范围内的事可先行处理，事后须根据所处理的事项填具“值班报告表”，在交接班时送主管领导转呈核查。

表 9-11 为一单位值班工作记录表，仅供参考。

表 9-11　　　　　　　　　　　**值班工作记录表**

填写日期：　年　月　日

<table>
<tr><td>部门</td><td colspan="3"></td><td>职称</td><td></td></tr>
<tr><td>姓名</td><td colspan="3"></td><td>时间</td><td></td></tr>
<tr><td rowspan="3">巡查</td><td>时间</td><td colspan="4">检查及处理事项</td></tr>
<tr><td></td><td colspan="4"></td></tr>
<tr><td></td><td colspan="4"></td></tr>
<tr><td rowspan="3">加班</td><td>部门</td><td>人数</td><td colspan="2">工作内容</td><td>时间</td></tr>
<tr><td></td><td></td><td colspan="2"></td><td></td></tr>
<tr><td></td><td></td><td colspan="2"></td><td></td></tr>
<tr><td>电话</td><td colspan="5"></td></tr>
<tr><td>访客</td><td colspan="5"></td></tr>
<tr><td>相关事项</td><td colspan="5"></td></tr>
<tr><td>收发</td><td colspan="5"></td></tr>
<tr><td>备注</td><td colspan="5"></td></tr>
</table>

主管：　　制表：

1.5　固定资产管理

1. 固定资产登记与盘点

（1）固定资产的登记要求

固定资产编号工作完成后，行政事务人员需进行固定资产的登记工作，以便及时、准确记录单位固定资产的相关信息，其具体要求如下。

1）行政事务人员须督促固定资产所属部门在资产验收完毕后到行政部门办理固定资产管理卡片登记手续。

2）行政事务人员须在固定资产管理卡片上明确记录资产名称、资产编号、规格型号、价格、配置情况、生产厂家情况、验收情况、使用部门、使用人员及相关备注等内容。

3）行政事务人员在办理固定资产管理卡片时须登记固定资产台账。

（2）固定资产盘点的内容

固定资产的盘点内容包括但不限于如下 8 项。

1）固定资产账目、管理卡片与实物的对应情况。

2）固定资产原值、净值、已提折旧额，以及应提折旧与实提折旧的差额。

3）已提足折旧、待报废和提前报废的资产数额。

4）固定资产的损失额及待核销额。

5）单独核算长期挂账的固定资产装修费用。

6）盘亏、盘盈及账外购置的固定资产，并查明原因。

7）借出固定资产相关手续的完善程度。

8）未使用或不需用的固定资产的基本情况。

2. 固定资产计价与折旧

（1）固定资产计价

行政事务人员须对固定资产的价值进行准确计量，以确定固定资产的价值。单位中常见的固定资产计价方式有三类（见表 9-12）。

表 9-12　　固定资产计价方式一览表

方式	方式说明	适用范围
按原始价值计价	按取得该项资产时实际发生的耗费计价，是固定资产的基本计价标准	◎购入的固定资产 ◎自制或自建的固定资产 ◎增添零配件原有固定资产
按重置价值计价	在当前情况下，按重新购置同样新的固定资产所需付出的代价作为入账价值	◎调入的固定资产 ◎旧存的且无法确定原始价值的固定资产
按折余价值计价	按固定资产原值减去已提折旧的余额计价	◎在原有基础上进行改造或扩建的固定资产 ◎因损毁或拆除一部分内容的固定资产

（2）固定资产折旧

行政事务人员须定期提取固定资产的折旧，以计算固定资产的损耗。在单位中，需要计提折旧的固定资产主要有四类（见图 9-8）。

行政事务人员在明确需要计提折旧的固定资产类别后，须根据固定资产有关的经济利益的预期实现方式选择固定资产折旧方法。单位中常见的固定资产折旧方法（见表 9-13）。

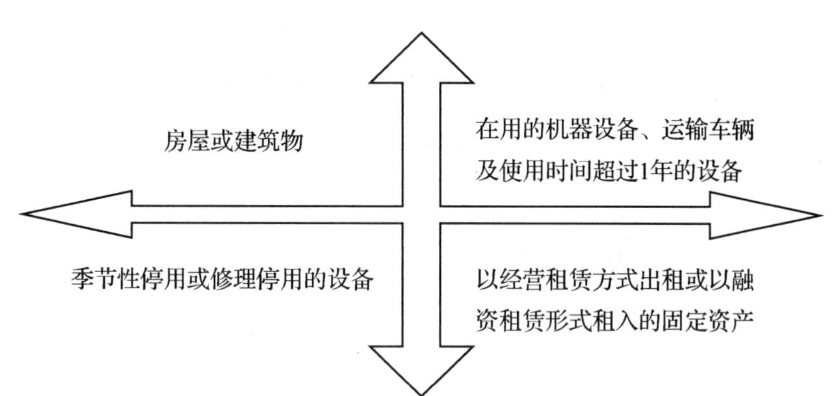

图 9-8　折旧固定资产类别

表 9-13　固定资产计提折旧方法一览表

方法名称	方法说明	计算公式	适用范围
年限平均法	指将固定资产应计提的折旧额均衡分摊到固定资产预定使用寿命内的方法	$\text{年折旧率}=\frac{1-\text{预计净残值率}}{\text{预计使用年限}}\times100\%$ $\text{月折旧率}=\frac{\text{年折旧率}}{12}$ 月折旧额=固定资产原价×月折旧率	适用于房屋、建筑物等固定资产的折旧计算
工作量法	指根据实际工作量计算每期应提折旧的方法	单位工作量折旧额 $=\frac{\text{固定资产原价}\times(1-\text{预计净残值率})}{\text{预计工作总量}}$ 某项固定资产月折旧额=该项固定资产当月工作量×单位工作量折旧额	适用于价值大但不经常使用或季节性使用的大型机器设备的折旧计算
年数总和法	将固定资产原值减去残值后的余额，乘以以固定资产尚可使用寿命为分子、以预计使用寿命逐年数字之和为分母的逐年递减的分数，计算每年折旧额的方法	年折旧率 $=\frac{\text{尚可使用年限}}{\text{预计使用寿命的年限总和}}\times100\%$ $\text{月折旧率}=\frac{\text{年折旧率}}{12}$ 月折旧额=（固定资产原价-预计净残值）×月折旧率	适用于技术进步快，产品更新较快的单位内的固定资产的折旧计算
双倍余额递减法	指在不考虑固定资产预计净残值的情况下，根据每期期初固定资产原价减去累计折旧后的金额和双倍的直线法折旧率计算固定资产折旧额的方法	$\text{年折旧率}=\frac{2}{\text{预计使用寿命（年）}}\times100\%$ $\text{月折旧率}=\frac{\text{年折旧率}}{12}$ 月折旧额=每月月初固定资产账面净值×月折旧率	

相关管理人员在进行固定资产折旧统计时，应填写固定资产减损单（见表 9–14），行政部门汇总统计所有减损单，根据减损情况安排下一步的维修或报废处理。

表 9–14　　　　　　　　固定资产减损单

资产编号：　　　　　　　　　　时间：　年　月　日

<table>
<tr><td rowspan="2">名称</td><td>中文</td><td></td><td>规格</td><td></td><td>存放地点</td><td></td><td>使用年限</td><td></td></tr>
<tr><td>英文</td><td></td><td>通行牌号</td><td></td><td>用途</td><td></td><td>已使用年数</td><td></td></tr>
<tr><td colspan="2" rowspan="2">购置日期</td><td rowspan="2"></td><td rowspan="2">数量</td><td rowspan="2"></td><td rowspan="2">取得价值</td><td rowspan="2"></td><td>已提折旧</td><td></td></tr>
<tr><td>账面残值</td><td></td></tr>
<tr><td rowspan="2">减损原因</td><td colspan="6" rowspan="2"></td><td colspan="2">估计废品价值</td></tr>
<tr><td colspan="2">处理费用</td></tr>
<tr><td rowspan="2">审计意见</td><td colspan="6" rowspan="2">签名（签章）：
时间：　年　月　日</td><td colspan="2">实际损失额</td></tr>
<tr><td colspan="2">抵押行库</td></tr>
<tr><td rowspan="2">处理办法</td><td colspan="6" rowspan="2"></td><td colspan="2">保险单号码</td></tr>
<tr><td colspan="2">月折旧额</td></tr>
<tr><td colspan="2">总负责人</td><td colspan="2"></td><td>财务核准</td><td colspan="2"></td><td>系统总监</td><td></td></tr>
<tr><td colspan="2">资产管理部负责人</td><td colspan="2"></td><td>财务审核</td><td colspan="2"></td><td>使用部门负责人</td><td></td></tr>
<tr><td colspan="5">物资管理员：</td><td colspan="4">使用人/保管人：</td></tr>
</table>

3. 固定资产维修与报废

固定资产维修类别不同，其管理要求不同，具体如下。

（1）经常性维修的管理要求

1）固定资产使用部门发现固定资产出现异常时，须填写固定资产维修申请表，明确待修资产名称、异常表现等内容，报行政部门进行处理。

2）行政部门接到维修申请表后，须根据固定资产的维修期限，进行维修安排。

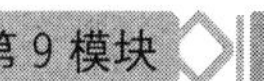

3）维修部门接到通知后，须及时进行反馈并安排人员进行维修；如维修部门无法维修，行政部门须在行政部门经理和财务部门经理批准后，联系外部维修单位进行维修。

（2）大修的具体要求

固定资产进行预订的大修时，由行政部门组织进行固定资产的大修，其具体要求如下。

1）固定资产所属部门须及时提出固定资产大修申请，交行政部门审核。

2）固定资产所属部门在提交大修申请表时，须对修理活动的财务预算、修理范围进行说明。

3）行政事务人员对于固定资产所属部门提交的大修申请进行审核。

4）行政部门对各部门提交的大修申请进行审核后，须报财务部门进行复核。

5）行政部门根据单位总负责人批准的大修申请，组织安排维修部门及相关维修单位进行固定资产大修。

行政事务人员对符合保修条件的固定资产提出报修申请，并应填写报修申请表（见表9-15）。

表 9-15　　　　固定资产报修申请表

填表日期：　年　月　日

<table>
<tr><td>资产名称</td><td></td><td>资产编号</td><td></td></tr>
<tr><td>规格型号</td><td></td><td>通行牌号</td><td></td></tr>
<tr><td>购置日期</td><td></td><td>是否在保修期内</td><td>□是□否</td></tr>
<tr><td>现存放地点</td><td colspan="3"></td></tr>
<tr><td>使用部门</td><td></td><td>故障日期</td><td></td></tr>
<tr><td>故障情况说明</td><td colspan="3"></td></tr>
<tr><td rowspan="2">报修部门</td><td colspan="3">报修人情况说明：
签名：
时间：　年　月　日</td></tr>
<tr><td colspan="3">部门经理意见：
签名：
时间：　年　月　日</td></tr>
</table>

续表

行政部门	行政部经理意见： 签名： 时间：　年　月　日
财务部门	财务部经理意见： 签名： 时间：　年　月　日
总负责人审批	总负责人意见： 签名： 时间：　年　月　日

（3）固定资产报废

固定资产报废是单位对不能继续使用的固定资产进行产权注销的行为，其适用条件如下。

1）固定资产的使用已达到使用年限。

2）因自然原因或工作任务等，使固定资产受到损毁或丢失，且无法修复、弥补，或虽能修复、弥补，但其累计费用接近或超过市场价值。

3）固定资产因工艺设置改变或技术进步需更新换代的。

4）固定资产使用虽未超过使用年限，但其实际工作量超过最大负荷量，且继续使用易发生危险的。

行政事务人员进行固定资产报废处理的程序如下。

1）填写报废申请。固定资产所属部门须根据固定资产的实际情况及单位固定资产报废相关规定，填写固定资产报废申请表，注明报废资产的名称、数量、规格、单价等信息，报相关领导进行审批。

2）审批报废申请。相关领导根据其各自的权限对固定资产报废申请进行审核，并在报废申请表上填写审批意见。

3）统计报废资产信息。行政事务人员须整理审批通过后的报废申请表，统计报废资产的信息。

4）制定处理方法。固定资产所属部门、财务部门、行政部门相关人员须根据固定资产的实际情况协商制定报废处理方法，并报相关领导审批。

5）进行报废处理。固定资产报废处理方法审批通过后，行政部门组织固定资产的报废处理。

6）资产相关数据更新。固定资产处理完毕后，行政部门须将固定资产的相关数据信息进行更新。

1.6 办公经费管理

办公经费包括办公及印刷费、水电费、交通费、差旅费、会议费、物业管理费、日常维修（护）费等。办公经费预算涉及单位管理的各个方面，是集预测与决策为一体的综合性工作。因此，相关行政事务人员务必高度重视，切实履行预算工作的主体责任，有效组织本部门人员完成职责范围内的预算工作，以达到提高预算准确性、真实性、合理性的目的。

1. 办公经费预算编制原则

办公经费预算编制的原则主要有以下 4 个方面。

（1）量入为出，收支平衡

办公经费预算编制要以收定支，在组织财力可能的范围内，按轻重缓急合理地安排支出，以确保预算收支平衡。

（2）集中财力，突出重点

办公经费预算编制要紧密联系单位的中心工作，与单位的发展规划相适应，在保证办公正常运转开支的前提下，集中财力安排重大办公项目的支出。

（3）勤俭节约，注重绩效

从严从紧安排办公经费，切实控制和降低办公运行成本。

（4）强化经费预算论证和管理

对办公经费预算进行科学的论证，认真评价各项目的必要性、可行性和效益性，按照评价结果安排项目预算顺序，认真做好办公经费的管理，提高资金的使用效益。

2. 办公经费预算编制方法

办公经费的预算编制方法有很多，下面主要介绍增量预算和零基预算两种。

（1）增量预算

增量预算是在上期办公经费预算的基础上根据预计的业务情况，再结合管理需求，调整有关费用项目。

（2）零基预算

零基预算则开始于“零基础”，需要分析单位各个部门的需求和成本，无论最终预算比以前的预算高还是低，都应当根据未来的需求编制预算。

3. 管理流程

（1）办公经费申请

提交的办公经费申请表或报告，需包括申请项目名称、申请项目经费的目的或作用、费用明细、落款等内容。

如果费用的项目、类别繁多，建议使用表格的形式将费用明细体现出来，一来显得清晰，二来便于统计。

（2）办公经费审批

严格审批程序。凡是涉及经费开支的申请，由经办人先签字，再由分管领导审签，最后由主要领导审核、会签，手续完备后方可办理拨款。

第 2 单元　办公自动化管理

2.1　PowerPoint 2020 应用

Microsoft Office 是应用最办公软件。PowerPoint 是 Microsoft Office 2020 核心成员中的一员，它主要用于制作和播放被称为幻灯片的电子版幻灯片，可以非常方便地把文字、图像、视频、动画等集合在一起。

1. 创建幻灯片

（1）创建一个空白的幻灯片

PowerPoint 2020 启动后，会自动创建一个名字为“演示文稿 1”的文件。如果想再次创建新文档，单击工具栏中的“新建”按钮，新文档便创建完成，新文档的文件名会被自动定义；或者在执行菜单中点击“文件”→“新建”命令，会弹出任务窗口，单击“空白演示文稿”，会建立一个新文档。

（2）视图的切换

PowerPoint 2020 提供了 4 种视图显示方式，分别是普通视图、幻灯片浏览、阅读视图及幻灯片放映。

1）普通视图。普通视图是 PowerPoint 2020 创建新幻灯片的默认视图。“普通视图”按钮 位于工作界面底部右侧。在普通视图的右侧是幻灯片当前显示的幻灯片，下面是备注信息，左侧是幻灯片的缩略图，行政事务人员可以根据自己的需要调整备注信息窗口，也可以单击底部的“备注”按钮 备注，将备注信息窗口隐藏。

2）幻灯片浏览。在幻灯片窗口中，单击工作界面底部右侧的“幻灯片浏览”按钮 ，便可以切换到幻灯片浏览视图窗口。在这种视图方式下，可以从整体上浏览所有幻灯片的效果，并可进行幻灯片的复制、移动、删除等操作。但此视图中，不能直接编辑和修改幻灯片的内容，如果需要修改幻灯片的内容，则可双击某个幻灯片，切换到“普通视图”后进行编辑。

3）阅读视图。在幻灯片窗口中，单击工作界面底部右侧的“阅读视图”按钮 ，切换到阅读视图窗口，它可以让观众更清楚“阅读”幻灯片上的内容。

4）幻灯片放映。在幻灯片窗口中，单击工作界面底部右侧的“幻灯片放映”按钮 ，切换到幻灯片放映视图窗口。在这个窗口中，可以查看幻灯片的放映效果。

在放映幻灯片时，是全屏幕按顺序进行放映，操作者可以单击鼠标，一张张放映幻灯片，也可以自动反映。放映完毕后，视图恢复到原来的状态。

（3）插入幻灯片

插入一张新的幻灯片的操作方法如下。

1）切换到“普通视图”。

2）在左侧幻灯片的缩略图中单击选中的幻灯片，然后按“Enter”键，就可以在该幻灯片后面插入一张新的幻灯片。

（4）删除幻灯片

删除幻灯片的操作方法如下。

1）切换到“普通视图”。

2）在左侧幻灯片的缩略图中单击需要删除的幻灯片，然后按“Delete”键，就可以删除被选中的幻灯片。

（5）移动幻灯片

移动幻灯片的操作方法如下。

1）切换到“普通视图”或“幻灯片浏览”。

2）选定要移动的幻灯片，然后按住鼠标左键，将其拖动至自己要移动的位置后，松开鼠标左键即可。

（6）复制幻灯片

复制幻灯片的操作方法如下。

1）切换到“普通视图”或“幻灯片浏览”。

2）选定要复制的幻灯片，单击鼠标左键同时按住“Ctrl”键，然后拖动选定的幻灯片至自己要移动的位置后，松开鼠标左键即可。

（7）更改幻灯片的版式

更换幻灯片版式的操作方法如下。

1）选定要更换的幻灯片。

2）单击“开始”选项卡，在“幻灯片”选项组中单击“版式”按钮 版式，弹出子菜单（见图 9-9），然后根据自己的需求选择其中一种版式更换当前幻灯片的版式。

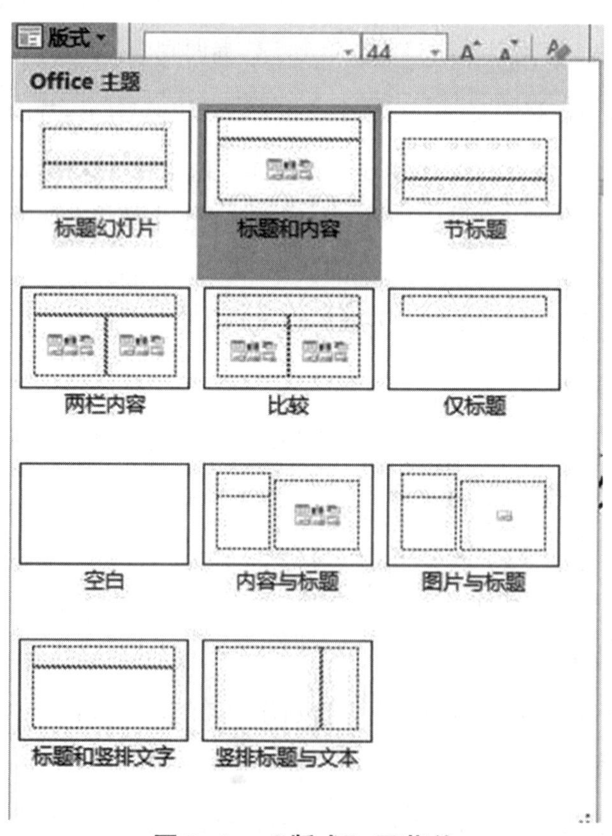

图 9-9 “版式”子菜单

2. 制作幻灯片

(1) 文字的插入

文本对象是幻灯片的主体部分。将文本添加到幻灯片最简单的方法就是单击占位符，直接将文本键入到幻灯片的占位符中。

(2) 文本格式的设置

在 PowerPoint 中，可以给文本的文字设置各种属性，如字体、字号和颜色等，或者设置项目符号，使文本看起来更有条理、更整齐。

1) 设置字体和字号。设置字体和字号的操作方式如下。

①选取需要设置字体和字号的文本。

②切换到“开始”选项卡，在“字体”选项组中单击“字体”按钮 等线 (正文) 和“字号”按钮 28 ，从弹出的列表中选择所需要的选项，即可设置文本的字体和字号。

2) 设置文本的颜色。设置文本颜色的操作方式如下。

①选取需要改变颜色的文本。

②切换到“开始”选项卡，在“字体”选项组中单击“颜色”按钮会弹出子菜单（见图 9-10），在下拉子菜单中选择所需要的颜色即可。

如果要使用非主题颜色，可以单击“其他颜色”选项，过后就会出现“颜色”对话框（见图 9-11）。

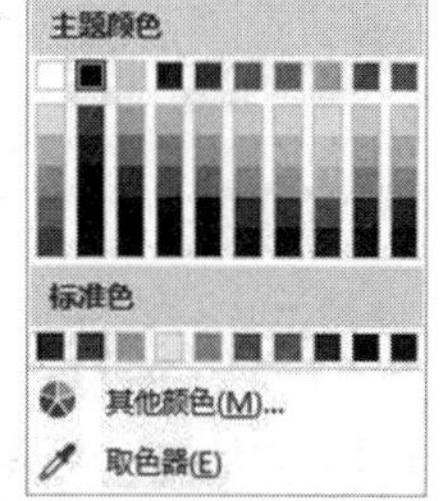

图 9-10 “字体颜色”子菜单

(3) 段落格式的设置

段落格式就是成段文字的格式，包括段落的对齐方式、段落行距和段落间距等。段落的对齐方式是相对于文字所在的文本区的内部边距而设的，而段落行距决定了某一段落内行与行之间的垂直距离，段落间距决定了段落与段落之间的距离。

段落格式设置的操作方法如下。

1) 选取需要进行段落格式设置的文本。

2) 切换到“开始”选项卡，在“段落”选项组中单击“行和列”对话框按钮，弹出“段落”对话框（见图 9-12），然后根据自己的需要自行选择后单击“确定”按钮即可。

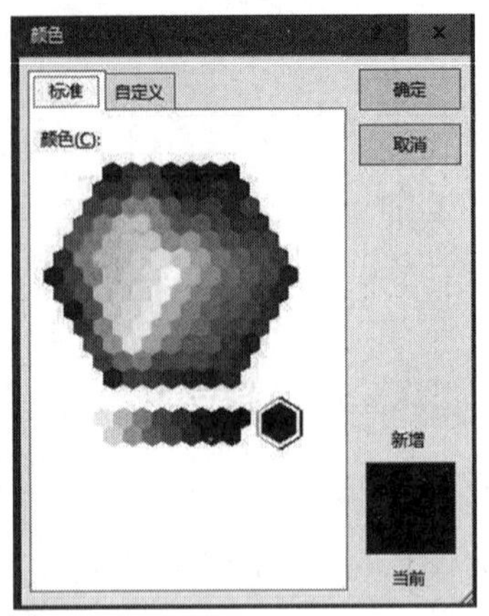

图 9-11 “颜色”对话框

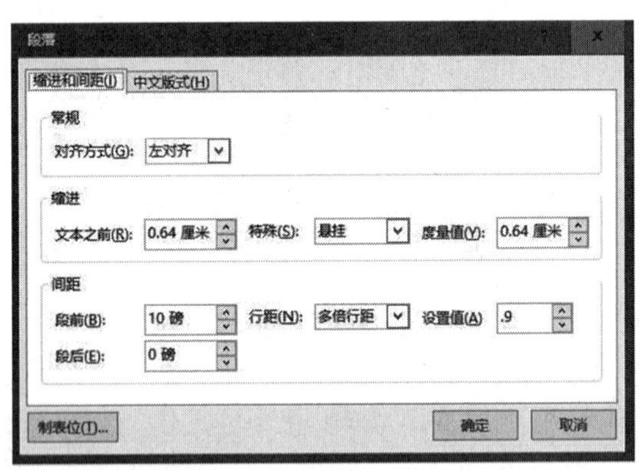

图 9-12 “段落”对话框

(4) 插入表格、图表、图片及多媒体文件

在制作幻灯片的过程中，可以在幻灯片中插入表格、图表、图片等图形对象，还可插入声音、视频等多媒体文件，这会使演示文稿更加生动有趣，富有吸引力。

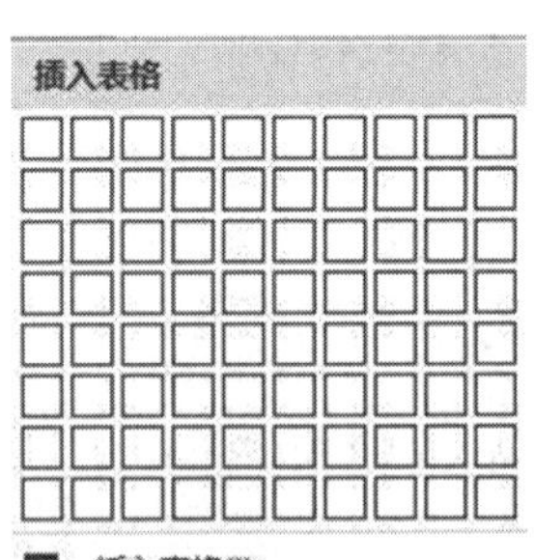

图 9-13 “插入表格”对话框

1）插入表格。插入表格的操作步骤如下：切换到“插入”选项卡，在“表格”选项组中单击“表格”按钮，弹出“插入表格”对话框（见图 9-13），然后根据自己的需要自行选择即可。

2）插入图表。插入图表的操作步骤如下：切换到“插入”选项卡，在“插图”

选项组中单击“图表”按钮，弹出“插入图表”对话框（见图 9–14），然后根据自己的需要自行选择图表，最后单击“确定”键即可。

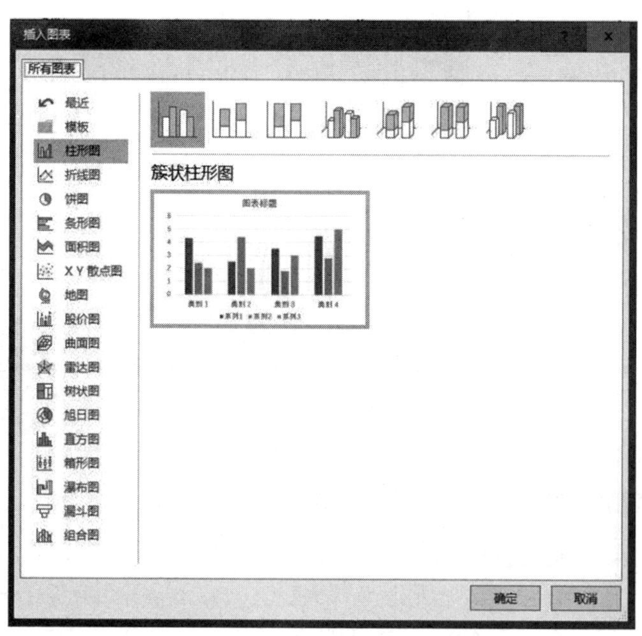

图 9–14 “插入图表”对话框

3）插入图片。插入图片的操作步骤如下：切换到“插入”选项卡，在“图像”选项组中单击“图片”按钮，弹出“插入图片”对话框（见图 9–15），单击选中要插入的图片，最后单击“插入”按钮，就可以将图片插到幻灯片中。

4）插入声音和视频。插入声音和视频的操作步骤如下：切换到“插入”选项卡，在“媒体”选项组中单击“音频”按钮和“视频”按钮，弹出“音频和视频”对话框，然后根据自己的需要自行选择需要插入幻灯片的声音和视频即可。

（5）幻灯片演示效果的设置

对幻灯片演示效果进行设置，可以让原本静止的演示文稿变得更加生动。幻灯片的演示效果包括幻灯片的切换效果和幻灯片的动画效果。

1）设置幻灯片的切换效果。一个幻灯片由若干张幻灯片组成，在放映过程中，由一张幻灯片转换到另一张幻灯片时，可以有多种不同的切换方式，如“百叶窗”“碎片”等切换效果。设置幻灯片的切换效果一般在“普通视图”进行，也可以在“幻灯片浏览”进行，并且可以在切换时添加声音和切换效果的速度。具体操作步骤如下。

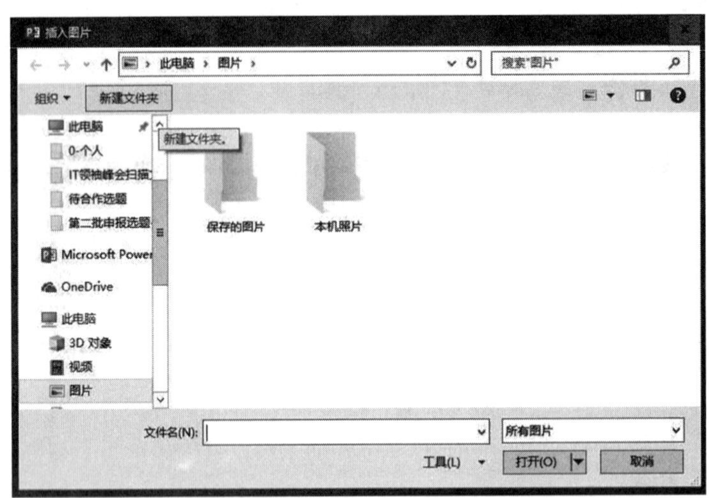

图 9-15 “插入图片”对话框

①切换到“普通视图”。

②单击选取需要的幻灯片的缩略图。

③单击“切换”选项卡，在“切换到此幻灯片”选项组中单击“”按钮，弹出“细微”对话框（见图 9-16），然后根据自己的需要自行选择幻灯片的切换效果。

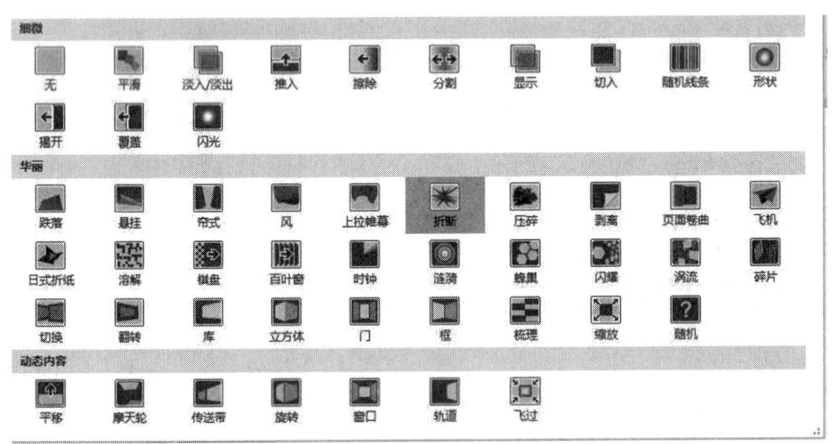

图 9-16 “细微”对话框

④在“计时”选项组中，单击“声音”下拉列表按钮[无声音]，选择切换幻灯片时的声音效果。

⑤单击“持续时间”微调框中02.00，输入幻灯片切换的速度值。

⑥如果整个演示文稿用同一个切换效果，则可单击“全部应用”按钮 应用到全部 即可。

2）设置的幻灯片的动画效果。切换效果是针对整张幻灯片，而动画效果则是对幻灯片中的某些对象（如文本、插入的图片、表格、图表等）设置的。这样可以突出重点，控制信息的流程，提高演示的趣味性。具体操作步骤如下。

①切换到“普通视图”。

②单击幻灯片窗口中的文本或对象。

③单击“动画”选项卡，在“动画”选项组中单击“ ”按钮，弹出“动画”对话框（见图 9-17），然后根据自己的需要自行选择幻灯片的动画效果。

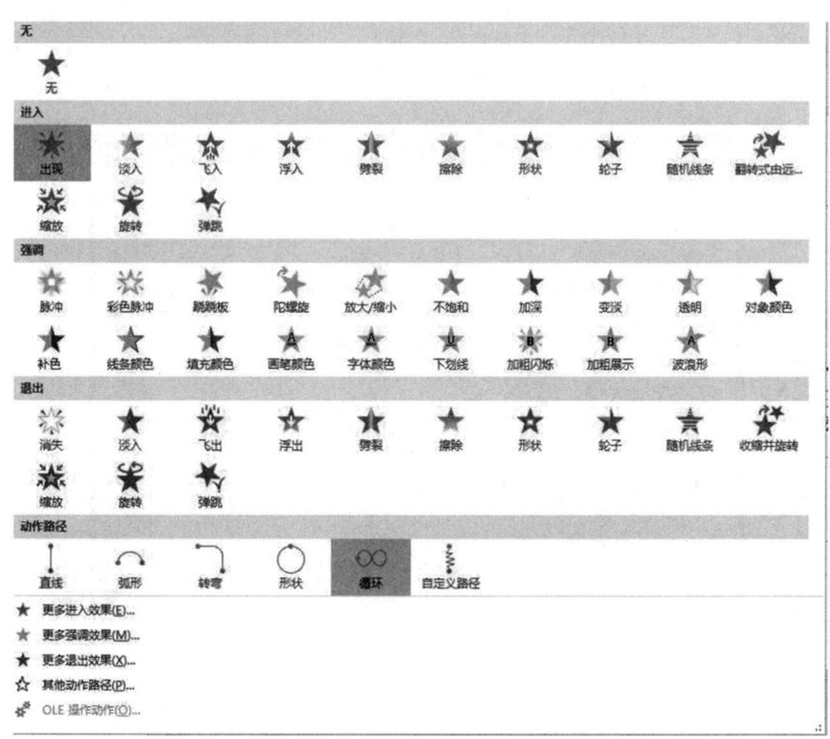

图 9-17 “动画”对话框

3. 幻灯片的放映

（1）启动幻灯片放映

启动幻灯片放映的方法有很多种，其中从 PowerPoint 中启动幻灯片放映是最常用的，在 PowerPoint 中启动幻灯片放映的方式主要有以下 4 种。

1）单击演示文稿底部右侧的“幻灯片放映”按钮，从头开始放映幻灯片。

2）单击“幻灯片放映”选项卡中的“从头开始”按钮或“从当前幻灯片开始”按钮。

3）按“F5”键，从头开始放映幻灯片。

4）按“Shift+F5”组合键，从当前幻灯片开始放映。

（2）设置放映方式

幻灯片有多种放映方式，可以根据幻灯片的用途和放映环境进行设置，设置幻灯片放映方式的操作步骤如下。

1）切换到“普通视图”或“幻灯片浏览”。

2）单击“幻灯片放映”选项卡，在“设置”选项组中单击“设置幻灯片放映”按钮，弹出“设置放映方式”对话框（见图 9–18）。

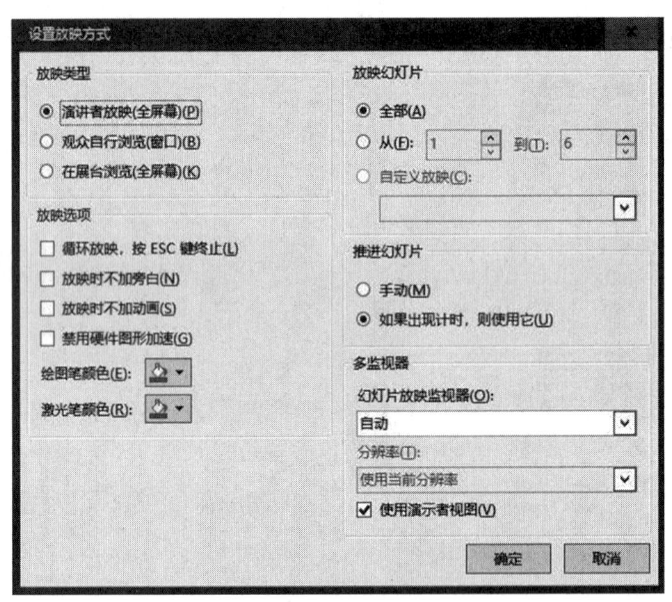

图 9–18 “设置放映方式”对话框

3）在“放映类型”栏中选择适合的放映类型；在“放映选项”栏中可以设置是否循环放映；在“放映幻灯片”栏中可以设置所需要放映的那些幻灯片。

4）设置完成后，单击“确定”按钮即可。

（3）设置幻灯片放映计时

每张幻灯片在演示屏幕上滞留的时间，对幻灯片放映效果非常重要，既不能太快，也不能太慢。设置幻灯片放映计时的操作步骤如下。

1）切换到“普通视图”或“幻灯片浏览”。

2）单击“幻灯片放映”选项卡，在“设置”选项组中单击“排练计时”按钮，弹出“录制”对话框（见图9-19）。

图9-19 “录制”对话框

3）在“幻灯片放映时间”框内输入相关时间即可。

（4）控制幻灯片放映

进入幻灯片放映视图后，用户可以借助键盘或屏幕左下角的按钮对放映中的演示文稿进行控制，也可以单击鼠标右键调出幻灯片放映控制的菜单。下面是控制幻灯片放映的一些快捷键。

1）执行下一个动画或换页到下一张幻灯片的快捷键：N、Enter、Page Down、右箭头（→）、下箭头（↓）或空格键，可根据个人习惯任选上面一种。

2）执行上一个动画或返回到上一个幻灯片的快捷键：P、Page Up、左箭头（←）、箭头（↑）或Backspace。

3）黑屏或从黑屏返回幻灯片放映的快捷键：B或句号（带大于号的键）。

4）白屏或从白屏返回幻灯片放映的快捷键：W或逗号。

5）退出幻灯片放映的快捷键：Esc或连字符（-）。

6）给幻灯片注释或临时作讲解标记时的快捷键：Ctrl+P可以将指针改变成绘图笔，E可以擦除屏幕上的注释，Ctrl+A可以将指针改变成箭头，Ctrl+H可以立即隐藏鼠标指针。

2.2 Word 2020应用

Word是Microsoft Office 2020核心成员中的一员，它主要是用于制作各种文档，如信函、备忘录、公文等。

1. Word文档录入

（1）文件的新建

在启动 Word 时，系统会自动建立一个名为“文档 1”的空白新文档，如果想再次创建新文档。单击工具栏中的“新建空白文档”按钮，新文档便创建完成，新文档的文件名会被自动定义；或者在执行菜单中点击“文件”→“新建”命令，会弹出任务窗口，单击“空白文档”，会建立一个新文档。

（2）文件的保存

在编辑文档的过程中，一切工作都是在计算机内存中进行的，如果突然断电或系统出现错误，所编辑的文档就会丢失，因此就要经常保存文档。文档的保存方式主要有以下 3 种。

1）菜单栏保存。

①执行菜单栏中的“文件”→“保存”命令或者单击工具栏中的“保存”按钮，会弹出“另存为”对话框（见图 9–20）。

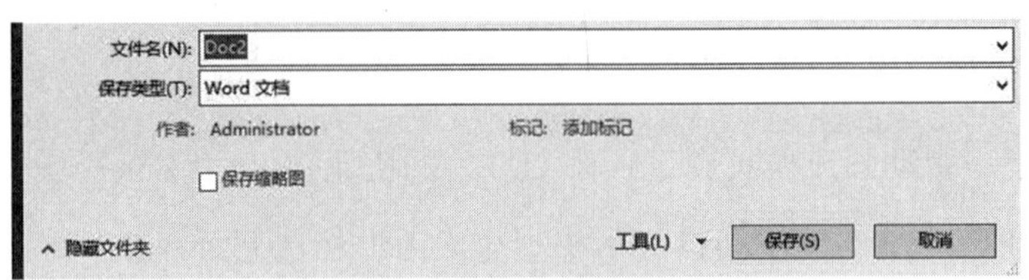

图 9–20 “另存为”对话框

②单击“保存位置”选项框右侧的按钮，弹出列表框，根据自己的需要选择文档要存放的路径及文件夹。

③在“文件名”选项右侧的文本框处，输入保存的文档名称（通常默认的文件名称是文档的第一句）。

④在“保存类型”选项处单击右侧的按钮，选择保存文档的文件格式。

⑤设置完成后，单击对话框中的“保存”按钮，即可完成保存操作。

2）快捷键保存。按下“Ctrl+S”组合键，也可以对文档进行保存。保存已有的文档有两种形式：第一种，将文稿依旧保存到原文稿中；第二种，另建文件名进行保存。

3）自动保存。除了上述两种保存文档的方法外，Word 2020 还可以设置自动保存的功能，即每隔一段时间就会自动对文档进行一次保存。

①选择“文件”选项卡中的“选项”命令，打开“Word 选项”对话框（见图 9–21）。

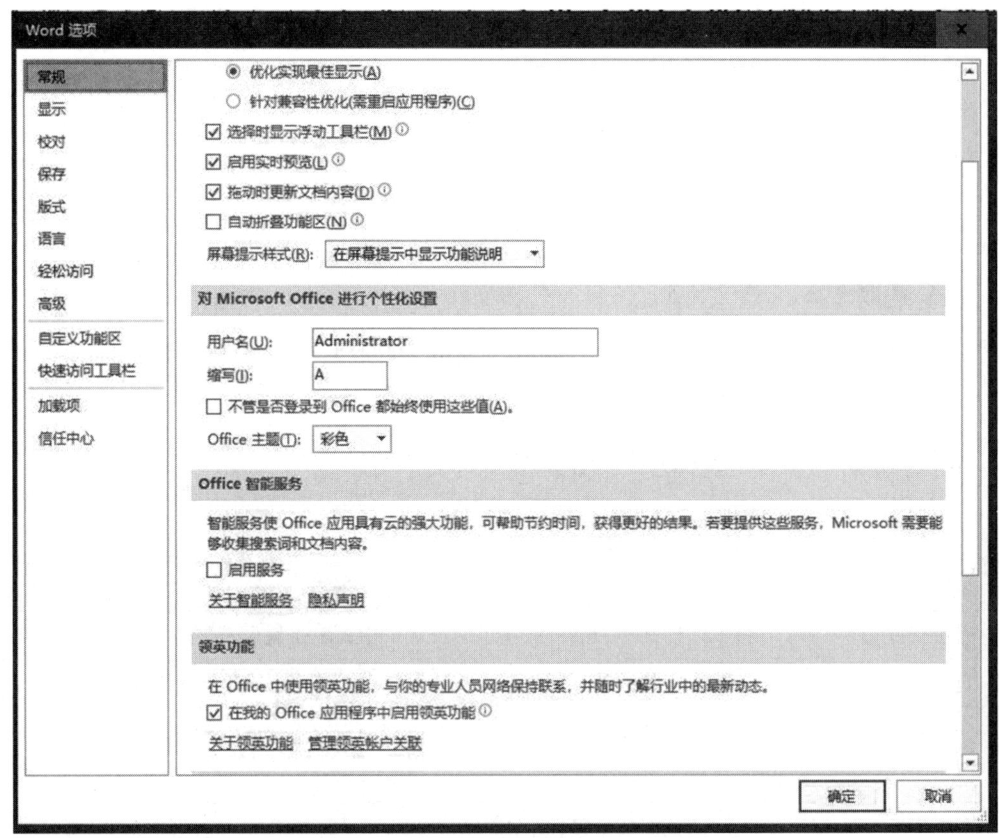

图 9–21　“Word 选项”对话框

②在左侧列表中选择“保存”选项，在“保存文档”选项区中选中“自动保存恢复信息时间间隔”复选框，并在其右侧的文本框中输入一个时间间隔。

③选中“如果我没保存就关闭，请保留上次自动保留的文件”复选框，即在没有保存文档就关闭的情况下，让计算机自动保留对文档的编辑。

④设置完成后，单击对话框中的“确定”按钮，即可完成保存操作。

（3）关闭与退出

要关闭文档，可以选择“文件”菜单中的“关闭”命令，或者菜单栏右侧的“关闭窗口”按钮。在此期间，如果文档在修改后并没有保存的话，系统会出现提示是否保存当前文件的对话框。

关闭文件后，就可以退出 Word 2020 了，如果用户没有关闭文档就直接退出 Word，在文档没有被保存的情况下，Word 也会出现是否进行保存操作的对话框。退出 Word 的方法主要有以下几种。

1）单击“文件”菜单中的“退出”命令。

2）单击 Word 窗口标题栏的“关闭”按钮。

3）双击 Word 窗口标题栏左上角的控制按钮。

4）按下“Alt+F4”组合键。

2. 文本编辑

（1）选取文本

选取文本的目的，就是能够更方便地执行文本的移动、删除、复制等编辑工作。

1）运用鼠标选取文本。

要使用鼠标选定文字或图片，操作方法见表 9-16。

表 9-16　　鼠标选取文本的操作方法

目的	具体的操作方法
选定一行文本	将鼠标指针移到某行最左边的选定栏中，单击鼠标左键
选定多行文本	将鼠标指针移到某行最左边的选定栏中，单击鼠标左键并拖动
选定一段文本	将鼠标指针移到某行最左边的选定栏中，双击鼠标左键或在该段内的任意位置三击左键鼠标
选定多段文本	在开始选取的位置处单击鼠标左键，然后在按下 Shift 键的同时在文本块结束选取的位置处单击鼠标左键，即可选中所需要的文本块
选定整个文本	鼠标在选定栏中三击左键

2）运用键盘选取文本

使用键盘选定文字或图片，操作方法见表 9-17。

表 9-17　　键盘选取文本的操作方法

目的	具体的操作方法
将选定范围扩展到左、右一个字符	按“Shift+←、→”组合键
将选定范围扩展到上、下一行	按“Shift+↑、↓”组合键
选定整个文本	按“Ctrl+A”组合键

（2）复制、剪切、粘贴文本

1）复制。

①用鼠标或键盘选取要复制的文本。

②用鼠标单击工具栏上的“复制”按钮，或者按“Ctrl+C”组合键。

2）剪切。

①用鼠标或键盘选取要剪切的文本。

②用鼠标单击工具栏上的“剪切”按钮，或者按“Ctrl+X”组合键。

3）粘贴。

用鼠标单击工具栏上的“粘贴”按钮，或者按“Ctrl+V”组合键。

（3）移动、删除文本

1）移动。首先选中要移动的文本，然后按下快捷键“Ctrl+X”，或者单击工具栏上的“剪切”按钮，然后在文本将要出现的位置处单击以放置插入点，最后选择“粘贴”命令即可。

用户若短距离内移动文本，则可以使用鼠标拖动方法。具体方法是：选定要移动的文本，按住鼠标左键，拖动到目标位置后释放左键即可。在拖动的同时按下“Ctrl”键，则可以进行复制操作。

2）删除。选定需要删除的文本，按“Delete”或“Backspace”键即可。如果是删除插入点处的文字，按“Delete”键，则删除插入点右侧的文本，按“Backspace”键则删除插入点左侧的文本。

（4）设置字体、字号

字体是指文字的形状，常用的字体有宋体、黑体、楷体、仿宋体等。字号是指文字的大小，在 Word 中，表述字体大小的计量单位有两种：一种是汉字的字号，如初号、小初……八号等；另一种是用国际上通用的“磅”来表示，如 5 磅、5.5 磅……72 磅等。中文字号中，数值越大，字就越小；在用“磅”表示字号时，数值越小，字符的尺寸越小。

设置字体、字号时，选中要更改格式的文字，单击鼠标右键，弹出下拉列表框，再单击“字体”，弹出对话框（见图 9-22），选择相应的字体、字号即可。

（5）设置段落格式

在 Word 2020 录用文本时，每按一次回车键，文章就会另起一行，同时，在前一行的末尾会自动增加一个段落标记，伴随着段落标记的产生，一个新的段落就生成了。

段落可以是文字也可以是图片，段落格式包括段落对齐方式、段落缩进距离、行距和段前段后距离等。设置段落格式时通常不用选定整个段落，而只把光标置于段落中任意位置即可；但如果要同时设置多个段落的格式，则应首先选定这些段落，然后再进行段落格式设置。

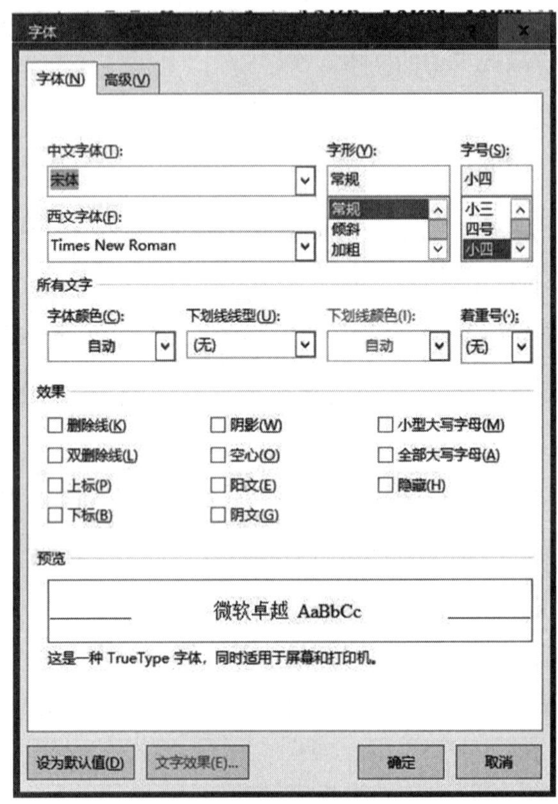

图 9-22　“字体”对话框

单击鼠标右键，弹出下拉列表框，单击“段落”，弹出对话框（见图 9-23），输入所需要的数值即可。

3. 表格处理

（1）创建表格

在 Word 2020 中可以采用多种方法创建表格。下面主要介绍使用“插入表格”命令创建表格。

1）在菜单栏中“插入”选项卡中单击“表格”下拉列表按钮，打开“插入表格”下拉列表（见图 9-24）。

2）单击选项“插入表格”按钮 插入表格(I)... ，打开“插入列表”对话框（见图 9-25）。

3）在“列数”和“行数”框中分别输入合适的值，点击“确定”，即可创建新的表格。

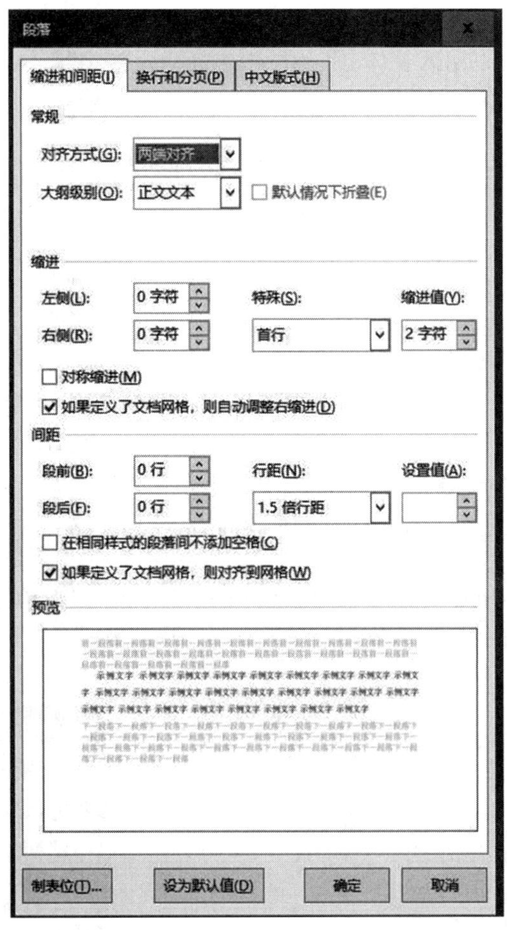

图 9-23 “段落”对话框

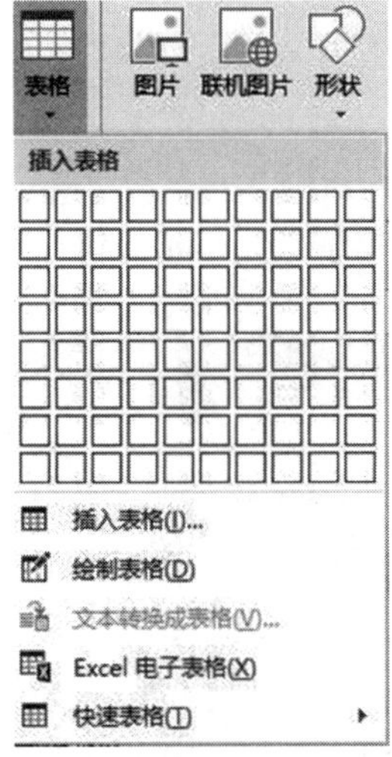

图 9-24 “插入表格”下拉列表

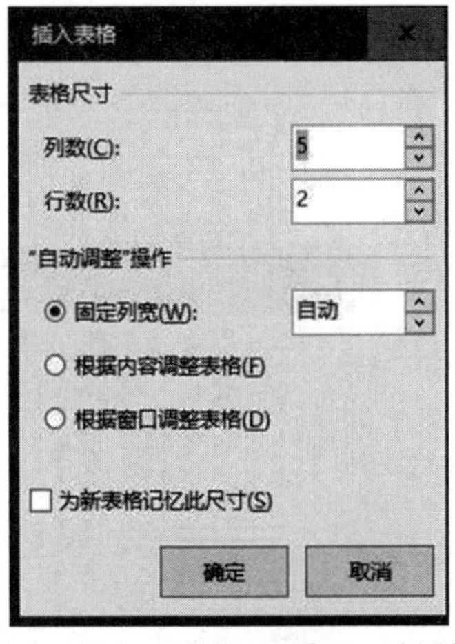

图 9-25 “插入列表”对话框

（2）编辑表格

表格建好后，就可以输入文本了，在表格的单元格中编辑文本的方法与在表格外的文档是基本相同的。往表格的单元格中添加文本，在单元格中单击，然后键入即可。键入的内容抵达单元格右边界时，键入的文本将自动换到下一行并增加整个行的行高，以容纳新键入的文本。

（3）修改表格

1）表格的合并。选择要合并的两个或两个以上的单元格，单击“表格工具”中的“布局”选项卡，在“合并”选项区（见图9-26），单击“合并单元格”选项，即可将所选单元格合并。

2）表格的拆分。选择要拆分的单元格，单击“表格工具”中的“布局”选项卡，在“合并”选项区，单击“拆分单元格”选项，打开“拆分单元格”对话框（见图9-27），然后在“列数”和“行数”框中分别输入要拆分的数值，单击“确定”按钮，即可将所选单元格拆分。

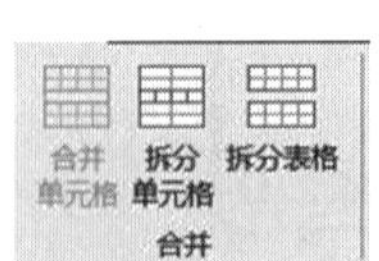

图9-26 “合并”选项区

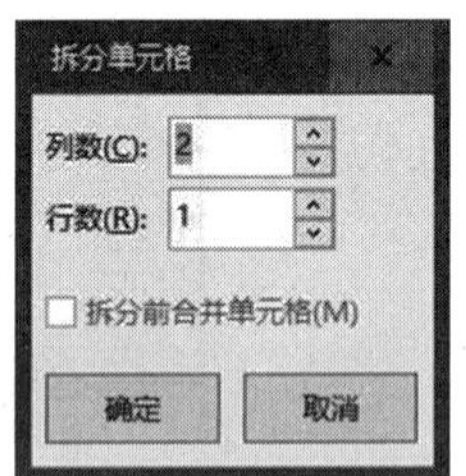

图9-27 “拆分单元格”对话框

3）插入或删除行（列）。

①插入行（列）。将光标放到要插入行（列）的单元格中，在菜单栏中单击“布局”选项卡（见图9-28），在“行和列”选项组中选择需要插入行（列）的按钮。

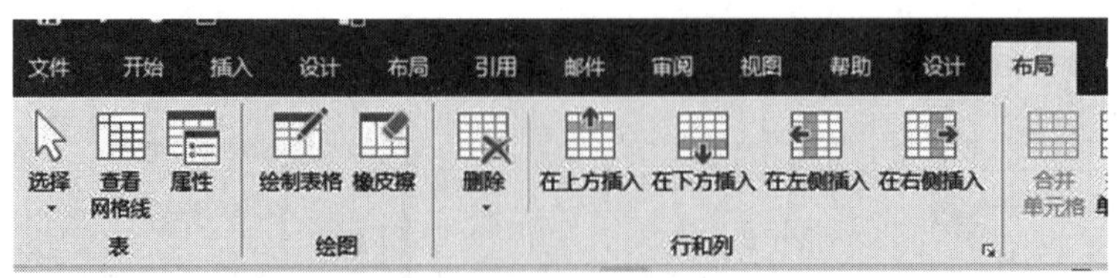

图9-28 “布局”选项卡

②删除行（列）。选取整行或整列，单击鼠标右键，在弹出的右键菜单中执行“删

除行”或“删除列”命令即可。

4）插入或删除单元格。插入单元格时，首先将光标置于需要插入单元格的位置，然后在菜单栏中单击“布局”选项卡（见图 9-28），在“行和列”选项组中单击“行和列”对话框按钮，弹出“插入单元格”对话框（见图 9-29）。在该对话框中有 4 个选项，即活动单元格右移、活动单元格下移、整行插入、整列插入，根据自己的需要自行选择后单击“确定”按钮即可。

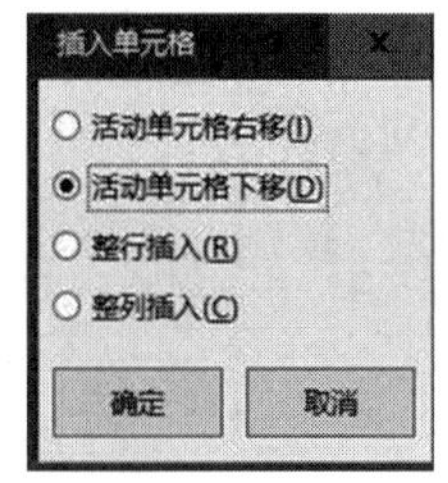

图 9-29 “插入单元格”对话框

①“活动单元格右移”，点选该选项时光标所在的单元格将向右移动位置。

②“活动单元格下移”，点选该选项时，光标所在的单元格将向下移动位置。

③“整行插入”，点选该选项时，在光标所在单元格的上方插入一行表格。

④“整列插入”，点选该选项时，在光标所在单元格的左方插入一列表格。

删除单元格时，首先要选取单元格，单击鼠标右键，弹出“删除单元格”对话框，如图 9-30 所示，在该对话框中有四个选项，即右侧单元格左移、下方单元格上移、删除整行、删除整列，行政事务处理人员可以根据自己的需要自行选择后单击“确定”按钮即可。

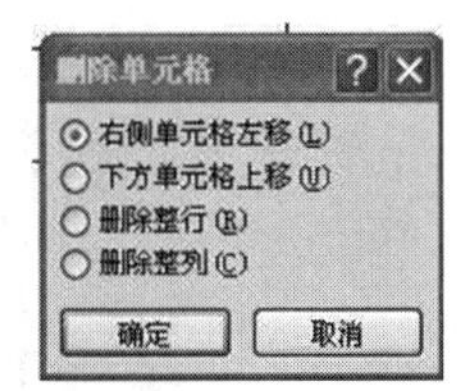

图 9-30 “删除单元格”对话框

①“右侧单元格左移”，点选该选项时光标所在的单元格将向左移动位置。

②“下方单元格上移”，点选该选项时，光标所在的单元格将向上移动位置。

③“删除整行”，点选该选项时，删除光标所在单元格的一行表格。

④“删除整列”，点选该选项时，删除光标所在单元格的一列表格。

5）表格列宽、行高的设置。表格列宽的设置，将鼠标指针指向需要设置列宽的列边框上，当鼠标指针变成双箭头形状时，单击并拖动鼠标即可调整列宽。拖动的同时，如果按下“Alt”键，可在标尺上显示列宽值。如果按下“Shift”键，将只改变框线左侧一列的宽度，并且整个表格的宽度也将随之发现变化，但表格中其他列的宽度不变。如果按下“Ctrl”键，框线右边的各列宽度发生均匀变化，整个表格的宽度不变。

表格行高的设置，其操作方法与调整列宽类似。

6）表格的对齐方式的设置。将鼠标指针放到要设置表格属性的表格中，在菜单栏中单击“布局”选项卡，单击“单元格大小”选项中的“对话框启动”按钮，打开“表格属性”对话框（见图9-31），在单击“表格”标签，打开“表格”选项卡，在“对齐方式”栏中，可以设置“左对齐”“居中”“右对齐”的对齐方式，最后单击“确定”按钮，即可完成设置。

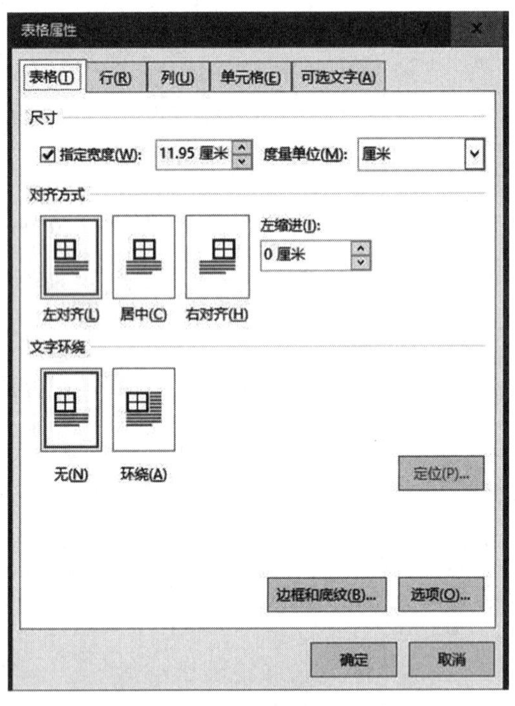

图 9-31　“表格属性”对话框

2.3　Excel 2020 应用

Excel 是 Microsoft Office 2020 核心成员中的一员，它是以“表格”形式进行数据综合管理与分析的电子表格软件，能够显示和管理数据，对数据进行各种复杂的统计运算，可以广泛地用于财务、金融、贸易、统计、审计和行政等领域。

1. 工作簿的创建

在启动 Excel 2020 时，系统会自动建立一个名为“工作簿 1”的空白新工作簿。如果想再次创建新工作簿，可以在执行菜单中点击“文件”→“新建”命令，会弹出任务窗口，单击“空白工作簿”，会建立一个新工作簿。

2. 单元格的选定

在工作表中输入数据或公式时，首先要选择相应的单元格或单元格区域。

（1）选取一个单元格

当鼠标指针变为一个空心十字形状时，将它移动到想要选择的单元格内，然后单击左键。

（2）选取一组连续的单元格

单元格区域是通过左上角和右下角单元格来表示的。例如 A2：C8 表示单元格 A2 和 C8 间的所有单元格。

先将鼠标指向选取单元格 A2，按住鼠标左键，然后沿对角线方向从 A2 拖拽鼠标直至 C8，最后松开鼠标即可。

（3）选取不连续区域的单元格

先选取其中一个单元格区域，按住“Ctrl”键不放，然后再选取另一个单元格区域，直至全部选取完。

（4）选取整行和整列

在工作表上单击要选取的行号或列号即可。

（5）选取整个工作表

单击在工作表左上角的按钮 ，即可选择整个工作表。

3. 数据的输入

在选定活动单元格后，既可以在单元格内直接键入数据，也可在编辑框里键入数据。单击单元格，鼠标指针在键入的第一个字符后闪动，指示要输入数据的位置，数据在单元格和编辑框内同时显示，随着用户继续输入，活动单元格中的内容将与编辑框中的数据保持一致。

按“Enter”键完成输入，按“Esc”键取消本次输入。用户在输入过程中或完成输入后按下“Backspace”退格键，则清除单元格内输入的部分或全部内容。

（1）输入数值和文字

1）在当前单元格中，一般文字如字母、汉字等直接输入即可。

2）输入分数时，应在分数前输入 0 及空格，如分数 2/3 应输入 0 2/3。如果直接输入 2/3 或 02/3，则系统将把它视作日期，认为是 2 月 3 日。

3）如果把数字作为文本输入（如身份证号码、电话号码等），应先输入一个半角字符的单引号’，再输入相应的字符。

4）在数字前输入的正号“+”会被忽略，例如输入“+66”，确定后会成为“66”。输入负数时，应在负数前输入负号“-”，或将数值置于括号中，如“-8”应输入“-8”或“（8）”。

5）默认情况下，单元格中的数字靠右对齐；而其他字符，如文字等，则靠左对齐。

（2）输入日期和时间

Excel 2020 中，当在单元格中输入可识别的日期和时间数据时，单元格的格式就会自动从“通用”格式转换为相应的“日期”或者“时间”格式，不需要用户去设定。

1）时间格式。如果要使用 12 小时的时钟显示时间，需要键入 AM 或 PM，也可以用 A 或 P 来代替 AM 或 PM，在时间与字母之间必须包括一个空格。

2）日期格式。键入日期时，可以使用（/）或连字符（-）来分隔年、月、日，如 2018/12/12 或 2018-12-12。

3）如果要输入当天的日期，则按“Ctrl+;”组合键。如果要输入当前的时间，则按“Ctrl+Shift+:”组合键。

4. 数据的编辑

（1）单元格内容的编辑

1）编辑单元格中的部分数据。双击待编辑的单元格或在编辑栏进行编辑。

2）清除单元格中的格式、内容、批注。先选定要清除的单元格，在“编辑”功能区中单击“清除”按钮 清除，弹出子菜单（见图 9-32），然后根据自己的需求选择其中一种方式。另外，清楚单元格内容还可以按“Del”或“Back-space”键进行清除。

全部清除(A)
清除格式(F)
清除内容(C)
清除批注(M)
清除超链接(不含格式)(L)
删除超链接(含格式)(R)

图 9-32 “清除”子菜单

（2）复制和移动单元格数据

1）选取要复制或移动的单元格区域。

2）若是复制，则按“Ctrl+C”组合键；若是移动，则按“Ctrl+X”组合键。此时被选中的区域的边框显示为虚框。

3）将鼠标定位到要复制或移动到的新的区域的左上角单元格，按“Ctrl+V”组合键，就可以将单元格数据复制或移动到目标区域。

5. 工作表的操作

（1）工作表的重命名

默认情况下，Excel 2020 中新工作表都是以“Sheet+数字”来命名的。但在工作中，为了便于记忆和对工作表进行有效管理，往往会根据需要对工作表进行重命名。

具体步骤为：将鼠标指针直接指向“Sheet+数字”，然后双击选中的工作表标签，工作表标签都会变成黑色填充，再输入新的名字，按“Enter”键即可。

（2）选定工作表

一个工作簿中往往包含多个工作表，Excel 通常只能够对当前活动的工作表进行操作，因此操作前需要选定工作表。选定工作表的方法如下。

1）选定一张工作表，只需直接单击该工作表标签即可。

2）选定连续的工作表，鼠标单击第一张工作表标签，按住“Shift”键同时单击最后一个工作表标签。

3）选定不连续的工作表，鼠标单击第一张工作表，按住“Ctrl”键同时单击以后每一个工作表标签。

（3）插入、删除工作表

在一本新打开的工作簿中默认的有 3 个工作表，可以根据自己的需要增加或减少工作表的数目。

1）插入工作表。在 Excel 2020 窗口的底部，工作表标签区单击“插入工作表”按钮 ⊕ ，即可在工作表选项卡的最后面插入一个新的工作表。

若要插入到当前工作表前面，先选择当前工作表，在按“Shift+F11”组合键即可。

2）删除工作表。选中要删除的工作表，单击右键，打开“工作表”快捷菜单（见图 9-33），然后选择“删除”命令即可。

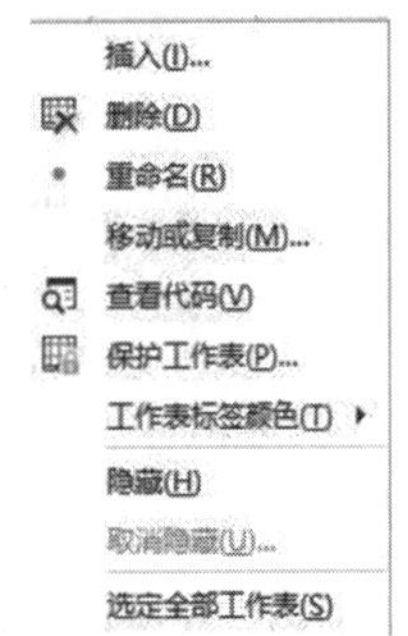

图 9-33 “工作表”快捷菜单

（4）移动、复制工作表

若在同一个工作簿内实现工作表的移动，则需要用鼠标单击要移动的工作表标签，然后按住鼠标的左键进行拖动，在拖动时，会出现一个图标和一个小三角箭头来指示该工作表将要移到的位置，到达预定的位置后，松开鼠标左键即可。如果在拖动前按住了“Ctrl”键，则会随之复制一张工作表。

6. 基本计算处理

(1) 自动计算

在工作表中经常会遇到对数据进行计算的问题，为此 Excel 在“常用”工具栏上提供了“自动求和”工具按钮，利用该按钮可以快捷地调用求和函数以及平均值、最大值、最小值等函数。

将鼠标定位到要自动计算的单元格，在“编辑”功能区中单击“自动求和”按钮 Σ自动求和，弹出下拉列表（见图 9-34），然后根据自己的需求选择其中一种方式，再选择要自动计算的单元格区域，最后按“Enter”键即可。

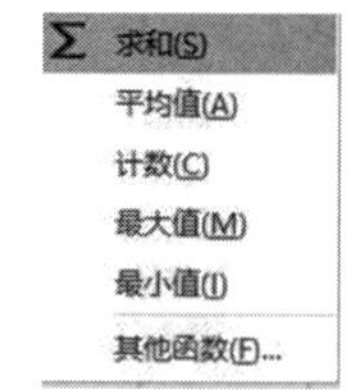

图 9-34 “自动求和”下拉列表

(2) 函数的使用

函数是一些已经定义好的公式，在 Excel 2020 中提供了大量的内置函数。每个函数都由等号、函数名和变量组成。其中等号后面跟着函数，函数名表示将执行的操作，变量表示函数将作用的值的单元格地址，通常是一个单元格区域，也可以是更复杂的内容。

函数在输入时，必须先输入“=”，函数的参数用“（）”括起来，而且括号必须成对出现，前后不能够有空格，括号指定了函数的参数开始和结束的位置。

1）直接输入函数。对于一些简单的函数，可以直接在单元格中输入函数。在输入函数时，只需选在输入框中输入一个“=”，再输入函数本身即可。

2）使用“插入函数”对话框输入函数。

①选定要输入函数的单元格。

②单击菜单栏中的“公式”选项卡，再单击“插入函数”按钮 fx 插入函数，会出现“插入函数”对话框（见图 9-35）。

③从“选择类别”列表框中选择要输入的函数类别。

④从“选择函数”列表框中选择所需要的函数，例如选择“SUM”，并按下“确定”按钮，此时会出现“函数参数”输入框（见图 9-36）。

⑤在“Number1”框中输入单元格引用区域，或者单击编辑框右侧的折叠按钮，就可以在工作表中选定要引用的单元格区域了。在选定单元格区域时，函数输入框会自动缩小以节省空间。选择结束后再次单击折叠按钮就能够恢复函数输入框了。

⑥按下“确定”按钮，就能够完成函数的输入了。

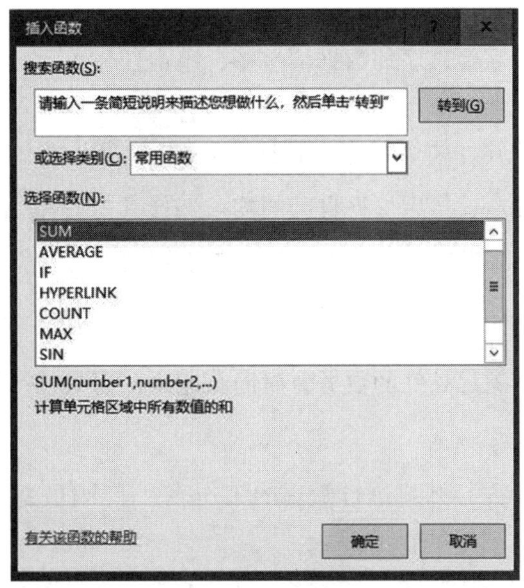

图 9-35 “插入函数”对话框

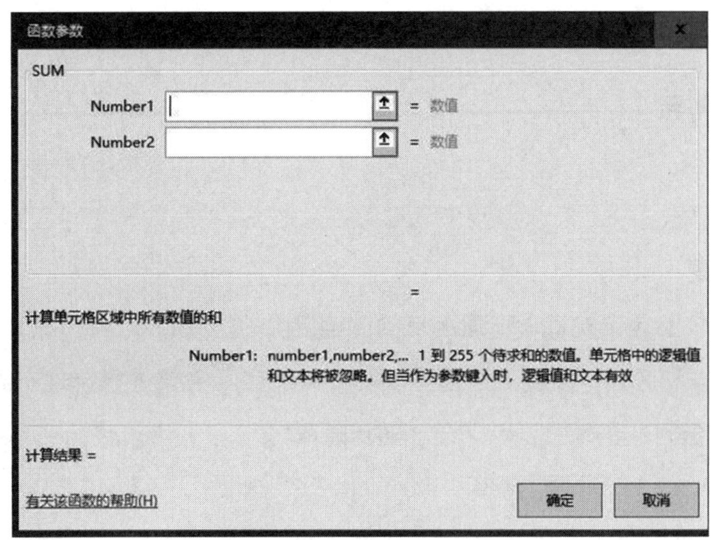

图 9-36 SUM 函数输入框

7. 数据排序

数据排序是把一列或多列无序的数据变成有序的数据，这样能更方便地管理数据。数据清单建立完毕后，可以按指定的顺序对工作表中数据重新排序。排序的方式有两种：升序和降序。升序是记录的关键字段值按从小到大排列；降序是记录的关键字段值按从大到小排列。

数据排序时，先在需要排序的数据清单中，单击任一单元格，在“编辑”功能区中单击“排序和筛选”按钮，弹出下拉列表（见图9-37），然后根据自己的需求选择其中一种方式进行排序即可，其中升序按钮为，降序按钮为。

排序和筛选 查找和选择
升序(S)
降序(O)
自定义排序(U)...
筛选(F)
清除(C)
重新应用(Y)

图9-37 “排序和筛选”下拉列表

8. 数据筛选

数据筛选是指将不满足条件的数据暂时隐藏起来，而只是显示符合条件的数据。

数据要进行筛选，先打开要进行筛选的工作表，单击任一个字段名，在“编辑”功能区中单击“排序和筛选”按钮，弹出子菜单（见图9-37），然后单击“筛选”按钮即可。

思考与练习

一、术语解释

1. 增量预算

2. 零基预算

二、选择题

1.（　　）就是要对每个清理出来的“有用”的物品、工具、材料、电子文件，有序地进行标识和区分，按照工作空间以及工作的实际需要进行合理布局，并摆放在“伸手可及”“醒目”的地方，以保证“随用随取”。

A. 整顿　　B. 整理　　C. 清扫　　D. 清洁

2. 对固定资产的价值进行计价时，在当前情况下，按重新购置同样新的固定资产所需付出的代价作为入账价值。这一方式属于（　　）。

A. 按原始价值计价　　B. 按重置价值计价

C. 按折余价值计价　　D. 按剩余价值计价

3. 固定资产折旧方法中，根据实际工作量计算每期应提折旧的方法属于（　　）。

A. 年限平均法　　B. 工作量法

C. 年数总和法　　D. 双倍余额递减法

4. 管理人员在进行固定资产折旧统计时，应填写（　　）。

A. 固定资产购置申请表　　B. 固定资产盘点表

C. 固定资产登记表　　D. 固定资产减损单

5. 办公经费预算编制要以收定支，在单位财力可能的范围内，按轻重缓急合理地安排支出，以确保预算收支平衡。这体现了办公经费预算编制的（　　）原则。

A. 量入为出，收支平衡　　B. 集中财力，突出重点

C. 勤俭节约，注重绩效　　D. 强化经费预算论证和管理

6. 办公环境的要求可以通过 5S 管理法来体现，即整理、(　　)。

A. 整顿　　B. 清扫　　C. 清洁　　D. 素养

7. 行政事务人员在提交购买申请时，应填写请购单。请购单内应明确用品名称、（　　）等内容。

A. 规格　　B. 数量　　C. 用途　　D. 估价

8. 在采购办公用品前，行政事务人员须根据单位的实际情况及办公用品的采购特点，选择合适的供应商，在选择供应商时，须考虑（　　）。

A. 供应商的商誉和条件　　B. 供应商品的质量和交货

C. 供应商的服务和位置　　D. 供应商的安全可靠性

9. 办公资源到库后，行政事务人员须对在库办公资源进行合理、妥善的保管，确保在库办公资源的安全。行政事务人员在对办公资源进行保管时，须主要完成（　　）三项工作。

A. 填写库存记录　　B. 控制库存量

C. 做好在库资源维护　　D. 办公用品使用管理

10. 下列（　　）属于办公经费。

A. 办公及印刷费　　B. 交通费　　C. 差旅费　　D. 会议费

三、简答题

1. 简述单位印章管理的内容。

2. 简述单位固定资产的登记要求。

四、案例分析题

小林进入单位行政部工作已有一段时间了，部门主管近期交给她一份采购清单，并告诉她这个星期之内务必备齐清单上的物品。请结合本章内容，谈谈办公用品的采购程序。

参考答案

一、术语解释

1. 增量预算

增量预算是在上期办公经费预算的基础上根据预计的业务情况，再结合管理需求，调整有关费用项目。

2. 零基预算

零基预算则开始于“零基础”，需要分析单位各个部门的需求和成本，无论最终预算比以前的预算高还是低，都应当根据未来的需求编制预算。

二、选择题

1. A　2. B　3. B　4. D　5. A

6. ABCD　7. ABCD　8. ABCD　9. ABC　10. ABCD

三、简答题（略）

四、案例分析题（略）

后　　记

行政事务处理人员，无论是在国家机关、社会团体、企业和事业单位中，都是一类重要的工作人员。

本教材是根据《中华人民共和国职业分类大典（2015 年版）》行政事务处理人员（3-01-02）所包括的职业，由人力资源和社会保障部教材办公室组织编写而成，前后历时两年，五易书稿。

本教材编写的初衷就是为国家机关、社会团体、企业和事业单位的行政事务处理人员提供一本培训教材，在教材开发的同时，配套开发的教材课件、习题也将陆续推出。

本教材紧贴行政事务处理人员各岗位工作任务、岗位标准和岗位技能要求，讲解知识、提升技能、给出方法、提供工具，突出体现了培训的针对性和有效性。

在本教材编写的过程中，感谢李作学博士对第 8 模块的编写和审定，感谢郭晓宇女士对第 5 和第 6 模块的编写和审定，感谢孙兆刚秘书长对第 3 模块的编写和审定，感谢郑爽女士对教材从职业培训和技能提升上给出的建议，感谢张磊经济师从企业行政事务处理上给出的建议，向全体参与本教材编写的其他人员一并表示感谢！

欢迎国家机关、社会团体、企业和事业单位以及各培训机构在开展行政事务处理人员培训的过程中，对本教材的使用提出宝贵意见，以臻完善。

人力资源和社会保障部教材办公室

2021 年 5 月